孙银峰 李建华 王彦月◎主编

美丽的不同

幼儿园主题课程案例集

U0712428

中国大百科全书出版社　　知识出版社

图书在版编目（CIP）数据

美丽的不同：幼儿园主题课程案例集 / 孙银峰，李建华，王彦月主编 . -- 北京：知识出版社，2021.9
ISBN 978-7-5215-0422-4

Ⅰ . ①美… Ⅱ . ①孙… ②李… ③王… Ⅲ . ①学前教育— 教案（教育） Ⅳ . ① G613

中国版本图书馆 CIP 数据核字（2021）第 170713 号

美丽的不同：幼儿园主题课程案例集

孙银峰　李建华　王彦月　主编

出 版 人	姜钦云	
图书统筹	王云霞	
责任编辑	王云霞　汪　婷	
责任印制	吴永星	
版式设计	博越创想	
出版发行	知识出版社	
地　　址	北京市西城区阜成门北大街 17 号	
邮　　编	100037	
网　　址	http://www.ecph.com.cn	
电　　话	010-88390659	
印　　刷	北京一鑫印务有限责任公司	
开　　本	710mm×1000mm　1/16	
印　　张	22.25	
字　　数	296 千字	
版　　次	2021 年 9 月第 1 版	
印　　次	2023 年 3 月第 2 次印刷	
书　　号	ISBN 978-7-5215-0422-4	
定　　价	60.00 元	

艾瑞德教育丛书编委会

主　任：孙银峰

副主任：李建华

委　员：（按姓氏笔画排序）

王　冰　　王彦月　　王婷玉　　朱明慧　　刘　森

刘浩然　　闫　娟　　孙　超　　杜　静　　李　瑞

李丹阳　　陈　琳　　陈　颖　　张秋英　　苗玲玲

孟　晓　　项兆娴　　龚　涛　　黄冬燕　　符　君

韩董馨

善者因之：艾瑞德的教育哲学

郑州高新区艾瑞德国际学校，注定是个故事。她是春天的故事，带着温度，沐浴在春天灿烂的阳光里。

她诞生在 2011 年的春天里。那年，中原大地春意盎然，洋溢着无限的希望。

十年了，一个又一个好故事发生在校园，满满的，可校园里已装不下了。这本书将带着这些故事，再次在校园里传播，然后飞向中原大地，飞在祖国的四面八方。

故事意味着时间。时间具有一种伟力，去伪存真、抑恶扬善，在时间的怀抱里，新生幼态潜力无限，逐渐成长壮大。如今，艾瑞德长大了，健壮了，潜力更加无限。

故事意味着回忆。在一次闲聊中，海明威的妻子对海明威说："回忆也是一种饥饿。"是的，十年的淘洗，那些故事开始澄明、沉淀。每当回忆涌起，过往的一切都让我们急切地想去拥抱和分享，这是情感饥饿似的需求。这样的回忆形成可贵的集体性记忆，这是文化的记忆。

故事意味着想象。想象是创造的先导，只有想象尚未抵达的地方，没有想象不可抵达的地方。十年的办学，十年的创造，十年的想象……正是在想象中，艾瑞德更加宏大、辽阔，也正是在创造中，艾瑞德更加明亮、美好。

我去过艾瑞德好多次，有参观，有研讨，有学期结束会、新年会……总觉得艾瑞德是个大家庭，是个处处有故事的地方。学校提出的教育理念——"走自然生长教育之路，办有温度有故事学校"，已成为生动的事实。但是，我又总是觉得，对艾瑞德的认识只到此为止又是很不够的。温度来自哪里？故事为何诞生？大家庭究竟怎么形成？这些问号深处藏着什么样的答案？我总在思索和找寻着。

其实，答案早就摆在那里："太史公曰：故善者因之，其次利道之，其次教诲之，其次整齐之，最下者与之争。"这是中国哲学的一种表达，表达的是价值链条上的排序，排在最前列、最重要的是"善者因之"。学校创始人孙银峰先生，校长李建华先生对此都有准确的解读："每一个人成为善者、向好之人，以达无须提醒的自觉、不言而喻的遵守。""善者，是温度的凝聚，是故事的升华"，"向善、求善、为善，是我们共同的教育愿景，引领着艾瑞德的每一位老师。"这就是艾瑞德的教育哲学。"善者因之"这一哲理深植于中华优秀文化土壤中，映射出中华文化的本色与亮色：追求伦理道德，塑造中华民族之德和以仁爱为核心的文化心理结构。作为一所国际学校，能立足中原大地，能扎根中国文化，体现了他们的文化自信与文化自觉。正是这样的教育哲学，铸造了艾瑞德的中国根、民族魂和文化脊梁。他们从文化的视角诠释了何为"国际学校"以及办好"国际学校"的真正密码是什么。

从"善者因之"出发，不难理解，艾瑞德学校正在探索落实"立德树人"这一根本任务的途径和方式。在艾瑞德，"立德树人"有个重要的文化出发点，它也是校本化的哲学基础，即善者因之。在艾瑞德，"立德树人"

○ 美丽的不同：幼儿园主题课程案例集 ●

有自己的切入口和突破口，而这切入口、突破口正是文化的生长点、教师教育哲学的关怀点与提升点，是艾瑞德十年办学经验的凝练，也是艾瑞德的文化制高点。艾瑞德的故事总名称就是"善者因之"。

"善者因之"，对校长而言，意味着什么？抑或说对校长有什么要求？可以从"善者因之"开拓出去，用歌德的话来阐释："给我狭窄的心，一个大的宇宙。"心是狭小的、狭窄的，但心胸是广大的、宏大的，好似"一个大的宇宙"。李建华校长正朝着这一方向不断努力。他将艾瑞德装在心里，将每一位教师、每一个孩子都装在心里，把全身心都献给了艾瑞德。那"校长60秒"的每一秒，那家校合作的"相约8：30"中校长表扬电话的每一分，都是一次善的唤醒与激发。校长是有温度故事的设计者、组织者和创造者。

"善者因之"，对教师而言，意味着什么？抑或说对教师有什么要求？同样，可以从"善者因之"开拓出去，用雪莱的话来阐释："道德的最大秘密就是爱。"《哈利·波特》的作者 J. K. 罗琳说："爱是一种最古老的魔法。"确实，中华文化中的伦理道德是以仁爱为核心的。艾瑞德的几乎每一个教师都是爱的守护神，不，他们就是爱的天使，把真诚、无私的爱洒向每一个孩子，无论是幼儿园的，还是小学部的；无论是学习成绩好的，还是学习暂时有困难的；无论是家庭背景好的，还是家庭背景特殊的……爱是平等的、公平的、不求回报的。爱又的确像魔法，使孩子变得文明起来、聪明起来、勤劳起来，善良起来，健康起来。艾瑞德的故事的确是爱的故事，而爱的温度可以传递，让整个艾瑞德都变得温暖、光明、美丽。总有一天，艾瑞德的孩童将带着"爱的魔法"走向人生，走向社会，走向世界，为人类做出爱的奉献。

"善者因之"，对学生而言，意味着什么？抑或对学生有什么要求？同样，可以用马克思的话来阐释："只有在共同体中才有可能有个人自由。"艾瑞德是个共同体，是冬天的火炉，是幸福的港湾，是精神的家园。共同体有共同的理想，艾瑞德孩子们的共同理想就是爱国、强国、报国，为成为可以担当民族复兴大任的时代新人打好基础。共同体有共同的规则，大家都遵守规则，大家也就都自由了。自由是创造的保姆，艾瑞德成了儿童创造的王国，创新精神、实践能力在校园里已长成了小树，将会长成一大片森林。

当然，还可以追问家长："善者因之"对你们而言究竟意味着什么？对新时代的家长提出了什么新的要求？艾瑞德的家长已交出了精彩的答卷，他们会讲出有温度的"春天的故事"。

为郑州艾瑞德国际学校建校十周年，我写了以上的话。不是谦虚，这篇文章没有书中的文章写得好，但我坚信"善者因之"。我也会变得更好。

谢谢艾瑞德创办人孙银峰先生，谢谢李建华校长，谢谢所有的教师和孩子。祝福你们，祝福艾瑞德的下一个十年！

成尚荣

（国家督学，教育部基础教育课程改革专家委员会专家，中小学教材审查专家，中国教育学会学术委员会顾问）

缘起

　　主题课程是艾瑞德国际幼儿园课程的重要组成部分。自2015年1月起，艾瑞德国际幼儿园开始尝试引入主题课程，到如今，已走过了五年的时间。在这五年里，老师们从最初的迷茫，到如今的驾轻就熟；从最初的提前"解剖"课题，到如今跟着孩子的兴趣走；从最初的封闭式教育，到如今的开放式体验；从最初的以教室为课堂，到如今的以社会为课堂。每一点的改变，都记录着老师和孩子们之间的相互成长；每一点的突破也都书写着教育的幸福；每一个主题的探索都记录着孩子们的精彩绽放！

　　每一个孩子都是美丽的不同，正是这样一种教育价值观，让我们的每一个主题课程的开展都建立在孩子的兴趣之上；每一个主题课程探索过程中，都本着尊重儿童的态度；每一个主题课程的结束，都进行记录再现，让儿童的探索有迹可循。

　　本书从艾瑞德国际幼儿园众多精彩的主题课程案例中选取七个较为经典的案例进行呈现，旨在将一次又一次实践背后的故事呈现给热爱幼教事业、心系幼教发展的同人们。同时也呈现给支持并认可幼儿园主题课程以及想要了解幼儿园课程的家长朋友们。

根据儿童不同年龄段的特点，从儿童的不同兴趣角度出发，选取以下七个经典课程合成一集，分别为：小班"你好，幼儿园"；小班"我"；中班"房子的秘密"；中班"我的动物朋友"；大班"线与线寻"；大班"买卖小高手"；大班"豫见——我的家乡"。

你好，幼儿园

幼儿园阶段是孩子踏入社会、拥抱世界的第一步。第一次尝试自己吃饭，第一次尝试换鞋子，第一次自己脱裤子……许多个第一次等待他们去一一尝试。从没有离开过家人保护的小小孩童自己背起小书包，独自踏进幼儿园这个陌生而又美丽的大家庭，进入一个全新的环境，探索全新自我！

我

每个孩子都是珍贵的存在，每个孩子都是美丽的不同。孩子们从家庭走向幼儿园，由于年龄小，再加上离开父母后进入了一个全新的陌生的环境，心里不免会感到不安与恐惧，哭闹现象屡见不鲜。在孩子入园适应期间，每天和孩子们聊得最多的是和孩子自己有关的话题：宝贝，你今年几岁了？你今天有什么开心的事情要和老师、小朋友们一起分享呢？你最喜欢吃谁做的饭？……关于"我"这个词语不断从孩子们口中表达出来，关于"我"的探索就此开始！

房子的秘密

中班起，孩子们的建构兴趣渐浓，从孩子们最为熟悉的自家住房出发，通过认知盖房所需材料、房屋结构、布局、用途等方面来充分了解房屋的知识。欣赏不同风格的建筑，能够激发孩子想象力，畅想未来的房子。

我的动物朋友

美丽的地球，因为人类和其他动物的共同存在而显得更生机盎然。小动物是我们人类的好伙伴、好朋友，每当儿童偶遇小动物们时，他们都手舞足蹈兴奋不已，叽叽喳喳地问个不停。由此，就诞生了以"儿童立场、自然生长"为出发点，依据季节的变化和孩子们的兴趣点，以"昆虫的奥秘"和"恐龙世界"为主线的"我的动物朋友"主题课程。

线与线寻

我们周围到处都有"线"，缝衣服的线，打毛衣的线，电话有线，电灯也有线……哦！原来生活中到处充满了奇妙而有用的线！仔细观察一下，"线条"也无处不在，双手合抱可以围成一个圆，一根线重新摆弄一下可以形成三角形，门和窗也可以看成由四根线条构成的方形。生活中神奇的"线条"更是无所不在！

买卖小高手

买与卖是幼儿生活中常常接触到的行为，大班年龄段的幼儿平时在班级里常会进行一些自发的"买卖游戏"。他们喜欢扮演"买卖"场景中各种不同的角色，并讨论自己购物的经历。

"这是我和妈妈一起去超市买的，是在我家楼下的超市。"

"我好喜欢这个玩具，可我没钱买。"

"是我妈妈用手机买的，不用拿钱……"

"现在的钱都在手机里！"

由"买卖"开启又一精彩探索！

豫见——美丽的家乡

家乡对孩子的成长有着特别的意义。在家乡，有孩子熟悉的亲人、朋友、同学，还有孩子们熟悉的风俗文化、人文地理。

我们地处中原福地，在我们小的时候，更多的是对大自然的探索、朋友之间的嬉戏玩闹，和亲人之间的人情往来和听长辈们讲述家乡的故事。这些都是我们最初的情感滋养，对自我、对周围的认识。

教育部发布的《3—6岁儿童学习与发展指南》中指出，儿童的发展是一个整体，要注重领域之间、目标之间的相互渗透和整合，促进幼儿身心全面协调发展，尊重幼儿发展的个体差异。幼儿的发展是一个持续、渐进的过程，同时也表现出一定的阶段性特征。本着科学理论方向以及园本特色，此次将我们的主题课程集予以呈现！

（郑州高新区艾瑞德国际幼儿园园长，河南省民办教育协会学前教育副理事长）

目录

综述

自然生长教育认为每一个孩子都是独特的个体，是天生的探究者、学习者，他们擅长用自主探究的方式来认识这个世界。在艾瑞德，我们致力于为幼儿提供引发兴趣、促进探究、激发思考的学习氛围及环境。基于这样的想法，经过几年的实践和摸索，我们形成了艾瑞德国际幼儿园主题课程模式。

主题课程以主题探究的形式，最大限度地尊重幼儿的主体地位，改变以教师为主体、以教材为主导、以说教为主要形式的课程模式（此种教学模式下，教师机械灌输知识，孩子则被动地接收信息）。

主题课程以一个大的主题为核心，包含几个子主题。每个子主题之下，又涵盖很多专题供幼儿进行探究。每个主题的学习过程打破学科界限，领域之间相互融通，以此达到促进孩子们综合、全面发展的目标。

主题课程中，教师开展丰富多彩的综合性教育活动，为孩子们创造直接感知、亲身体验、实际操作的学习机会，致力于让他们拥有丰富多彩的、可以动手的学习经历。每个教育活动中，有机融入"基于关系的相遇与对话、基于自主的探索与发现、基于合作的互动与体验、基于理解的分享与表达、基于发展的激励与评价"的艾瑞德"自然生长课堂五要素"。

目前，对主题课程的探索远没有到终点。我们深知，如果说目前我们积累了一些经验，那也是源于我们积小流、积跬步式的不懈努力。主题课程还有很多需要完善的地方，面对未来，我们期待通过更多的实践去探索和丰富主题课程的内涵，同时也期盼能有更多志同道合的幼教同人与我们共研共进，使主题课程不断优化，助力孩子们的生长。

一、主题课程的理论基础

1. 中国古典教育哲学

艾瑞德国际幼儿园主题课程是在"自然生长教育"理念下的主题课程，融合中国优秀古典教育哲学思想。老子道："天地无人推而自行，日月无人燃而自明，星辰无人列而自序……人之所以生、所以无、所以荣、所以辱，皆有自然之理、自然之道也。"故而我们的主题课程关注并尊重儿童的发展规律，保护儿童天性，保证在帮助儿童的前提下不破坏其天然特质。《易经》中提到"匪我求童蒙，童蒙求我"，在主题课程开展过程中，我们注重保护儿童的好奇心、发现欲，主题采取探究形式，鼓励儿童自主发现、自主提问。

2. 进步主义教育理念

进步主义教育代表人物杜威认为，儿童的生活是一个整体，而各种学科却将他们的世界割裂和肢解了，与儿童生活不相沟通。由此，杜威主张将课程与儿童的经验结合起来，让儿童"在做中学"。此外，杜威还提出"以儿童为中心"的论点，认为教育活动应该以儿童的兴趣、爱好为出发点，尊重儿童自发的、积极主动的学习。受杜威的影响，我国教育家陶行知、陈鹤琴分别提出"生活即教育，社会即学校""活教育"的教育思想，这些思想对我们也有很大启发。艾瑞德国际幼儿园主题课程基于儿童立场，主题的产生与发展结合儿童的兴趣、经验与生活，并且为儿童积极主动学习创造有效的环境。在这一点上，我们的主题课程与同样基于进步主义教育理念的瑞吉欧课程模式与方案教学法有相通之处。

3. 建构主义心理学

皮亚杰创立了知识结构理论，揭示了认识的发生和发展的过程、结构及其心理起源，提出了儿童发展的阶段论，并表明同化与顺应之间的一种特殊的平衡即是认知的本质。基于皮亚杰的建构主义，我们的主题课程强调儿童的自主建构与自主活动，强调课程开展要适合不同发展水平的儿童的发展，强调为儿童提供实物让其自己动手操作。

与皮亚杰一样，维果斯基也强调儿童是积极主动地建构知识的，但维果斯基认为心理功能具有社会背景，即，"人的心理发展的源泉与决定因素是历史过程中不断发展的文化，而'文化'则是人的社会生活与社会活动的产物。"此外，维果斯基还提出了"最近发展区""鹰架教学""心理工具"等概念。基于维果斯基的理论，我们认为课程要能帮助儿童获得指挥和社会交往的技能，特别重要的是获得语言的技能。我们的主题课程不仅注重适合儿童的发展，还尝试能对儿童的认知提出挑战，并为儿童提供文化工具，帮助儿童适应所处的内部世界和外部环境。

4. 人类发展生态学理论

布朗芬布伦纳认为人的发展依赖于由小系统、中间系统、外系统和大系统组成的生态环境。艾瑞德国际幼儿园主题课程从布朗芬布伦纳理论中获得启示，在课程设置上充分考虑课程内容与儿童所接触到的生态环境之间的关系，融合家长资源、社区资源、城市资源。同时我们也意识到，脱离了社会文化探讨的课程是无意义的。因此，我们的主题课程也非常注重对本土文化的传承，有意识地让儿童在课程中了解中原文明与中华文化。

二、主题课程的实施步骤

1. 主题的产生

主题课程的第一阶段从主题的产生开始。主题的产生需要幼儿与老师共同参与，其中幼儿的兴趣及共同的生活经验是主题产生的主要来源，而教师要通过观察、倾听、记录以及由研究儿童而积累来的经验敏锐地捕捉幼儿的兴趣所在，并思考幼儿可能会由此获得哪些新的兴趣？这个兴趣是否为班级大多数幼儿所有？是否符合儿童的生活经验？以下几条建议主要关乎主题产生的一般性原则与实际考虑，可作为参考。

主题产生的一般性原则：

· 该主题能够帮助幼儿更充分、更精确地了解自身经验及环境。

· 该主题能增强幼儿感受、观察、比较、分析、解决问题的能力和特质。

· 该主题能够提供给幼儿大量应用多元互动与交往技巧的机会。

· 该主题能够提供机会让幼儿了解不同工具、素材和媒介的作用及限制，发展其运用媒介的技巧。

· 幼儿能从该主题中体会到积极向上的情感，产生快乐、愉悦的感觉。

主题产生的实际考虑：

· 该主题十分具体，包含提供充分的第一手材料供幼儿直接感知、亲身体验和实际操作。

· 该主题需要参观的地点较容易到达，幼儿前往参观相对便利。

· 该主题与幼儿的前期经验联系紧密，使幼儿不感到过分陌生。

· 该主题若能让幼儿最大限度地脱离成人的协助并能进行自主探究，那么它成功的可能性会更大。

· 该主题若能与当下社会发生的大型公共事件或者义化活动产生联系，则能在开展过程中获得更多资源。依托社会、学校大背景的主题会获得更多支持。

· 该主题若能获得家长的支持，则有利于进一步的延伸和深度学习。

主题确定之后则需要幼儿和老师共同绘制主题网络图，来共同预测主题可能包含的内容与走向，并初步确定相应的具体活动。老师要在这个过程中与幼儿一起讨论，倾听幼儿的想法并帮助他们进行归类和筛选，并联系幼儿的年龄阶段与发展水平，明确相应的学习目标，进而评估幼儿在该主题中是否能获得相对全面的发展。不得不提的是，主题网络图制定好了之后可能会随着主题的进展发生改变，因为主题开展过程中还会有由幼儿感兴趣的点临时生成的内容，所以网络图需要随着课程的开展进行调整与完善。

2. 主题课程的开展

确定了主题之后，接下来即将进入主题探究阶段。首先需要为探究做准备，主要包括：重新检视主题网络图、选择可以参访的地点以及可以请教的人员、相关操作材料的准备以及相关技巧的学习。接下来则要逐一寻找问题的答案，进入深入探究阶段。这个部分的探究活动包括实地参观与调查、访问专业人员、查阅相关资料（如书本或视频）、进行一些必要的实验、讨论、动手操作，等等。在进行这些实践活动时，幼儿会尝试着以绘画、书写、建构、演讲以及角色扮演的方式来呈现他们所学到的一切。当幼儿找到了问题的答案，而且已经能够运用各种媒介来表达他们的知识和理解时，他们的兴趣就可能会下降，主题课程逐渐进入下一个阶段。

主题课程开展阶段，教师要注意的有以下几点：

·班级环境要与主题课程的进展相匹配。塑造相匹配的环境有助于促进幼儿对主题内涵的体会，增加与主题相关的图片、实物的摆设和相关氛围的营造十分重要。班级要有专门的空间展示主题发展的脉络，展示主题发展中的关键节点，而这种环境的创设要以幼儿的表现为主。

·《观察与引导计划》的书写应是基于观察与分析之上的引导，教师要对课程开展中幼儿的行为进行记录和分析，对关键讨论和关键事件的记录要做到客观、全面。

·教师要在主题开展过程中留意以下问题的处理：幼儿是否还抱有兴趣？班级是否存在一些幼儿游离于主题之外？如何对他们进行引导？幼儿

在该主题课程中获得的发展是否全面？可以进行哪些弥补？主题接下来的走向如何确定（继续／转向／结束）？

3. 结课仪式

在主题课程进行过程中，有一定的征兆会显示幼儿已经做好进入下一个阶段的准备，如：幼儿不再提问；他们的好奇心已转移到其他事情上去；幼儿目前掌握的知识和技能已不足以完成下一步的探究了，接下来的难度超越了他们目前的发展阶段，等等。出现这些征兆时，表明幼儿对主题的兴趣正在衰退。这是一种自然的现象，也预示着主题课程要进入总结、交流、分享的环节了，也就是主题课程的结束阶段。

主题课程的结束阶段主要围绕结课仪式的筹备和开展进行。一个有意思又有意义的结课仪式往往能使幼儿对整个主题留下更深刻的印象，同时对接下来的主题的延伸探究更感兴趣。在开展结课仪式的时候，我们要注意以下几点：

· 结课仪式也是整个主题课程开展中重要的一部分，不应成为脱离主题的单独任务，整个探究阶段其实也是在为结课仪式做着自然的准备。

· 结课仪式的筹备强调幼儿的参与，包括时间与地点的选择、形式的确定、邀请哪些人员、环境的布置、邀请函的制作等都应主要由幼儿完成，幼儿要成为结课仪式的主要策划者和举办者。教师则提供建议与支持。

· 结课仪式可以是一场新书发布会、一个展览、一场戏剧表演或者一场秀，其形式不限。对不同年龄阶段的幼儿，老师进行帮助的程度是不同的，且形式的选择在不失新颖的基础上要符合幼儿的年龄特点。

· 结课仪式的目的在于帮助幼儿梳理过往的探究经历，重温收获，并且展示他们在主题课程开展过程中的一些作品与成果。要通过结课仪式发展幼儿策划、表现、交流、分享与评价的能力。

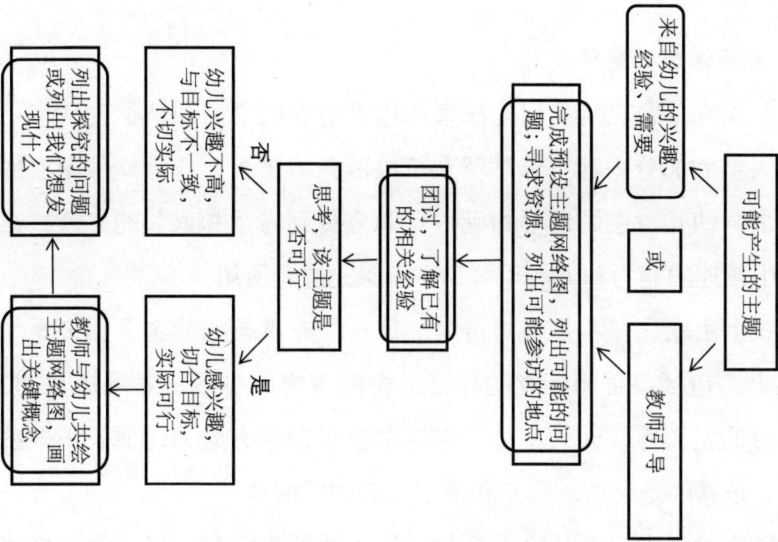

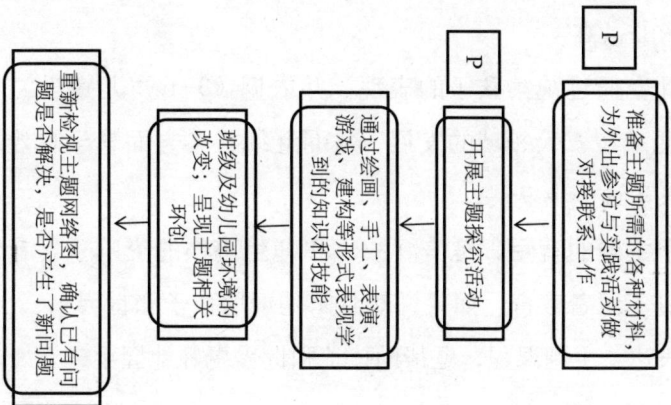

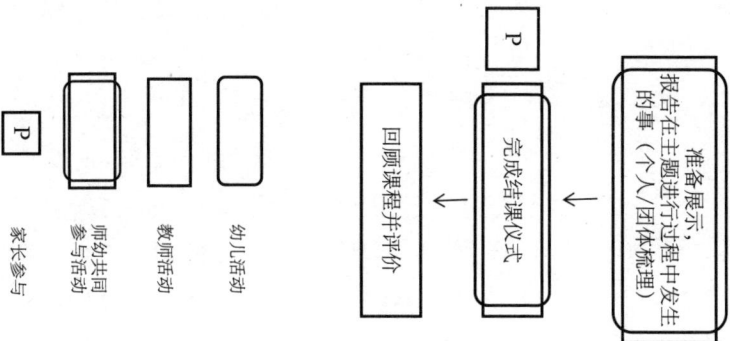

阶段一

来自幼儿的兴趣、经验、需要

可能产生的主题

或

教师引导

完成预设主题网络图，列出可能的问题；寻求资源，列出可能参访的地点

团讨，了解已有的相关经验

思考，该主题是否可行

否：幼儿兴趣不高，与目标不一致，不切实际

是：幼儿感兴趣，切合目标，实际可行

教师与幼儿共绘主题网络图，画出关键概念

列出探究的问题 或列出我们想发现什么

阶段二

P 准备主题所需的各种材料，为外出参访与实践活动做对接联系工作

P 开展主题探究活动

通过绘画、手工、表演、游戏、建构等形式表现学到的知识和技能

班级及幼儿园环境的改变；呈现主题相关环创

重新检视主题网络图，确认已有问题是否解决，是否产生了新问题

阶段三

P 准备展示，报告在主题进行过程中发生的事（个人/团体梳理）

P 完成结课仪式

回顾课程并评价

幼儿活动

教师活动

师幼共同参与活动

P 家长参与

主题课程发展阶段图

艾瑞德国际幼儿园主题课程发展阶段图

4. 主题课程的延伸

一个探究主题在幼儿园的结束不代表对它的学习和认识也结束了，幼儿还有兴趣的部分内容可依然留在班级区角内进行，或者延伸至家庭、社会中开展。幼儿对主题课程的延伸行为应受到老师和家长的支持，在本探究主题中掌握的能力和方法也可为下一探究主题所用。

每一个主题，并不是匆匆过客。每一个充满趣味的主题都来源于孩子的想象力，包括：主题探究的脉络、主题探究的主题、主题探究的方法、主题探究的记录等。大大小小的事情由孩子们亲力亲为，他们积极参与的身影中，透露的是自信、阳光和源于内心的骄傲！

在整个过程中，老师除了进行一日生活的组织和引导，更多扮演的是记录、观察和评估的角色。别看这好像是一件很简单的事情，但其实对教师的要求非常高。

老师会通过观察孩子的表现，并依据《3-6岁儿童学习与发展指南》来评估儿童在五大领域的发展，从而继续在各方面科学有效地适时引导，并推动孩子进一步发展。

每个主题的背后，是美好故事和师生协作的交响乐。老师的课堂里，无时无刻不藏着教育。如果说幼儿园是帮助孩子和世界第一次握手，那么我们想表达：主题课程，是帮助孩子和世界更好地握手。

你好，幼儿园

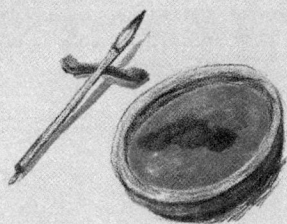

宝贝，你好

你好，幼儿园

让我们小手拉大手

一起看世界

一、主题概述

（一）主题说明

1. "你好，幼儿园"主题课程来源

幼儿园阶段是孩子踏入社会、拥抱世界的第一步。第一次尝试自己吃饭、第一次尝试自己换鞋子、第一次尝试自己脱裤子……许多个第一次等待他们去一一尝试。从没有离开过家人保护的孩子背起小书包，离开父母独自踏进幼儿园这个陌生而又美丽的大家庭，进入一个全新的环境，不免感到不安与恐惧，哭闹现象屡见不鲜。怎样消除孩子的紧张心理，帮助他们顺利度过这一阶段，是这学期我们要做的头等大事。

3岁左右的幼儿已经获得一些有关自我的认知，为了帮助孩子们进一步认识自己身边的环境，了解和自己有关系的人、事、物，通过仔细观察、归纳将经验提升为具体的概念，用良好的情绪和正确的行为分享自己、表达自己，我们以"儿童立场，自然生长"为出发点，小班组老师和孩子们一起进行了关于"幼儿园"的探索，并将"你好，幼儿园"定为本学期研究学习的主题。

2. "你好，幼儿园"的探究线索

幼儿初入幼儿园，对新的环境充满好奇。一方面幼儿从家庭生活迈入学校集体生活，多样的玩具、同龄的伙伴、丰富的游戏活动，对3岁幼儿而言是充满吸引力的；另一方面，离开自己熟悉的家，踏进陌生的环境，

面对不熟悉的人群，或多或少会让幼儿感到焦虑。因此，"你好，幼儿园"主题的第一个板块就从幼儿的心理需求出发，围绕"幼儿园上学记"展开。和老师、小伙伴们一起熟悉幼儿园的自然环境，在丰富的材料和幼儿园里的哥哥姐姐的陪伴中激发幼儿在幼儿园游戏、活动的兴趣，并通过参观、熟悉幼儿园，使幼儿获得在学校生活中的安全感。

3-4岁的幼儿在语言发展方面还没有掌握足够的词汇，语言表达能力相对较弱，在无法正确传达自己的想法时，多数会通过不当的行为，如：违反规则、打人、哭泣、发脾气等来表达自我情绪。针对幼儿种种社会性行为，我们以"幼儿园交友记"为出发点，通过"我的家人""好朋友，手拉手""我的高光时刻"等活动，引导幼儿帮助他人，培养同伴之间的合作意识和社会交往能力，让幼儿从内心爱上幼儿园、爱上班集体、爱上每一位好朋友，从而融入集体环境、感受幼儿园的美好。

幼儿最初的思维特点是以直观动作思维为主，在表达自己和解决问题时容易和同伴发生肢体冲突；尤其离开家人的照料后，更需要提高自己的独立意识和安全意识，学习照顾自己和保护自己；在幼儿园集体生活中，同伴之间更易发生身体接触和摩擦。结合以上三方面的原因，在幼儿适应了幼儿园集体生活后，以"幼儿园成长记"为中心展开探索，通过认识自己的身体部位，了解身体部位的作用，提升保护自己的意识。并在生活技能学习以及比拼游戏活动中养成良好的自我服务意识。在这一系列活动中，要遵从幼儿身心发展的规律，采用多种方法对幼儿进行自理能力的培养。

3. "你好，幼儿园"的资源整合

幼儿的生活环境包括家庭生活、学校生活和社会生活。教育家陶行知先生在"生活教育"中提到"生活教育是给生活的教育，用生活来教育，为生活而向前向上的教育"，美国实用主义哲学家杜威也提出"教育即生活"。因此，幼儿园的主题课程也要与幼儿的生活紧密结合。在"熟悉我的幼儿园"时，大班的哥哥姐姐主动进入小班，通过一对一的合作让初入园

的弟弟妹妹感受到了爱与温暖；在探索"我的身体"时，我们在健康饮食的板块带孩子走进田园，自己动手种下了各种各样的蔬菜并进行定时地维护；在探究"我会做"时，孩子们对各项岗位和管理员表现出极大的兴趣，我们衍生出"鞋子观察员""罩衣监督员""水杯管理员""光盘宝宝"等自发举行的评比和提醒；在小班入园百日宴和学期结束的结课活动中，老师借用家长资源征集了孩子们最喜欢的仪式，如：孩子身高的城堡之门、校园寻宝、皮影……利用这些来自生活又能用于生活的丰富资源，孩子们不仅增强了对"幼儿园"的认知，也进一步探索了"我与幼儿园"的关系，为刚刚离开家庭生活、步入幼儿园生活的幼儿建立了良好的基础。

4. 幼儿在"你好，幼儿园"中的收获

在"你好，幼儿园"的主题探索活动中，幼儿通过了解幼儿园的人、事、物以及幼儿园的一日作息，逐步适应新环境、融入新环境；在和同伴交往中，学会了用语言表达自己的想法，并在动手动脑的过程中提高了生活自理能力和爱护自己、愿意分享的习惯和意识。从家长的反馈中了解到，幼儿会把"干净、有序、读书"的校风带到家中，并保持良好的生活习惯，实现了家园共育的同步。

（二）"你好，幼儿园"的探究计划

主题名称：你好，幼儿园

探究的中心思想：在探索、发现中围绕幼儿园"上学记""交友记""成长记"，初步感知自己与社会环境的关系，尝试融入环境，照顾自己，喜欢身边的人，学会表达自己，建立自己与身边人和事物的初步概念，在探究中激发幼儿探索知识的兴趣。

孩子可以获得什么：

·**核心概念：**归属感、规则、同伴、自我、独立、分享

·**态度：**好奇心、探索欲、独立意识、乐于交往、集体适应

·技能：发现与探索、思考与表达、合作与分享

探究线索：

·幼儿园里有什么？

·幼儿园一日作息是什么样的？怎么去适应？

·如何跟好朋友交往？如何保护自己？

·你愿意尝试做哪些事情？你想分享什么？

可以利用的教育资源：

·园所资源：艾瑞德田园校区、幼儿园活动室、校园景观

·社区资源：附近商场、小区

·家长资源：家长住所、家长课堂

环境创设：

·班级环境：在主题墙依次创设"我的幼儿园"→"好朋友，手拉手"→"全家福照片墙"→"我的五官图"→"我会做……"等主题环创。

·区角环境：在读书区投放与主题相关的绘本书籍。

·家庭环境：漂流的小黄书包内投放与主题相关的绘本及读书卡，家长可以通过亲子阅读和填写读书卡，与师生同步了解并参与主题课程的推进。

（三）主题网络图

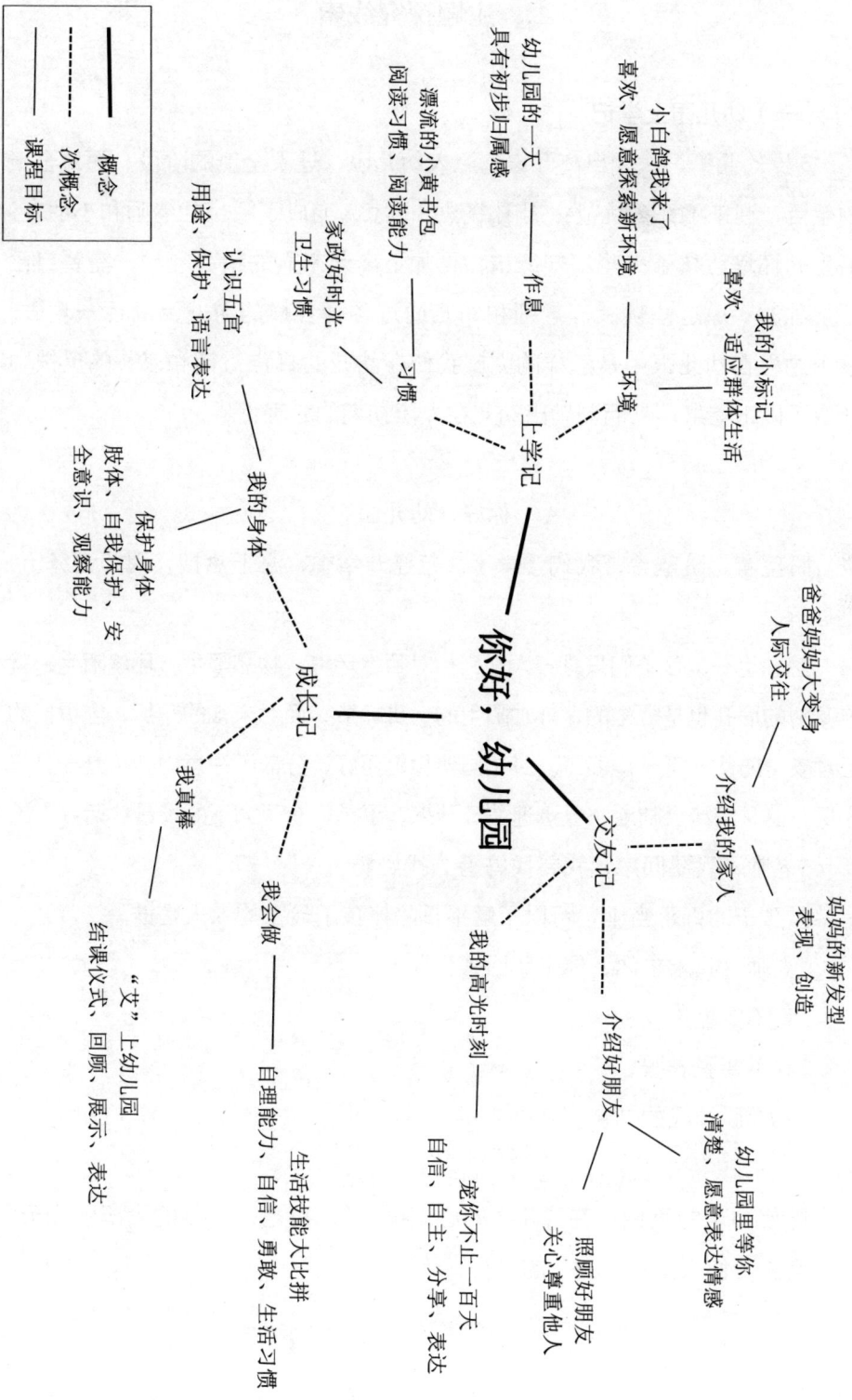

概念
次概念
课程目标

你好，幼儿园

幼儿园的一天

小白鸽我来了
喜欢，愿意探索新环境
喜欢，适应群体生活

我的小标记

具有初步归属感

漂流的小黄书包
阅读习惯，阅读能力

环境

家政好时光
卫生习惯

作息

习惯

上学记

认识五音
用途，保护，语言表达

我的身体

保护身体
肢体，自我保护，安
全意识，观察能力

成长记

我真棒

爸爸妈妈大变身
人际交往

介绍我的家人

妈妈的新发型
表现，创造

清楚，愿意表达情感
幼儿园里等你

交友记

介绍好朋友

我的高光时刻

照顾好朋友
关心尊重他人

宠你不止一百天

自信，自主，分享，表达

我会做

自理能力
生活技能大比拼

自信，自主，勇敢，生活习惯

"文"上幼儿园
结课仪式，回顾，展示，表达

二、主题探究线索

（一）幼儿园上学记

3岁幼儿第一次独自离开家庭迈入幼儿园，进入全新的阶段。面对全新的生活，迎来了许多挑战：周围由熟悉的家人变成了陌生的老师和小朋友；陌生的环境让孩子有些不知所措；再加上离开家人的精心呵护，需要自己更加独立……这些挑战，老师和幼儿通过各种各样的游戏活动逐一攻破。这个过程在幼儿眼中是怎样的呢？我们在幼儿的日常对话和家长的反馈中获取了以下信息，从而勾勒出幼儿在入园初期的心理世界。

你好，幼儿园

盼望着，盼望着，我们开学了。每逢开学季，必上热搜，因为谁经历，谁理解。

想想也是，孩子们只身一人来到相对陌生环境，物品陌生、环境陌生，就连身边的面孔也是陌生的，外加陌生的一日环节。面对未知的一切，宝贝们的心理安全防线一下子崩溃了。身边同伴稳定还好，分散下注意力，可是一旦一个哭，这种情绪会随着空气迅速波及开来。于是，有了如下的场景对话：

"老师，我要回家，我要找妈妈／找奶奶……"

从孩子的诉求当中，可以了解平日陪伴孩子最多的家人是谁。

"老师，我求求你，你带我回去！"

"我不要睡觉。"

"我不要脱衣服。"

"不要脱掉我的书包。"

……

即使小班的我们，有"开学的心理准备"，可是每一年的入园前几天，也会有种"使出洪荒之力"的感觉。

纵观我们班孩子的入园状态，有进班新鲜感十足的，满眼欣喜地摸摸这里，转转那里；有高冷范儿的，纵使周边哭闹声此起彼伏，也独自"静观其变"，做到心中有数；有"热心马大姐"型的，自己刚哭得稀里哗啦，转身就忙着安抚同伴情绪；还有"歇斯底里"型的。

于是，有了如下的场面：拉着老师衣角，走哪儿跟哪儿的；"挂"在老师身上的；不让老师靠近，老师走近一步，自己后退一步的；有伤感群体抱团取暖的；还有不进班，到处乱跑的；甚至还有全程抱着自己的"行李"，"逮"着谁就发出求救信号，恨不得家在哪都说得很清楚的……原谅我此处照片的缺席，因为，实在是双手没能得到"解放"，身上都挂满了孩子。您看到的照片里，也是我在忙乱中，赶紧一拍记录的"名场面"。

为了排解孩子们的焦虑情绪，我们带大家做游戏、唱儿歌、玩手指律动、绘本故事、小贴画、好吃的也轮番上阵……只为转移孩子们的注意力。紧张的气氛舒缓了好多，但午休时迎来了第二波情绪来袭。班上五位老师抱的抱，拍的拍，关注每个宝贝的状态。下午起床后，离孩子们见妈妈的时间近了，也是我们得以稍微放松的时段。

有了第一天的体验，我做好了充分的心理迎接孩子们"入园抗拒爆发期"的到来。可是第二天，我一进门，看到孩子们坐下来，齐刷刷地等待吃饭，那一刻，我被他们惊喜到，所有的疲惫烟消云散，好想给每一个宝贝一个大大的拥抱！太给力啦！

除了孩子们的焦虑，还有一个需要照顾到的情绪，就是孩子家长的焦虑。

"老师，我们家宝贝的状态怎么样啊？"

"吃饭怎么样呢？"

"睡觉呢？"

"和同伴相处有矛盾吗？"

"尿裤子了吗？"

"哭得厉害吗？"

"为什么回来会哭呢？"

"老师，在线等视频和照片哟！"……

其实这些是所有小班家长的心声，可以想象这样的画面：家长全天捧着手机，等待又害怕消息的到来，一颗颗揪着的心被孩子吃饭、睡觉、哭闹等一举一动牵动着。

这是孩子、老师、家长们在孩子入园初期必经的阶段，孩子需要自己去面对并适应新环境；同样，家长也是如此，接受并调整自己与孩子分离的焦虑；老师需要平衡校内外的焦虑。有了现在的揪心经历，才会收获成长。

"爸爸（妈妈），爸爸（妈妈），我们要去哪里啊？"

"有我在就天不怕地不怕！"

习惯了爸爸妈妈的陪伴，萌娃们初次尝试着踏入幼儿生活，一切都是崭新的，也是无比陌生的，内心不免感到焦虑、不安，会本能地抗拒。可是，经过一周的磨砺与适应，萌娃们已经有所突破，牵挂爸爸妈妈的同时，对身边的小伙伴和老师开始有所依赖与信任。于是，老师鼓励着宝贝们站到前面进行自我介绍，一起来看一看我们的初次个人 Show 吧！

"妈妈叫我晗晗。"

"我是宝宝，喜欢游泳。"

"大家好，我叫悠悠，今年 4 岁了。"

"大家好，我叫胡芷墨，喜欢坐校车来幼儿园。"

"我叫岳仁泽，是妈妈的宝贝。"

"我的娃娃叫小圆圈。"

"我叫浩浩。"

"我叫暖暖。"

"我叫飙飙，我是男生。"

"惜惜喜欢爸爸。"

"我喜欢画画，我是一个小女生。"

"我叫吉祥，我还有一个哥哥。"

"我是一个小男生，我叫王子杨。"

"我是小圆子。"

"我家里有爸爸和妈妈。"

"我叫多多，今年 4 岁了，我是一个小女生。"

　　小小娃娃们在老师的鼓励下，或介绍自己的名字，或表达自己的喜爱，或讲述自己的家人……愿意尝试、真情流露的状态，让老师欣喜、感动不已。小小娃娃们的初次自我介绍，意味着他们乐意敞开心扉、拉近彼此间的距离。虽然个别宝贝还是很抗拒、害怕，不过渐渐地在感受到幼儿园浓浓的爱与强烈的安全感之后，相信这些宝贝也会舒展、欢乐地站在前面介绍自己。期待着每一个宝贝"眼中有光，脸上有笑"。

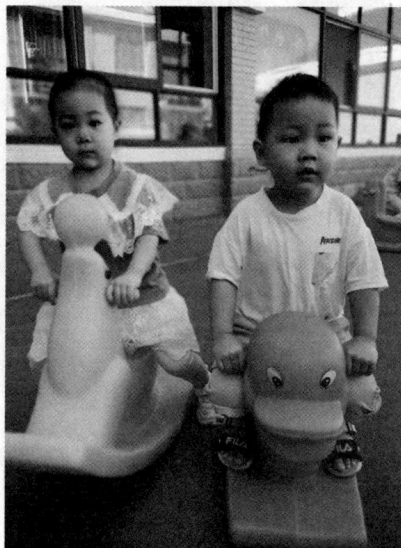

小白鸽，我来啦！

上一周，孩子们每天不仅忙着"找妈妈"，也忙着观察幼儿园的各个角落。

这不，什么都逃不过他们敏锐的亮眼睛，在操场上、窗台上、丹山路上，总会有一些白白的羽毛闯进大家的视线。

"这是什么毛？"

"老师，这是兔子的毛吗？"

"那应该是小鸟的羽毛！"

"老师，你看，那儿有海鸥在天上飞呢！"

"我们学校有白色的鸟！"

"我还看到房顶上有好多鸟，它们从哪里飞来的啊？"……

哈哈，从我来艾瑞德到现在，听了许多关于鸽子的话题，还第一次有人管它叫"海鸥"呢！看来有必要给他们好好介绍一下我们艾瑞德国际幼儿园的吉祥物——小白鸽。

在这里添加一点废话：小白鸽可是号称我们幼儿园开学新朋友们的"止哭神器"，它们不仅可爱、不怕人，还特别贪吃。在给鸽子喂食的瞬间，会让你有进动物园的感觉，所以小朋友们没人不喜欢！

其实早就想带孩子们见见这些可爱的小白鸽，但又很怕孩子一见到鸽子就兴奋得跑得无影无踪，要知道他们可是一群连老师名字都叫不出来的"萌新"！

趁着这周孩子们都能较为理智地控制自己的情绪，做事跟随老师的步伐，那我们就出发去自然生长的校园探险吧！

出了幼儿园的大门，我们来到小学的大餐厅门口，看到极具童趣的动画人物光头强和熊大。大家纷纷模仿它们的姿势，模样可爱极了。

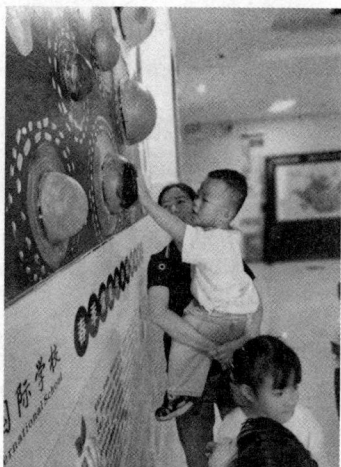

紧接着，我们走到了校医室门口，热情地和忙碌的校医阿姨打了招呼。一转头，孩子们又被墙上璀璨的宇宙星空吸引，一个个伸出小手好奇地触摸着，够不着的孩子被幸幸老师温柔地抱起来，开心地东摸摸西看看，仿佛在"遨游"太空。

出了校医室的大门，孩子们忍不住问："白鸽在哪里啊？"

是啊是啊，白鸽怎么还没见到呢！赶紧去找它们吧！我们跨过了台阶，穿过了教室，经过了停有许许多多电动车的车棚，"翻山越岭"终于走到了小白鸽的家前面！

"这里就是它们的家！"

"这个笼子没有洞，它们怎么飞出去啊？"

"它们吃早饭了吗？我能不能喂它吃东西？"

因为走得太急，没有给我们的动物朋友带吃的，不过貌似一点也没有影响到孩子们看鸽子的兴致。大家瞪大眼睛，认真观察排排站的鸽子们，还兴奋地有说有笑。鸽子们，你们喜欢我们吗？我们的小可爱们可是超级超级喜欢你们呦！

"你好，幼儿园"，是我们幼儿园小班这学期的主题活动，围绕这个主题，我们会带孩子们一起认识新环境，建立新作息；认识新朋友，建立新友谊；学习新本领，照顾好自己；从小我走向大我，在多种多样的活动中收获快乐，收获成长！

以花的念想来培土，以孩子的念想来教书，老师要化身白鸽，领着这群可爱的"小白鸽"一起畅游艾瑞德，感受童年的快乐与美好，感受艾瑞德的幸福与美好。

宝贝们，愿你们每一天开开心心，快快乐乐！

（二）幼儿园交友记

幼儿入园情绪稳定后，个性也开始一一显露，自我意识也在逐步完善，交往范围也发生着变化。无论是活泼开朗的"小太阳"还是沉默寡言的"冷冰川"，都在用不同的眼神观察周围的玩伴。此时此刻，"幼儿园交友记"这一篇章为孩子们营造了一种亲切、温暖的氛围，引导幼儿学习、交流，充分体验与同伴共同玩耍、一起分享的快乐，领会关心他人的乐趣，感悟伙伴间友好交往的美好。

我的好朋友

"我爱我的幼儿园，幼儿园里朋友多，又唱歌来又跳舞，大家一起真快乐……"正如歌曲中所唱的那样，宝贝们在幼儿园里的欢乐时光，离不开小伙伴们的陪伴。孩子与孩子之间同频的欢乐，那份亲近与天马行空，是大人的陪伴所无法替代的。我们很多时候望着他们其乐融融地玩耍、嬉戏的情景，更多的是拥有置身其外的脱离感，透过他们的表达，感受他们的内心世界！

"我们在玩大人工作的游戏，一个是叔叔，一个是阿姨。"

"我喜欢车上的喇叭。"

"我的是警车，我要开着警车去抓小偷。"

"他们在打怪兽，我们两个在玩皮球。"

"我们在玩打怪兽的游戏，两个奥特曼和一个蜘蛛侠，我们要一起打怪兽。"

"我们发现了冰，冰摸起来凉凉的，见到太阳，放在地上一会儿就化了。"

"我要开着我的车车去吃饭的地方，我要开着车去旅游，我要……"

"我们是停车场管理员，让车子停到里面。"

"我们在开车，我们要去超市买冰激凌。"

"我和暖暖要一起去买菜、买水果……"

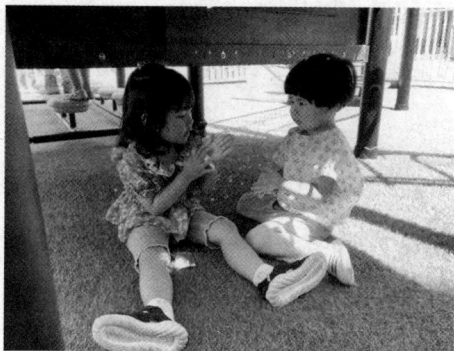

"我们在玩妈妈和小宝宝的游戏。"

"祎祎是火车司机，我们一起去玩。"

"我在玩攀爬，因为我最喜欢的就是这个大大的滑梯。"

"这是珠哥（珠珠的哥哥）最喜欢的车，我要去接妹妹。"

"我喜欢和小朋友们玩滑滑梯，我喜欢跟小朋友们玩玩具小车，我……"

"我最喜欢来幼儿园了，因为幼儿园里有很多小朋友可以和我一起玩，一起学习。"

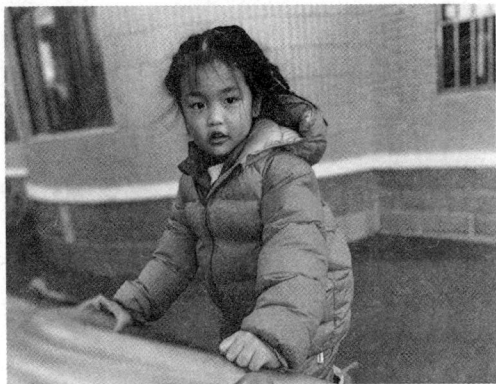

孩子们从刚入园时的以自我为中心到现在的可以为对方思考；从最开始的拒绝交往，到现在的互帮互助合作游戏；从原来的暴力解决问题到现在的和平相处……

有小伙伴的每天陪伴，幼儿园的时光充满了活力与梦幻，弥漫着温暖与美好，散发着精彩与有趣。看着宝贝们如此其乐融融地相处着，老师也不由得感到幸福与欣慰。

幼儿园是孩子走向社会的第一步，也是他们接触到的第一个"小社会"，需要让孩子去尝试交朋友。此时，我们应该做的是鼓励他们，并积极地引导。成长过程中也需要孩子不断地探索和学习，这样他们的性格会越来越乐观开朗，朋友也会越来越多！

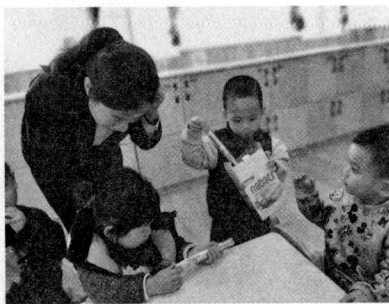

心理学家卡耐基认为：成功等于 30% 的才能加上 70% 的人际关系。可见，培养人的交往能力是多么重要。

因此，无论家长还是老师，都应关心幼儿的交往活动，并针对其特点进行正确而有效地指导和帮助，从点滴入手，以身作则。这样，当他们走出幼儿园，走向更为广阔的天空时，就会迅速适应环境，适应社会需要，为祖国的建设贡献他们应有的力量。

我在幼儿园等你

俗话说，大一岁一个样，不一样的年龄有不一样的特点，不一样的特点就有不一样的教法。进入小班后，作为老师，我们必须要做好的心理准备就是：小班幼儿的年龄特点——以自我为中心。

初入园的小娃娃，由家庭的小圈子一下子转到幼儿园这个大家庭、大集体，面对不熟悉的环境，面对周围陌生的小朋友，面对老师而不是妈妈，他们的行为及情绪常常会有过激的表现，以自我为中心的现象更为突出。孩子年龄越小，"自我中心"就越严重。

他们饿了就要吃，困了就要睡，痛了就要哭，不管是在什么地方；活在自己的世界里，不能等待，不想听指令，不愿讲规则，有话抢着说；东西从来就是"我的"（连老师也是被争来争去）；最要命的就是为争抢玩具打得不可开交（被抓伤90%的原因都是争抢所致）。

这样的情况几乎每时每刻都在我们的身边发生，已经见怪不怪了。基于此，这学期关于孩子们的同伴交往，开学初我们还没有来得及过多引导和介入，心里总想着：他们只要能尽快适应幼儿园生活，快乐地度过每一天就好了。

今天早上，涵涵和同乘一辆校车的我一起走进教室，大家的目光都看向我们，我知道他们在用眼神和我们打招呼。

"早上好啊，宝贝们！"我开始热情地打招呼，只见幸幸老师正在教孩子们手指游戏，开启美好的一天！

这时，站在我旁边的涵涵朝教室里望了一圈，情绪明显低落起来，自言自语道："宁宝呢？宁宝怎么今天还不来，我想宁宝了！"

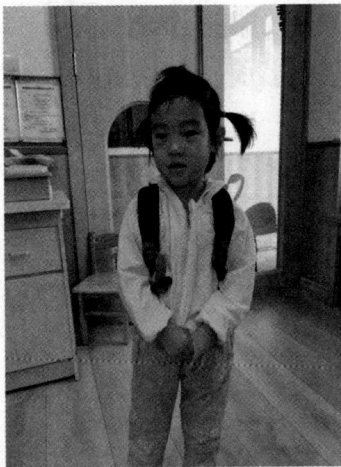

我听到了，心底猛地一颤，婵宁因为咳嗽这周请了三天假，今天是第三天。

其实周一时，淘淘就在问婵宁怎么没来，昨天是泷儿问婵宁的床怎么空着，今天涵涵是第三个询问者了。

好朋友三天不在，孩子们竟如此地在意（他们才认识还不到一个月呢）。我被这纯纯的友谊打动，心想怎么能帮涵涵把想念传递给宁宝，第一个蹦出脑袋的办法就是，给宁宝妈妈发个语音吧！

想到就去做，涵涵一听要给宁宝发语音，马上兴高采烈地表示配合。我把手机话筒交给她，听她一句一句吐露自己心中的思念：

"宁宝，你在哪里啊？"

"宁宝，我想你了！"

"宁宝，你快点来幼儿园。"

"我在幼儿园一直等你！"

说完，涵涵把手机交给我，开开心心地回到自己的座位上，一脸满足的模样，可爱极了。

果然是好朋友，这边想着，那边感动着。我能感受到这边和那边中间有一股特殊的力量连接着，它看不见，但温暖又美好——那就是友情。关于朋友的想念，孩子们给我上了纯粹的一课，谢谢我可爱纯真的小朋友们。

婵宁，大家都很想你呦！我们一起在幼儿园一直等你。期待你早点回到幼儿园！

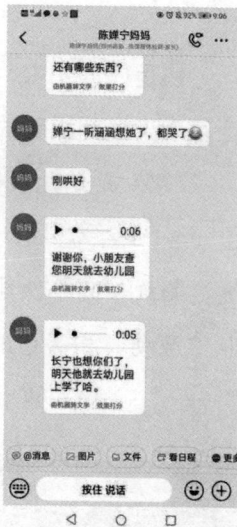

我爱我家

　　家是什么？家，是每个人的避风港；家，是每个人的心灵寄托处；家，让每个人找到温暖的感觉。

　　"家"是幼儿最亲近、最能体验到情感的地方。今天杨老师给小朋友们上了一节名为"给小伙伴介绍我的家人"的课，孩子们勇敢地站在前面，通过照片，向小伙伴介绍了自己的家人。孩子们在电脑上看到自己的照片，非常激动，和旁边的小朋友说"那个是我，那个是我的爸爸，那个是我妈妈……"在和其他小朋友分享的时候，就有了如下对话。

"小朋友，你的家里有谁啊？"

"我的家里有我爸爸、妈妈，还有外公、外婆、爷爷、奶奶。"

"我的家里有爸爸、妈妈、妹妹还有我。"

孩子们说得真详细，还记得这些好看的照片是在哪里拍的，谁帮忙拍的。老师为孩子们清楚地表达自己的行为点赞吧！

大家都是这么幸福，有家人的陪伴和爱护，回去给他们一个大大的拥抱吧！

在介绍全家福的活动中，孩子们兴致勃勃地谈论起爸爸妈妈最喜欢做的事。有的小朋友说自己的爸爸最喜欢抽烟，一时之间孩子们议论开了，都说抽烟对身体不好，应该让爸爸戒烟。于是，我抓住孩子们的兴趣点，假装疑惑地问道："怎么样才能帮助爸爸戒烟呢？有什么好办法吗？"孩子们争着举起了小手：

"把烟藏起来！"

"把打火机拿走。"

"告诉爸爸抽烟会生病。"

"请妈妈给爸爸买口香糖。"

"如果爸爸看电视时要抽烟，就把电视机关掉！"

"和爸爸商量，我做个乖孩子，爸爸不抽烟做个好爸爸！"

"在家里贴上'禁止吸烟'的标志。"

每一个孩子提及家人，幸福感、欢乐感溢于言表，对家人的爱和依赖在一言一语中流淌着。在日渐适应幼儿园生活的过程中，相信孩子们也能感受到如家人般的温暖与安全。

妈妈的新发型

上一节课我们一起开展了名为"介绍我的一家"的活动，探讨了我的家人。看到自己家的全家福出现在大屏幕上，孩子们惊讶极了，有的照片是自己都没见过的妈妈手机里的存货。一开始他们有些羞涩，但介绍起来，个个脸上洋溢着自豪的笑容。我突然之间觉得孩子们长大了，能够做到见到自己爸爸妈妈的照片时不再哭泣，介绍家人的同时脸上也多了份坦然，褪去了之前的焦虑，这也是我们将这次活动安排在这个时间段的原因。

孩子们在老师们的引导下，将家庭成员一一做了描述。在孩子们的描述中，老师们发现他们对妈妈的发型较为感兴趣。在孩子们口中，妈妈的发型有长的，有短的，有卷的，有直的……

老师们发问："你希望妈妈是什么发型呢？"

有的说："老师，我希望妈妈的头发是彩色的。"

有的说："老师，我想让妈妈头发是长的。"

看到孩子们滔滔不绝地说着自己心中妈妈的发型，我们就让他们拿起画笔试着设计一下，画一画。

在孩子们的画笔下，妈妈的头发五彩斑斓、造型各异，一笔笔勾勒出孩子们对妈妈的爱。

入园百日纪念——宠你不止 100 天

100 天前（2020.8.31），在艾瑞德国际幼儿园里，我们迎来了一群可爱的小天使。这些小天使有的哭得响亮，却依然乖乖地跟着爸爸妈妈前往属于自己的新天地；有的小天使满眼新奇、蹦蹦跳跳，如同前往最爱的游乐场里一样。正是因为这些小天使的到来，幼儿园比往常更加热闹。那一刻，我们可爱的老师怀着"初为人父母"时的兴奋心情迎接每一位小朋友，每个人的脸上都挂着笑容，忙得不亦乐乎！

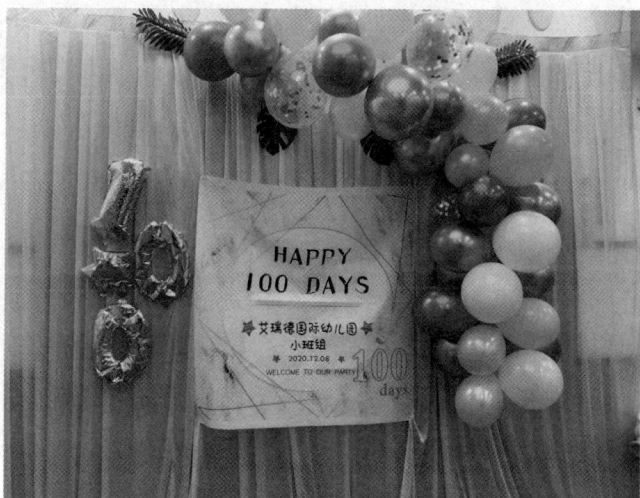

HAPPY
100 DAYS
艾瑞德国际幼儿园
小班组
2020.12.06
WELCOME TO OUR PARTY
100 days

转眼间，三个多月的时光悠悠流逝，从未停歇。万物皆在更新，我们的孩子也在成长。从最初的懵懵懂懂，到现在能自己动手做力所能及的事情；从愿意和小朋友们一起玩耍，再到参加集体活动举手回答问题。这一系列的转变都是我们成长的轨迹。在我们艾瑞德国际幼儿园里，演绎出了一个个美丽的不同。

　　"可爱的小朋友们，100 天快乐哦！"随着主持人的一声欢呼，放眼望去，台下火红一片，好不热闹！无论孩子还是老师，全都身着红装，喜气洋洋！再去看看精心布置的场地、仪式感满满的舞台，就连我们的主持人都扎上了可爱的红色丸子发型，如孩童一般，带领着可爱的孩子们一起玩"口香糖"游戏。用心的装扮、刻意的奶声，更是让这群小天使沉浸在游戏里，笑声不断。

　　○ 美丽的不同：幼儿园主题课程案例集 ●

在座的老师们眼里全是满满的欣慰，由衷地恭喜我们的宝贝们：入园100天纪念日快乐！恭喜你们又长大啦！不仅如此，幼儿园里的哥哥姐姐们也亲自前来，送出了自己准备的礼物。

当然，重要的活动怎么少得了我们的主角亮相呢！音乐响起，小（1）班的孩子们首先冲上舞台，面对台下那么多的观众，他们丝毫不怯场，伴随音乐扭动着身体，在音乐里尽情展现属于自己的魅力，为接下来的节目展示开了好头。小（2）班、小（3）班的特长可不只有舞蹈，他们拿出了撒手锏——拍非洲鼓。一个个小朋友坐在鼓前的那一刻，让我们充满了期待，要知道，他们入园也才短短三个月的时间。随着音乐声，他们如同一个个小小的音乐家，在舞台尽展才华，演绎着属于自己的小骄傲，那认真又自信的模样，更是让老师们惊喜不已、欢呼不断、掌声不停。

看到这些孩子快乐地成长着，我们由衷地感慨：无论我们经历了多少艰辛，都是值得的。在这种艰辛的背后，有着一股强大的力量在支撑和支持着我们：心中有目标，眼中有孩子，处处有教育。为了能够更好地贴近孩子，每周一的"园长阿姨讲故事"如约而至，从未缺席。在孩子们的欢呼和掌声中，我们真诚地邀请到了园长阿姨和可爱的李校长来到我们的活动现场。

　　10 点的钟声响起，老师推着蛋糕车缓缓地入场，仔细看，蛋糕的每一层上都有孩子专属的名字，孩子们的欢呼更是把活动推向了高潮，大家一起插蜡烛、许愿、切蛋糕，分享着属于自己的那份甜蜜和快乐！

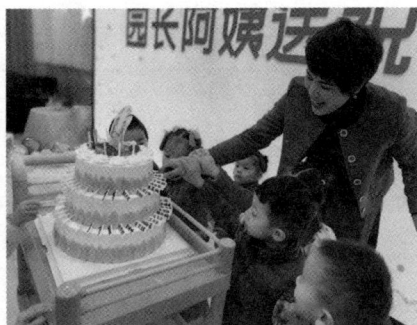

　　这个纪念日里当然也少不了老师们精心准备的礼物！孩子们收到自己入园 100 天的礼物，兴奋得又笑又跳，好不开心呢！

　　入园的第 100 天（2020.12.8），是为孩子们庆祝的纪念日，纪念他们成长的一点一滴。同时，这也是承载着老师无限祝福的日子，老师的内心藏着很多小心愿，希望我们的这些小天使拔节成长。未来虽然有风有雨，但一定有灿烂的阳光迎接。对你们的关爱不止这一百天，以后和你们在一起的每一天，我们都在！

（三）幼儿园成长记

　　小班阶段幼儿的知识经验不够丰富，但对周围世界充满浓厚的兴趣。我们在团讨"我的身体"时，孩子们充满了好奇，发表了不同的意见并提出了大量疑问：

　　"为什么我们人类有手、脚、眼睛、嘴巴呢？"

　　"为什么我们要穿上衣服？"

　　"为什么校医阿姨每天都要检查我们的嘴巴？"

　　"为什么爸爸的手比我的大？"

"我的小手有什么作用？"

"运动时怎么用脚把球踢飞？"

"从滑梯上摔下来后需要怎么办？"

……

一串串问题，从孩子们的小脑袋里冒出来，既然孩子们这么感兴趣，那就一起开始探索关于身体的秘密吧！

我的身体

身体就像一个小宇宙，充满了各种各样的秘密。虽然我们和自己的身体朝夕相处，但也难免会有些好奇。身体也是五大领域之健康领域中重要的部分。对刚入园的幼儿来说，他们对自己的身体有初步的认知。因此，在主题活动"好朋友手拉手"部分，我们开展了关于身体朋友的一些活动。

从认识自己最亲密的伙伴——身体开始，通过对身体的进一步了解，初步懂得它们对我们正常活动的重要作用及意义，从而提高孩子在日常生活及活动中爱护并保护自己身体的意识及自我保护的能力。

在这个主题活动中，我们开展了"我的身体朋友""我的五官朋友"等活动。通过这些活动引导幼儿对身体进行进一步地探索，认识身体部位及五官的主要外部特征，在探索中进一步了解这些"身体朋友"的功能、作用，并针对它们的重要作用进行一些体验活动。

在"我的身体朋友"活动中，幼儿起初对自己熟悉的身体都能多多少少地说出一二，在探讨中幼儿对每一个身体部位又有了更进一步的认识，知道了每一个身体部位都有大大的作用，对我们每天的正常活动来说，都缺一不可。

"小手可以玩玩具，可以画画，还可以拍皮球。""小脚可以走路，可以跑步，还可以踢球。"有的幼儿还能说出"小手不可以打人，小脚也不可以踢人。"从可以做的事情再联想到不可以做的事情，更加深了幼儿对身体的重要作用以及保护身体、与身体友好相处的意识。孩子们非常喜欢的"泡泡糖粘哪里"游戏，也帮助幼儿对每一个身体部位更加地了解和熟悉。

而在"我的五官朋友"这节活动中，孩子们能在游戏中迅速并正确地找到自己的五官在哪里，大部分幼儿都能在第一时间说出每一种器官的功能：

"嘴巴可以说话，还可以吃东西。"

"鼻子可以闻味儿。"

"眼睛能看见东西，耳朵可以听声音。"

贴五官的游戏让孩子们觉得非常有趣，贴着贴着就会忍不住想要把五官故意贴歪，自己被自己贴的五官逗得哈哈大笑。随后，这个贴五官的道具在区角中就成了最受欢迎的玩具之一。在游戏中，幼儿能从中感受到五官的位置、对称、大小比例等与美观之间的必然联系。

另外，在这部分主题活动中，小班组还开展了运动会、校医进课堂等活动。不仅让幼儿对身体有知识方面的学习，也让自己的身体动起来，在运动和体验中真实地感受这些身体朋友给我们正常的生活和运动带来的巨大帮助。

幼儿阶段是儿童身体发育和机能发展极为迅速的时期。幼儿发育良好的身体、强健的体质、协调的动作，这些都是幼儿健康发育的重要标志，也是进行其他学习与发展的基础。

鼻子不能吃东西

"嗨，小朋友们大家好啊！"孩子们刚刚起床，有序地做自己的事情时，教室的门被一个穿着粉色外衣的神秘老师打开了，甜甜的笑容配上小酒窝，立马让教室里沸腾起来。"我知道，你是校医阿姨！"孩子们说着，都叫起了校医阿姨，好似一种明星到现场的感觉。

校医阿姨推来了自己的专用小粉车和大家做起了游戏，一番游戏下来，孩子们对自己的眼睛、手、鼻子、耳朵、嘴巴等器官更加熟悉了。

紧接着，校医阿姨又提出了一个问题："小朋友们，你们知道鼻子有什么作用吗？"小朋友的小脑袋瓜转得真快，一下子就想到了可以吸气。校医阿姨又拿出一个纸杯，"请小朋友上来观察一下并闻一闻，看看你能不能猜出这里面是什么。"下面的小朋友立马说道："我知道我知道，是醋，我的鼻子闻到醋的味道了。"

　　校医阿姨告诉我们鼻子的重要性，并且提醒大家要爱护我们的小鼻子。这时，校医阿姨像变魔术一样变出很多圆圆的硬硬的东西，并一个个拿出来给大家认识，并且通过一个小游戏让小朋友们体验一下当鼻子被放入一些小物体时的感受。小朋友们纷纷说："我出不来气了！""好难受啊！"是啊，如果鼻子里吸入了这些小东西，会影响我们呼吸，会给我们的身体带来巨大的危害。

最后，校医阿姨通过有趣的绘本故事《翘鼻子的噜噜》，让小朋友知道除了细小的物体之外，我们的小手也不能使劲地抠鼻子和撞击我们的鼻子。在轻松愉悦又充满童趣的氛围中结束了这一场美好的相遇。

孩子们开心极了，争着给校医阿姨送上一个大大的拥抱，欢迎校医阿姨常来做客。有趣的老师带着可爱的孩子，感受幸福，感受教育。我们同孩子们一起成长，未来我们有更多期待和惊喜。

"艾"上幼儿园

"宝贝，明天你就要上幼儿园了。"

"呜呜，我不要去，我不要离开妈妈！"

……

"宝贝，起床啦，我们要去幼儿园啦！"

"好的，妈妈，我马上起来！我如果不去幼儿园，老师和小朋友会想我的！"

简单的对话让我们感慨万千，简单的对话让我们感受到了温度和故事，简单的对话让你我"艾"在一起。

小萌娃初次加入艾瑞德，以"你好，幼儿园"为主题开始和这里的一切发生着关系和联系。在这一百多天里，我们由彼此陌生到彼此依赖，有了特殊的感情；在这一百多天里，我们哭过、笑过、闹过，所有的所有汇聚成你我之间难忘的故事和回忆。

　　此刻，您是否好奇在这一百天里，萌娃和主题课程"你好，幼儿园"的碰撞里还发生了哪些故事呢，跟随我的脚步来看看吧！

　　成人的视角看到成人的想法，孩子的视角看到孩子的想法。可爱的孩子们在签到处找到自己的照片，用自己特有的方式留下痕迹，进入属于他们的城堡之门。

"嗨，小朋友们，我是你们的好朋友幸幸老师，欢迎大家进入'艾'城堡之门，今天我们将一起进行有趣的结课活动。"伴随着幸幸老师甜美又温柔的声音，结课活动正式开始了。

第一个小节目是孩子们最喜欢的中国传统文化皮影戏，可爱的老师们将孩子们第一天入园的点滴变化编排成故事，展现给孩子们。观看过程中，孩子们不禁发出笑声："那不是你吗？我以前哭，现在不哭了！那个是大鼻子校车……"简单的故事让孩子们产生了很多共鸣，因为它是真实发生的属于孩子们的故事。

皮影戏过后，就到了探险寻宝时间啦！进入幼儿园生活了一百多天的

你们，是否对学校的环境有所熟悉呢？接下来，请每一位小朋友根据手中的照片去寻找一样的环境在哪里，并与它合影，即为挑战成功。

听到要闯关的消息，孩子们跃跃欲试。

"老师，我拿到的是艾宝，我知道艾宝在哪里！"

"老师，我的是小羊，我要和小羊拍照！"

"老师，我的是校车，我们有很多校车……"

话不多说，行动起来吧！看着孩子们认真地找寻自己记忆中幼儿园环境的位置，其实就是最真实地展示与收获。在寻找的路上，对环境有了一种期待感；在寻找的路上，教育也在悄然地发生。

最后是我们的 Happy 时刻，孩子们拿出自己最喜爱的零食，分享给自己的好朋友，在分享中得到了更多的甜蜜和快乐。

可爱的孩子们和老师载歌载舞，在热闹的气氛中结束了我们的"你好，幼儿园"主题课程结课活动，不过属于我们的故事依旧继续……

主题课程的命名、孩子身高的城堡之门、真实环境寻宝、有孩子故事的皮影演绎、分享零食、趣味游戏等，都是孩子们的最爱，我们以生活的真善美融入主题课程结课仪式，让简单的过程升华为不一样的情愫。

以童眼看待孩子

以童心理解孩子

以童真欣赏孩子

以童趣开展课程

本学期主题课程"你好，幼儿园"，今天在欢乐的氛围中就正式结束啦！接下来又会开展哪些活动呢？我们的主题课程只有你想不到，没有我们做不到的，因为孩子的世界里每一天都有不一样的惊喜发生；因为这里是艾瑞德；因为我们"艾"在一起。

（四）"艾"的留声机（"艾"上你，不是三两天）

因"艾"结缘，与爱相伴

孩子，我想对你说

老师，我想对你说

瑞德，我想对你说

随着时间的推移，孩子们在幼儿园生活的第一个学期即将结束了。在这特殊的一个阶段里，家长朋友们也应邀加入，将孩子入园以来的点滴变化和心中所想用文字和图片记录了下来。纸短情长，以作留痕，为孩子们的成长加冕！

袁满小（1）班随笔

2020.8.30 报道

九月要到了，幼儿园门外又会出现一些"蹲窗"家长，"暗中观察"孩子们的动态，因为小宝贝要上幼儿园，开始集体生活了。我一直是我们家的小不点儿，一直是妈妈睡觉时的吉祥物，猛地发现自己不能抱宝宝了，其实我的内心是有些害怕的。

好在上幼儿园之前，妈妈经常带着我去幼儿园熟悉里面的环境，经常会跟我说，在幼儿园里可以和其他小朋友一起玩，一起玩滑滑梯，一起唱歌、画画、跳舞。所以相比其他宝宝而言，我对这里没有太陌生，正式入园的时候就不会紧张了。很快适应这里的环境的我，心里不会产生焦虑的情绪，也希望所有爸爸妈妈多一分耐心，慢慢引导别的小宝贝吧！

2020.8.31　入园

入园——对我来说是一个全新的开始，是我生命中非常重要的一个环节。妈妈特别积极地配合老师的工作，让我开始爱上幼儿园。希望每一位爸爸妈妈都可以重视你们小宝贝生命中的每一段成长经历，让他沐浴在爱的阳光下健康成长。

我的班主任老师是个高个子的大美女，就是这个漂亮温柔的老师将要教会我学习，教给我知识。我很喜欢这个老师，妈妈也喜欢特别喜欢这个老师，我们全家都特别喜欢这个老师。"在幼儿园要是发生了什么事情，你可以告诉老师哦，老师是很喜欢小朋友的。"如果想让小宝贝们早些习惯幼儿园生活，可以先听听最爱的妈妈的评价哦！

2020.9.03　美好童年，幸福牵手

我们家隔壁有一对双胞胎姐弟，作为姐姐的我经常带领他们一起玩耍，哄他们开心。今天我也享受到了被哄的"特权"。"很高兴认识你，我是你的小姐姐。"就这样，我们彼此认识了，姐姐牵起我的手，把她准备好的礼物送给我。第一次收到同学礼物的我高兴得手舞足蹈，一整天的时间我都沉浸在这种喜悦当中。我与小（1）班的同学们相互交流了自己收到的礼物，向老师展示了自己的礼物，回到家之后也把这件事情告诉了家人，想让他们感同身受地体味自己的喜悦之情。

2020.9.10　教师节

教师节的建立，标志着教师在中国受到全社会的尊敬。这是因为教师的工作在很大程度上决定着中国的未来。每年的教师节，中国各地的教师都以不同方式庆祝自己的节日。学生方面则会自发地通过原创参与、将祝福写在板报、贺卡、绘画上，将合影照及活动感言晒至个人空间、微博上等形式，来表达对教师的真挚祝福及衷心问候。

作为一名小宝宝的我还不太会写字，就决定运用自己的色彩感知能力，让妈妈陪着我一起，去选购搭配在一起最美丽的花朵送给老师。我还记得

我们班上除了美丽的班主任陈老师，还有在我中午睡觉害怕时陪伴着我的杨老师，还有每次都细心嘱咐我多吃点的生活老师付老师。

2020.9.22 "少年强则国强"运动会

最早的运动会就是古希腊的古代奥运会，运动会上每个人都能展现自己的风采，迎接胜利的喝彩。举办运动会的目的就是通过举办运动会让大家能够深刻认识到运动的精神或运动的本质，让大家能真正体会到运动带给我们的快乐，以及运动带给我们的好处，包括学习上的、生活上的、家庭上的、心灵上的、精神上的、身体上的。

2020年9月22日上午10：10，由抗疫最美家庭将火种传递到我们手中，那一刻，我好奇这是真正的火焰还是精神上的火焰；我好奇这火炬上的纹路都是什么颜色、都有什么意义；我也好奇这是一种荣誉还是一种幸运呢？

开幕式上，我左手握紧七彩风车，右手被老师牵起，与同学们一起以"可爱"组成压轴的方阵。我们的脸蛋儿上不只有天真烂漫还有五星红旗，不必有响亮的口号，就已引得全场欢呼！

2020.9.26 种豆得豆，种瓜得瓜——开犁日

《种瓜得瓜，种豆得豆》的儿歌我早就烂熟于心，可是播种的快乐，对农作物的认知，也大都停留在我的盘子里，最多在市场上。

为了提前准备好工具，我还专门让妈妈给我买了一大桶饼干。我准备用漂亮的粉色饼干桶装满水，来给小种子洒水。出发的时间一到，我们就坐上了我期待已久的大黄蜂校车。属于小宝贝的一亩田终于出现在了我的眼前，我摸了摸眼前的土地，觉得亲切极了！先挖一个大大的坑，再把整个班级的地都撒满种子，然后给种子们盖上小被子，最后给小种子们喂点水喝，大功告成！简单地休息后，我们又来到了一个神秘的地方。茂密的叶子下面藏着大大的红薯，它们在跟我们玩捉迷藏呢！东挖西找，看着我的小桶里满满的大红薯，仿佛闻到了丰收的味道呢！

2020.11.02 不负"食"光，光盘最美

今天是个阴天，因为我的心情不美丽了。我一直觉得老师的表扬对我来说无所谓，又没有糖吃。看到其他小朋友因为老师的表扬开心得手舞足蹈，我也跟着手舞足蹈。但是，为什么我不开心呢？是不是因为没有得到老师的表扬和肯定呢？

为了得到老师的表扬，为了让袁满小宝贝自己的照片也出现在"光盘宝宝"墙上，我学会了努力认真吃饭，不挑食，让盘子变得干干净净。坚持很贵，贵在坚持。虽然当我成功做到"光盘行动"后，为期两周的"节粮惜粮、你我同行"粮食周活动已经结束，内心有点小可惜，但是我走在了坚持的道路上，这是我优秀的品格，我也应该为自己肯定、为自己骄傲！

2020.11.06 萌娃遇生肖，童话伴童年

你们可爱的小宝贝袁满因为请假了，所以没能参与到大家的童话故事节当中，没能把自己准备好的服装、故事带给大家。在家和妈妈不止一次地练习了《小老鼠上灯台》改良版，我希望所有的宝宝和自己的家人都可以跟着小圆子和妈妈一起来进行这个好玩的小游戏。

"小老鼠，上灯台，偷油吃，下不来，叫妈妈，妈妈不在……叽里咕噜滚！下！来！"不过没关系，总有机会带领大家一起去这个小故事中畅游的！

2020.11.07 萌娃食遇记——蛋挞DIY

秋天的第一杯奶茶、第一次电影、第一次入学都为这个秋日增添了不一样的寓意和惊喜。今天我们班抓住秋天的小尾巴，准备制作秋天的第一份惊喜——蛋挞。我认真地听着老师的讲解，仔细观察每一步的方法，时刻准备着大展身手。万万想不到的是，这对我居然这么有挑战性。烤好的蛋挞外酥里嫩的口感、香浓的蛋黄奶油在舌尖上流连的滋味总叫人回味不已。香喷喷的真是太美味了！我忍住想要再吃一个的冲动，想着如果把这样一份美食留给家人，就可以看看他们脸上品尝美味时幸福的表情了吧！

2020.12.09　宠你不止100天！——小班百日纪念

转眼间，三个多月的悠悠岁月在流逝，从未停歇，但是万物皆在更新，我也在慢慢成长。从最初的懵懵懂懂，到现在自己动手做力所能及的事情；从和小朋友们一起游戏、玩耍，再到参加集体活动举手回答问题。一系列的转变都是我成长的轨迹。

今天是我们入园100天的纪念日，一大早我就穿上了红彤彤的锦鲤服，带上了准备好和哥哥姐姐们交换的小礼物，背上我的小书包，高高兴兴地来到幼儿园，准备参加这个活动。

看过了哥哥姐姐们的表演，也交换到了自己喜欢的礼物，接下来到了我最喜欢的吃超级大蛋糕的环节。这个大蛋糕真的好大好大，有三层那么高，比我的个子还高，上面还有写着每位小朋友名字的巧克力。当我收到了写着"袁满"名字的巧克力时，更是开心地大声呼喊着！

2020.12.31　暖意融寒冬，甜蜜迎元旦

当我还在睡梦中没有醒来时，妈妈就把为我准备好的礼物轻轻放在了我的枕头旁边。

妈妈说这是希望我起床一睁眼就能看到妈妈的祝福！希望我在新的一年里，在不跟妈妈撒娇的情况下能够熟练掌握一些基本的自理能力。首先，学会自己穿裤裤、吃饭饭等。一个班几十个孩子，一位老师肯定忙活不过来，如果啥也不会，只能坐着干等着。其次，吃饭能力也很重要，在家都是姥姥姥爷宠着喂饭，到了幼儿园还是有依赖性。最后，如厕能力。这件事看起来容易，做起来难。因为宝宝之前对自动冲水系统有些心理阴影，所以需要克服之后才能做到如厕自如。

就像最近小圆子过生日的时候，她就自己动手插蜡烛，自己唱生日歌，自己吹蜡烛，自己再把吹灭的蜡烛拿出来放到一旁，最后自己切蛋糕，自己吃蛋糕。看到别人不开心了，还会拉拉手安慰，还会做鬼脸逗人，简直是一个天使宝宝一样的存在！

妈妈我好爱你哟，我是你的天使宝贝，是你最可爱的小公主哟！

2020.1.23 "你好，幼儿园"结课仪式

距离上次吃完自制糖葫芦不久，这不，又有机会偷偷吃甜食了。昨天晚上到家后，和妈妈一起盘点了我出生到现在吃过的所有零食，然后打包成一大袋子，带到学校分享给同学和老师们。

仪式真的很有仪式感，有各种节目，有各种游戏，有各种环节。最后，最开心的时刻就是分享零食。看着琳琅满目的零食，我真的想全部打包带回家。最后，我们的活动在大家的载歌载舞声中结束了。

本学期的课程结束了，但是我和小(1)班的故事依旧继续。我会在下学期交到更多的好朋友，记得更多的人名；我会在下学期更认真地学习，获得更多的奖励和奖状；我会在下学期参加更多的活动，培养出更多的才艺。

这是我爱的幼儿园，是一所名叫艾瑞德的幼儿园。她带给我了无数的惊喜，带给我了无限的成长。期待成了我每天重要的环节，期待明天，期待下学期，期待未来！

袁满妈妈

2021 年 1 月 29 日

看 见

孩子入园已经一个学期，在这一个学期的时间里，我最想表达一句话："因为看见，更加相信教师的无私；因为看见，更加相信教育的美好！"我想从四组照片中分享我的看见，记录孩子的成长，表达我内心的感动与感谢。

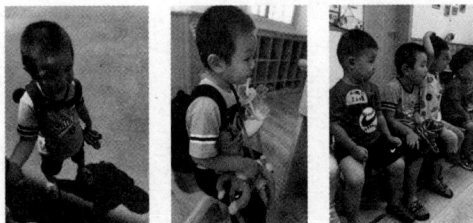

逃离

照片里的孩子名叫祎祎，是我的儿子，属于一个性格比较慢热的孩子。刚入园的一个月里，每一天家中都上演着一场哭戏。送孩子上学的路是那么近，然而这段路每次走得是那么辛苦。上学的路上，伴着孩子的哭闹声，即便硬拉到学校，在学校的状态也是时刻想逃离的样子。

儿子的每一步都要拉着老师的手，即便这样，嘴里也要喊着"找奶奶""找妈妈"。儿子不进教室，不与小伙伴接触，不知道这个环境意味着什么，时刻抵触着身边所有人。儿子会把自己的凉鞋脱下来拿在手里，拖鞋穿在脚上，背上自己的书包，带上自己的玩具，拿着老师的手机，时刻准备着联系妈妈，准备着离开教室。看到这些照片，可以想象出儿子内心满满的不安。作为妈妈，看到孩子的这一张张照片就会默默流泪，内心充满无助感，不知道如何来帮助他。

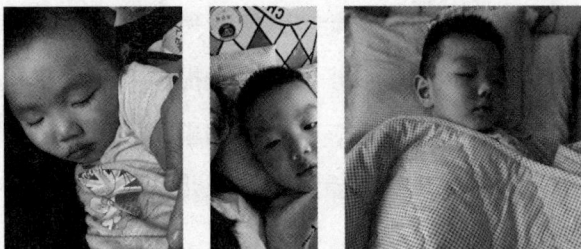

入睡

能否正常入睡是一个孩子内心是否安全的一个表现。在入睡方面，儿子经过了几个阶段的变化。刚开始，儿子闭上眼睛就害怕，即便已经非常困乏也不愿意入睡。为此，老师们想了很多方法。午睡时间，带孩子进一步熟悉学校的环境，陪孩子玩；老师还会陪伴在儿子的小床边，轻轻拍着孩子入睡，甚至会把孩子抱在怀里，搂着孩子睡。渐渐地，我看到一张张儿子慢慢可以入睡的照片，天天揪着的心也缓解了很多。

融入

　　日子在一天天的期待中度过，也仿佛习惯了早上送儿子上学时的哭声。2020 年 10 月 29 日，这一天我激动地发了一个朋友圈。这是儿子第一天没有伴着哭声就走进了学校的蔷薇之门。这一刻我想象过无数次，但是一次次都在落空，以至于自己已经放下期待的时候，这样的场景却在毫无准备的情况下来了。这一天，儿子没有哭，我却哭得像个孩子。眼泪里有欣喜感动、惊讶、安慰、满足，还有希望。接下来的时间里，看到孩子的状态一天天地在变化，在学校的笑脸多了，敢于提出自已想法了，让老师给自己扎个小辫子啊，抹个小香香啊，讲个小故事啊……还越来越乐意和小朋友们一起分享东西，一起玩耍。看到一张张儿子带着笑脸的照片，我也终于乐成了一朵花。

　　○　美丽的不同：幼儿园主题课程案例集　●

想念

时间来到 12 月,儿子断断续续地咳嗽,选择了在家里休息。没想到这一休,竟休息了一个月时间。有几次,儿子早上睁开眼睛问奶奶:"奶奶,我是不是该起床了?"奶奶告诉儿子:"是的,天亮了,该起床了。""奶奶,我们快点起床吧,我该上幼儿园了。"听到儿子和奶奶的对话,我既开心又难过,开心于儿子开始想念幼儿园里的生活,向往幼儿园的日子;难过于儿子的咳嗽还没有完全好,还不太适合去幼儿园。临近元旦,儿子的咳嗽终于康复,当许久没来学校的儿子再次融入幼儿园生活的时候,我看到儿子上课时的认真,也看到孩子在集体中的存在感、幸福感。

"妈妈,我唱歌,你给我拍视频发给我们老师好不好?"晚上,儿子突然提出这样的要求。我有些惊讶,但是满口答应着。儿子很开心地唱了在幼儿园里学习的儿歌《地里番茄圆又大》。拍完视频,儿子还格外嘱咐我:"别忘了发给我们老师啊。""好的,儿子,我已经发给你的所有老师啦。"过了一会儿,儿子又问起来:"妈妈,老师给我鼓掌没?"我打开老师的微信,看到老师给孩子发来的表情和语音。"你看啊,儿子,老师给你鼓掌了,还给你送了小花花和点赞啦。听,老师还在表扬你呢!"一张张照片中,看到了孩子的成长,也看到了背后老师的辛苦付出。

以上就是儿子在幼儿园一个学期我所看见的。因为自己的看见,也更加理解"静待花开"的内涵,理解艾瑞德的教育理念"让孩子被温柔以待,让教育被慈善以怀"、"学校应该成为孩子不再恐惧的地方,是温暖的念想,让学校到处流淌着温暖和爱"。艾瑞德是这样来表达教育的,也是这样做的。

孩子的笑容褪去了入园的焦虑,老师的精心陪伴让我看到教育的美好。艾瑞德就是这样一个看得见孩子模样,接得住孩子忧伤,视每个孩子为珍贵存在的学校。在这样的学校里,老师用心,家长放心,学生开心。

祝福小(1)班,祝福艾瑞德!

张恒祎妈妈

2021 年 1 月 30 日

时光不语　静待花开

一颗种子从萌芽到成为参天大树，需要不断地扎根深处，吸收营养，摒弃旁支；一个孩子从呱呱坠地到茁壮成长，需要不断地突破自我，坚定信念，勇往直前。

而我，作为一个 4 岁孩子的母亲，本以为自己是你的全部，是你所有的依靠，但是经历了你的第一次成长之痛后，才让我真正地意识到：原来，你已然长大，你才是我的全部。

你的第一声啼哭仿佛还在昨日，弹指一挥间已到了该入园的年龄。回想起当时让我义无反顾为你选择"艾瑞德"的原因，我想，是因为在入园的时候，与老师达成的共识："希望孩子能够自然生长，愉快地度过最美好的幼儿时光"。

都说 9 月是毕业季但同时也是迎新季，对新入园孩子的家长来说，9 月是不舍，是忐忑，是担忧，是期许。还记得第一天的你开开心心地拉着我的手入园的情景，仿佛我的担心都是多余的。但一切来得那么猝不及防，第二天，看着你拼尽全力抱紧我，号啕大哭哀求我的那一刻，妈妈真的想要抱起你一走了之。但是，理性战胜了感性，我告诉你要勇敢，这是你应该且必须要做的事。看着老师把你抱走，我只能选择头也不回地离开，但是，你知道吗？妈妈因为过于担心，所以偷偷跟在你后面。看到你哭得撕心裂肺，我肝肠寸断，但妈妈知道，这里有能让你"挂"在身上一整天的萌萌老师；有让你能够像"尾巴"一样跟着的崔崔老师；有让你能开开心心牵起小手的梦洁老师；有能让你"衣食无忧"的刘老师，所以，你会勇敢，你会坚强，一切都会好起来。

被卸载的 QQ 重新被召回，每天刷 QQ 空间的次数翻倍增长，只为能够及时捕捉你的身影。每天回到家第一件事就是站在门口翻看你的成长手册，关注你每天的变化。慢慢地，看到你的脸上开始有了笑容，看到你交到了人生中第一个朋友，看到你能够脱离老师的手，看到你开始睡午觉，看到你获得了人生第一个奖励。一切的一切，看起来都那么平凡又不平凡。平凡的是，这是每个人都会经历且应该经历的；不平凡的是，这是小小的你通过自己的努力实现的一次又一次的突破。

　　年幼的你在短短的时间里经历了懵懂、抵触、无助、妥协、坦然、适应，小小的肩膀扛起了所有。

　　今天是第一学期的最后一天，看着你厚厚的成长手册，妈妈心中感慨万千。这是你第一次离开家，在人生之旅的第一站，妈妈没有选错地方，在艾瑞德，学校秉承着"自然生长"的理念支撑着你；老师通过无限的爱浇灌着你；小朋友们通过纯洁的友谊滋养着你；一群志同道合的家长呵护着你。我相信这一站有他们，足矣。

　　已是深夜，看着身旁熟睡的你，心中满是平静与幸福，生活的疲惫烟消云散。亲爱的孩子，人

生路上遍布荆棘，但不影响它阳光灿烂。虽然历经坎坷，但精彩无限。人生路漫漫，希望你满怀期待，开启人生新旅途，愿你出走半生，归来仍是少年。

葛屹煊妈妈

2021 年 1 月 29 日

孩子，我想对你说

时光匆匆，转眼入园的第一学期就接近尾声，回顾这 100 多天的日子，你给了我们太多的惊喜！

2020 年 8 月 31 日，忐忑的爸爸妈妈早早把你送到了校车点，你不哭不闹，开心地和校车老师问好，转过头来说："爸爸妈妈，你们在家等我回来哦！"自己就上了车。看着你远去的背影，突然好想哭，但转念一想，你终究还是要长大的。放学回来，妈妈就问你："宝贝，你在学校有想妈妈吗？"你斩钉截铁地回答我："没有，我很忙的，要玩玩具，玩游戏，还要和小朋友一起玩。"你还说，只有你在幼儿园开心玩耍，妈妈才能悠闲自得喝个下午茶，爸爸才能安心地工作。

开学第二周，你就和同学发生了冲突。一着急，把付乔伊的鼻子咬了，下嘴还挺狠，把妈妈吓坏了。后来，你主动给付乔伊道歉了。回到家，你真诚地向妈妈道歉："妈妈，我知道错了，嘴巴是用来吃饭、吃零食、说话的，不是用来咬人的，我以后再也不咬人了。咬人是不好的行为，咬人就不

是好孩子了！"如今，你和付乔伊成了最要好的朋友，每天放学都要一起玩，也邀请她来家里玩，经常三五分钟就掐起来，可下一秒又和好如初！在老师们的引导下，你已经学会了更好地与小伙伴友好相处，当然偶尔还会任性一下，但与之前相比，我们已经看到你的进步。

在幼儿园，你结交了很多朋友，每天活力满满，即使天气寒冷，也没有过迟到请假。偶尔也想赖床不想去上幼儿园，但看到校车来时，马上热情地和校车老师打招呼。你学会了尊重、礼貌、感恩，"您好、请、谢谢"这些礼貌用语时常挂在嘴边。你最大的变化是：学会自己穿衣服穿鞋袜，能主动帮忙爸爸妈妈做家务（当然经常是帮倒忙），能自己叠衣服、洗内裤和袜子，玩过的玩具也都能收拾好并放回原处，按时吃饭、刷牙、洗漱、睡觉，作息规律。

周末在家就待不住，吵着喊着要去上学。没有小朋友一起玩，最喜欢去的三亚也没兴趣了，想着天天都能上艾瑞德。幼儿园老师你都喜欢，全职陪伴你三年的妈妈，多少有些失落，对妈妈的依赖并没有想象中那么大，说明你已经长大了。

记得你被评为八大习惯"有序宝宝"，兴奋地和妈妈说："今天我上台了，老师给了我一张大大的卡片。"哈哈，果然你是一个美丽的不同！你拿回来瑞德宝宝奖章的时候，妈妈问你为什么你是瑞德宝宝啊？你自信满满地回答："因为我表现好啊！"现在，瑞德宝宝的奖牌是你最爱的玩具，时不时要拿出来戴一戴。小小的奖章，大大的荣誉，你的成长就是爸爸妈妈最大的安慰！

在家最喜欢的游戏就是角色扮演，爸爸是杜绍恩，妈妈是边媛，你是萌萌老师，拿着绘本《菲菲生气了》有声有色地讲了起来。爸爸趁你不注意就看了一下手机，你立马拿起哨子吹起来："杜绍恩，上课不可以玩手机哦！"一副小大人的样子真的是让人忍俊不禁。

家里马上要添新的小成员，你已经给她选好了名字：小花妹妹。你自己最爱的安娜公主也让给了她，说自己现在是姐姐了，就变成艾莎了。每天下校车的时候，就立马跑过来抱着妈妈的肚子亲，看到朋友或者熟悉的阿姨叔叔，就兴奋地介绍："你看看，这就是我的小花妹妹，她还在妈妈的肚子里。"你时不时就问妈妈："小花妹妹什么时候生出来啊？我好想抱抱她。"我们能感受到，你特别期待小宝贝的到来，相信你一定能做个棒棒的姐姐。

艾瑞德认为：每一位孩子都是美丽的不同，尊重孩子之间的差异，鼓励孩子成为更好的自己。幼儿阶段是人际交往与社会适应的起点，我们与幼儿园应一同努力，为孩子创设温暖关爱的环境与氛围。亲爱的宝贝，我想对你说：每个人都是与众不同的，你未来的路还很长很长，无论遇到什么，爸爸妈妈会一直陪伴着你，为你加油！

在艾瑞德这片自然生长的净土上，每个孩子都是珍贵的存在，看你每天蹦蹦跳跳地走进幼儿园大门的那一刻，关于你的故事已经开始……

感谢小（二）班萌萌老师、崔崔老师、梦杰老师、刘老师、艾米老师对孩子无微不至地照顾，你们的辛苦我们可想而知，幸而遇到艾瑞德，幸而遇到艾瑞德的老师和同学们，感恩我们的遇见！

张牧然妈妈

2021 年 1 月 29 日

回忆成长

入园第一天的场景，仿佛就在昨天。早上一起床，和果爸慌慌张张地为宝贝穿戴好，出发到校车等待地点。期待已久的校车梦终于要实现了，果果超级期待，我和果爸的心情却很复杂。校车到达，我们将宝贝送上校车，校车开走了，和果爸悄悄约定好一同开着车跟在校车后面直到幼儿园门口。我穿着拖鞋偷偷跟到校车小队伍后面，看着果果排队入园，心情瞬间五味杂陈。果果入园的第一天，可能对我来说是充满考验、无比漫长的一天。

尽管和孩子不是第一次分离一天，尽管在孩子入园前已给自己做好充分的心理建设，但在孩子正式入园那一天到来时，我才能真正体会到作为母亲的自己有多么的脆弱和不堪一击。果果第一天从幼儿园放学回来，收到来自幼儿园和老师的成长报告手册。看到老师的评价和果果开心到起飞的状态，悬着一天的心终于落地，我和果果也将开启了第一阶段的成长之旅。

　　在这个夏末初秋的季节里，果果每天都开心得像个开心果，给我分享入园适应后的欣喜，以及孩子眼里的小美好。她会告诉我："妈妈，我好喜欢幼儿园……妈妈，我的好朋友是宁宝、朵朵、涵涵……妈妈，学校的饭可好吃可好吃了……妈妈，我今天又去喂小羊了……妈妈，我们学校有牛牛、汤圆、小葫芦……妈妈，我们是小（3）班，也是糖果班……妈妈，老师会说小（3）班集合了……妈妈，老师说吃加餐时要排队，上厕所洗手……妈妈，我中午老是睡不着……"几乎每天都要给我分享一句或者更多今天在幼儿园的感受。

　　在写这篇文章之前，我还从头翻看了 QQ 空间的所有照片，刚入园脸庞还那么稚嫩的小不点，如今已在悄悄绽放光芒。看着孩子们的成长，作为母亲，我想其他妈妈都会和我一样感慨时间太快，想让孩子成长得慢一点！

　　入园后，不仅孩子们在悄悄变化，对父母来说又何尝不是一场修行。每当孩子出现问题时，作为妈妈也会焦虑，并不断自我反省，常常在思考自己

是否忽略了孩子，给孩子的关注不够，陪伴太少。在漫漫冬季来临时，我的"青苹果"也在慢慢变成"红苹果"，她会告诉我："妈妈，班级小朋友要轮流回答问题，没叫到我也没关系，要耐心等待……妈妈，分享真快乐，我可以把我最爱的糖果送给我小（3）班的好朋友吗……妈妈，当光盘宝宝真快乐！我再也不挑食了……"

孩子在我们不经意间正在慢慢成长，发生变化，作为妈妈，我们应该高效陪伴，静待花开，调整心态，自我成长。宝贝在幼儿园旅程中的第一次成长，对妈妈来说，何尝不是新阶段的第一次成长呢？

果果宝贝的入园第一学期就这样悄悄结束了，想说的真的太多，在写这篇文章时，我几次感慨万千。我真心感谢有这样一所充满正能量的学校，在我们宝贝第一次成长学习中给予优秀的教育理念及教育情怀，因"艾"结缘，我们全家都爱艾瑞德。我也真心感恩在启蒙教育的路上，遇见充满爱和温暖的小（3）班幸幸、秋英、娜娜、楚老师和刘老师。我和果爸常常探讨遇见一位好老师引领孩子是何等的重要，是的，我们就是那幸运的一家人。我的果果宝贝，不管是开心果还是红苹果，妈妈都希望我的宝贝像艾瑞德对孩子的愿景一样，做一个"眼中有光、脸上有笑、心中有爱，脚下有力"的"四有"宝贝。

第一次走进艾瑞德，第一次成长在艾瑞德，第一次迎来艾瑞德的寒假，在接下来与"艾"相伴的日子里，一定还有很多精彩故事要上演，我们充满期待！

孙镱彤妈妈

2021 年 1 月 29 日

【感恩节】一位家长的真情告白

孩子来艾瑞德国际学校幼儿园小（3）班已经 88 天了，孩子很开心，每天都能与老师和小朋友们共度美好的时光。谢谢老师和小朋友们一起见证汤圆来幼儿园第一天的吵闹、紧张和焦虑，到现在他能每天开心地来，愉快地走。看着孩子一天天的变化、一点一滴的进步，我这个当妈妈的有说不出来的感激和喜悦。我知道这其中包含了小（3）班老师们辛苦的工作和辛勤的汗水。

每一个孩子都是美丽的不同，每一位老师都是珍贵的存在。我经常看到老师们怀里抱着一个哭闹的，手里还拉着一个想要玩耍不肯回教室的孩子，一个人恨不得有三头六臂。于是，脑海中就会浮现出很多画面……

想象着他第一天在幼儿园中午不好好睡觉，满教室跑，幸幸老师耐心地哄着。

想象着他刚去幼儿园和小朋友抢玩具的情景，秋英老师蹲下来给他讲着道理。

想象着他在幼儿园的滑滑梯上爬得很高，娜娜老师担心他摔倒，着急叫他的样子。

想象着他不愿意和小朋友交流，秋英老师带他去找艾宝聊天的场景。

想象着他不愿意午休，楚老师抱着他给他讲故事的样子。

想象着每次汤圆闯祸后，幸幸老师去"善后"的场景。

想象着他不愿意吃饭，秋英老师一口一口喂他吃饭的情景。

想象着他把裤子尿湿了，娜娜老师细心地给他换裤子的场景。

想象着他总是调皮捣蛋，楚老师走到哪里都会拉着他的小手的场景。

想象着刘老师总担心他吃不饱，一遍遍地问他："汤圆，你还吃吗？"

○ 美丽的不同：幼儿园主题课程案例集 ●

太多太多的场景，看似普通而又平凡，但让我感触很多。汤圆是一个任性、胆大、自控力差、规则意识不强、不善于表达的孩子。入园以来，老师们以极大的爱心、耐心、信心、责任心去关心他、爱护他，用鼓励、赏识、参与等教育方法帮助他，把爱渗透到宝宝幼小的心里。

短短的两个多月时间，家校共育，我们从陌生人变成了朋友，每天都一起聊孩子的成长与进步，就像家人一样。看着儿子一天天懂事，一天天地进步，我要感谢这些辛勤工作的幼教老师。

之前很是羡慕幼儿园的老师们，认为她们每天和孩子一起嬉戏玩耍，毫无压力。接触后的近百天中，我深刻感受到她们的不易与伟大。看着她们每天为了和孩子同一视线水平对话，几乎都是跪着和孩子们说话，甚至有些老师的膝盖总是青紫的，她们每天总是长时间弯着腰和孩子们一起玩耍，她们承担着孩子们的各种安全，她们接纳着家长们的各种担忧。经常在班级群里看到老师辛辛苦苦发了每一个孩子在学校参与活动的照片后，家长留言：

老师，某某小朋友怕热，他的衣服穿得厚了，请帮他把外套脱了吧！

老师，某某小朋友在室外冷不冷！给他穿个外套吧。

老师，某某同学他的鞋子是不是穿反了？

老师，怎么没看见某同学呢？

老师，别忘了让他喝水。

老师，某同学怎么离同学们那么远呢？

老师，她头上的发卡有点歪了。

老师，我的孩子不爱吃青菜，你给他说说。

老师，我的孩子总是不爱说话，你多关注一下。

老师，……

各种问题迎面而来。谁又能真正体会到这份工作的辛苦呢？我想只有相互理解，才能让我们彼此温暖，幸福裹挟。

现在，人们不是常说不要让孩子输在起跑线上嘛！我很庆幸遇到了这么好的老师，我的孩子在你们的帮助和培育下有了一个非常出色的起跑。相信他会在将来越走越好！

从孩子每天回家时开心的笑容中，从每天老师所发的学习课程中，从每日精心拍照的餐饮中，从 QQ 空间每一张孩子的照片中，从每次带回家的小惊喜中，我们感受到了老师们的用心、细心和贴心。尤其是今天看着孩子拿回家的贺卡，看着班级群里老师们录制的视频，除了感动，更多的是感谢。也借感恩节，在这里对小（3）班的全体老师说声：谢谢您，辛苦了！

赵元晞妈妈
2021 年 1 月 29 日

三、主题总结

作为艾瑞德国际幼儿园的一名新成员，小班的这群萌娃注定要和这里的人、事和物有着千丝万缕的关系。他们哭过、笑过，从陌生到熟悉再到信任；从接受到喜欢再到深深地爱上……这一学期里，我们一起经历了各式各样有趣的主题活动，比如：带领孩子们认识幼儿园的环境和物品，认识自己的标记以及相关的生活用品。通过各种游戏活动，引导孩子们积极参与、体验幼儿园活动的乐趣，消除他们的紧张心理，从而产生喜欢上幼儿园的情感。主题活动开展初期，为了安抚孩子们的分离焦虑情绪，帮助他们尽快适应幼儿园的集体生活，体验融入集体的快乐，我们和孩子们一起唱《我爱我的幼儿园》《好朋友在哪里》《找朋友》，一起跳《我上幼儿园》；讲《小乌龟上幼儿园》《好朋友一起玩》的故事；还带领孩子们参观美丽的幼儿园、去操场做游戏；再到后期举行的"运动会""童话故事节""百日宴"等充满仪式感的庆祝活动。童趣的环境、宽松的氛围，深深吸引着孩子们，而这些活动都是围绕着幼儿园的方方面面展开。孩子们实现了在玩与学中自然生长，也让身在其中的我们真实地感受到了每个孩子都是美丽的不同。主题活动中，孩子们拉近了和幼儿园、老师之间的距离，更加信任老师，感受幼儿园的温暖，感受各种游戏活动带来的快乐。

教育 = 关系 + 联系。回顾一路探索之旅，"你好，幼儿园"的主题结合小班幼儿初入园的特点和身心发展水平，以"幼儿身边的人、事、物"为线索展开，结合幼儿的现实生活，在班级区角环创和一日活动中渗透主题元素，把"你好，幼儿园"的五大板块进行了详细地分析、探究，并利用多项资源进行整合利用，及时延伸幼儿的兴趣点并生成课程，使我们的主题课程更加饱满，能够融入社会、家庭，实现家园共育的教育效果。

下学期主题课程探索中，我们将会给予幼儿更多的自由和更大的自主权，将幼儿新的兴趣点作为新的主题，更加充分地利用田园校区资源和社会资源，开拓孩子视野，勇敢地开拓主题探索的更多可能性。

我

我是谁

我从哪里来

我要到哪里去

去探索自我

寻找答案吧

一、主题概述

（一）主题说明

1. 主题课程"我"的来源

每个孩子都是珍贵的存在，每个孩子都是美丽的不同。孩子们从家庭走向幼儿园，由于年龄小，又加上离开父母进入了一个新的环境，心里不免会感到不安与恐惧，哭闹现象屡见不鲜。在孩子入园适应期间，我们每天和孩子们聊得最多的是和孩子自己有关的话题：宝贝，你今年几岁了？你今天有什么开心的事情要和老师小朋友一起分享呢？你最喜欢吃谁做的饭？……关于"我"这个词语不断从孩子们口中表达出来。

3岁左右的幼儿已经获得了一些有关自我的认知。为了帮助孩子们进一步认识自己身边的环境、了解和自己有关系的事物，让其通过仔细观察、归纳将经验提升为具体的概念，从而以积极的情绪和行为开心地上幼儿园、分享自己的生活。为此，以"儿童立场，自然生长"为出发点，小班组的老师和孩子们一起进行了关于"我"的探索，并将"我"定为本学期一起研究学习的主题。

每一个"我"，不仅是一个独特的"我"，也是一个不断成长发展的"我"。人是通过在"自然我"和"社会我"之间给自己定位，从而走出自己的成长之路的。在关于"我"的主题课程中，从孩子自己身边的一切开始，从多元化角度开展自己与众不同的特点。

2.“我”的探究线索

小班幼儿初入幼儿园，对新的环境是充满好奇的。一方面，孩子从家庭生活迈入学校生活，丰富的玩具，同龄的伙伴，对喜欢游戏的3岁幼儿而言是充满吸引力的；另一方面，离开自己熟悉的家，和众多不熟悉的人在一起也会让幼儿感到或多或少的焦虑。因此，“我”的主题第一个板块就从孩子的心理需求出发，围绕“我的幼儿园”展开，孩子可以和老师、小伙伴们一起熟悉幼儿园的自然环境，在丰富的材料和大班的哥哥姐姐的陪伴中激发孩子在幼儿园游戏、活动的兴趣，并通过参观、熟悉幼儿园，使幼儿获得在学校生活中的安全感。

3岁的小班幼儿离开家人的照料后需要提高自己的安全意识，学习保护自己；幼儿园相比家庭来说，人口密度更大，同伴之间更易发生身体接触和摩擦；3岁幼儿的思维特点以直观动作思维为主，在表达自己和解决问题时容易和同伴发生肢体冲突。结合以上三方面的原因，我们在幼儿适应了幼儿园生活后，开展了“我的身体”的探索活动。通过认识自己的身体部位，了解身体部位的作用，提高幼儿保护自己、强身健体的意识。

小班幼儿在语言发展方面还没有掌握足够多的词汇，语言表达能力相对较弱，在无法正确传达自己的想法时，多数会通过哭泣和不理人来表现。安然小朋友有一次认真地对另一个小朋友说：“不要哭了，哭是解决不了问题的。”因此，我们意识到，认识自己的情绪并尝试处理自己的负面情绪对幼儿的心理健康尤为重要。因而我们将抽象的情绪拟人化，通过认识“情绪小怪兽”，让小朋友了解、探索自己在生活中会出现的各种各样的情绪，进而学会用语言表达自己的情绪，用合理的方式处理、宣泄负面情绪。

在班级中，每天最热闹的就是早晚接送孩子的时刻，孩子们会在看到其他小朋友的爸爸妈妈时礼貌地问候：“叔叔好，阿姨好。”看到班级主题墙上的照片时也会介绍：“这是我妈妈。”“这个是我。”基于幼儿对彼此家庭和家人的兴趣，我们从家庭照开始，走进每个小朋友的家，认识彼此的家人并关心自己的家人。

西方哲学上的终极三问："我是谁？我从哪里来？要到哪里去？"都是围绕"我"的自我认知探索，而关于"我"的主题远远不只以上介绍到的这些，孩子们还想了解关于"我"的哪些问题呢？我们以此作为主题的延伸，调查了孩子们的想法，并选取了孩子最感兴趣的食物和玩具这两个方面开展了生成课程，一起探讨关于食物健康和玩具分享的话题。

3. "我"的资源整合

幼儿的生活环境包括家庭生活、学校生活和社会生活。著名教育家陶行知先生提出"生活教育"并解释道："生活教育是给生活的教育，用生活来教育，为生活而向前向上的教育。"美国实用主义哲学家约翰·杜威也提出"教育即生活"。因此，幼儿园的主题课程也要与幼儿的生活紧密结合。在熟悉"我的幼儿园"时，大班的哥哥姐姐主动进入小班，通过一对一的合作让初入园的弟弟妹妹感受到了爱与温暖；在探索"我的身体"时，我们在健康饮食的板块带孩子走进田园，自己动手种下了各种各样的蔬菜并进行定时的维护；在探究"我的家"时，孩子们对老师的家表现出了极大的兴趣，我们便走出校园走进社区，"串门儿"到了老师的家；在最后的主题延伸活动中，老师借用家长资源，征集了孩子们最喜欢的食物和玩具……利用这些来自生活又能用于生活的丰富资源，孩子们不仅增强了对"我"的认知，也进一步探索了"我与他人"的关系，为刚刚离开家庭生活步入幼儿园生活的小班幼儿建立了良好的心理基础。

4. 幼儿在"我"中的收获

在"我"的主题探索活动中，幼儿通过与同龄和混龄的同伴交往，学会了用语言表达自己的想法，也提高了保护自己身体的安全意识。从家长的反馈中了解到，幼儿会把"干净、有序、读书"的校风带到家中，并保持良好的生活习惯，实现了家园共育的同步。

（二）"我"的探究计划

主题名称：我

探究的中心思想：在探索、发现中围绕"我"的生活环境、"我"自初步感知自己与社会环境的关系，以及和自己有关联的事情。学会喜爱环境、保护自己、喜欢身边的人，学习表达自己的情绪与感受，建立自己与身边人和事物的初步概念，在探究中激发幼儿探索知识的兴趣。

孩子可以获得什么：

·核心概念：身体部位、情绪、爱家人、分享

·态度：好奇心、探索欲、独立意识、乐于交往

·技能：发现与探索、思考与表达、合作与分享

探究线索：

·幼儿园里有什么？

·我们身边都有谁？

·如何保护自己？如何跟好朋友交往？

·你愿意分享吗？你想分享什么？

可以利用的教育资源：

·园所资源：艾瑞德田园校区、幼儿园各年级教室、办公室

·社区资源：植物园、小区

·家长资源：家长住所

环境创设：

·班级环境：在主题墙依次创设"我的幼儿园"→"身体构造图"→"全家福照片墙"→"情绪小怪兽"→"我喜欢……"等主题环创。

·区角环境：在读书区投放与主题相关的绘本书籍。

·家庭环境：漂流书包内放有与主题相关的绘本及读书卡，家长可以通过亲子阅读和填写读书卡，与师生同步了解并参与主题课程的推进。

（三）主题网络图

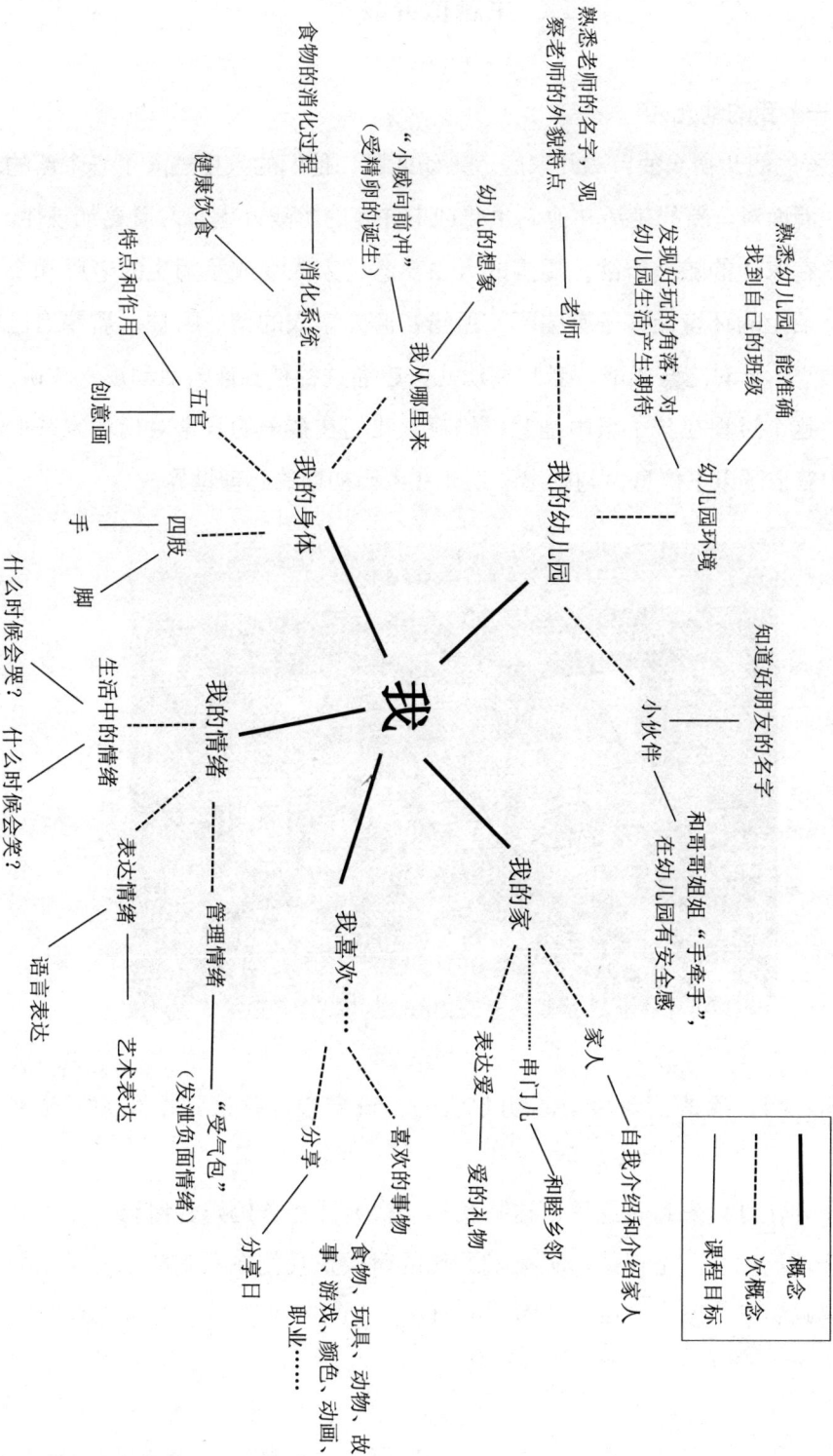

我

- 我的幼儿园
  - 熟悉幼儿园，找到自己的班级
  - 发现好玩的角落，对幼儿园生活产生期待
  - 幼儿园环境
- 老师
  - 熟悉老师的名字，观察老师的外貌特点
  - 幼儿的想象
- 我从哪里来
  - "小蝌向前冲"（受精卵的诞生）
- 我的身体
  - 食物的消化过程 —— 消化系统
  - 健康饮食
  - 特点和作用 —— 创意画
  - 五官
  - 四肢 —— 手、脚
- 我的情绪
  - 生活中的情绪 —— 表达情绪 —— 艺术表达、语言表达
  - 管理情绪 —— "受气包"（发泄负面情绪）—— 什么时候会哭？什么时候会笑？
- 我喜欢……
  - 喜欢的事物 —— 食物、玩具、颜色、动物、动画、故事、游戏、颜色……职业……
  - 分享 —— 分享日
- 我的家
  - 家人 —— 自我介绍和介绍家人
  - 串门儿 —— 和睦乡邻
  - 表达爱 —— 爱的礼物
- 小伙伴
  - 知道好朋友的名字
  - 和哥哥姐姐"手牵手"，在幼儿园有安全感

图例：
- 概念
- 次概念
- 课程目标

二、主题探究线索

（一）我的幼儿园

3岁的幼儿初次独自离开家庭迈入幼儿园，他们的人生进入了一个新的阶段。而面对全新的生活，他们也要迎来许多的挑战：生活习惯更加规律，不同于在家中的随心所欲；周围的人由熟悉的家人变成了陌生的老师和小朋友；陌生的环境让孩子有些不知所措；离开家人的精心呵护，需要自己更加独立。针对这些挑战，老师和幼儿一起通过各种各样的活动逐一攻破。那么，这个过程在孩子眼中是怎样的呢？我们在孩子的日常对话和家长的反馈中获取了以下信息，勾勒出了幼儿在入园初期的心理世界。

你好啊，我是艾瑞德国际幼儿园的小班宝宝，我来到幼儿园两个星期了。

今年九月我来到了这里，这是我第一次离开爸爸妈妈，自己一个人面对新环境的挑战。记得第一天来幼儿园的时候，我们在不安和不舍中松开爸爸妈妈的手，投入老师的怀抱，小朋友们有的还哭了。可是后来我发现，这里有很多好玩的玩具，还有我喜欢的白雪公主和小矮人……老师还带我们逛了大大的校园。我们的学校可大了，有 10 辆大黄蜂校车，有藏书超级多的图书馆，有大片的草坪，有很多小鸽子，还有漂亮的白雪公主和好笑的光头强。对了，我们还自己动手剥了玉米粒喂给小鸽子呢！

后来，大班的小哥哥小姐姐也带着好吃的来和我们分享了，他们给我们甜甜的饼干和我最喜欢的水果，我还和哥哥姐姐比了个子，比了力气。睡午觉起来的时候，姐姐们还帮我们穿衣服，哥哥们还带我们去操场上玩游戏，他们好厉害啊，能帮助小朋友还会保护我们不受伤。我好喜欢哥哥姐姐，想他们的时候我们就会上楼看看他们，下次我也要给哥哥姐姐们带好吃的！

可乐鸡米花　葡萄　绿豆汤　香米饭　五香卤面

除了楼上的哥哥姐姐，我在我们班也有好朋友哦！我们每天在一起唱歌跳舞，一起在操场上跑步，一起画画做手工，可好玩了……有一天我们还给班里的小朋友过生日了呢，我们给她唱《生日歌》，和她分享美味的生日蛋糕，太开心了！还有厨师爷爷每天给我们做的饭，比我妈妈做得还好吃呢！老师给我们讲《好饿的毛毛虫》，它就是吃了很多东西才变成漂亮的蝴蝶，我也要多吃一点，变得像爸爸妈妈一样。

教师节的时候，我给我的老师送了花，因为我喜欢我的老师，她们会像妈妈一样给我拥抱、哄我睡觉，会像爸爸一样和我玩游戏探险，还教我讲卫生懂礼貌，让我学到很多新本领。现在我已经会自己吃饭自己穿裤子了，学会了儿歌和舞蹈，还会做手工呢。在家里我会跟爸爸妈妈分享幼儿园里好玩的事情，还会帮他们干活，妈妈说我进步可大了！

虽然有时候我还是会想念爸爸妈妈，但是我知道他们有自己的事情要忙，我也有我的事情要忙，想他们了我可以抱抱老师，等我们都忙完了，就会再见面的，这是我们的约定。

"春夏秋冬不停转啊转，不管什么风景我都喜欢；东南西北不停换啊换，世界很简单，只是个幼儿园……"这是我的小世界，这是我的游乐园，这是我的幼儿园，欢迎你们来玩哦！

（二）我的身体

1. 我从哪里来

从家长那里搜集到的家庭照中有一张妈妈大肚子的照片，孩子们在这张照片前看了很久："这是谁啊？""她的肚子怎么了？""那是我在妈妈的肚子里！"于是，我们围绕"我从哪里来"这个话题展开了讨论：

"你们都是从哪里来的呢？"

"爸爸妈妈把我变出来的。""我是从天上掉下来的。""我是从妈妈肚子里来的。""我是从妈妈屁股里变出来的。我在妈妈的肚子里长大，然后妈妈就像拉臭臭一样把我拉出来了。"……小朋友们的回答五花八门，那我们顺着再问问看：

"那你是小宝宝的时候会走路吗？怎样变成现在这么大的呢？"

"我吃很多很多东西啊，然后就长大了。"

老师小朋友们一起来讨论着生命从哪里来？问题很大，切入点却很小。从孩子们最喜欢的绘本入手，我们一起来听听《小威向前冲》的故事。

爸爸在妈妈肚子里种下了一粒种子，种子一点点慢慢长大……我们一起学习了胎儿的发育过程，重点了解了宝宝和妈妈的关系以及宝宝在妈妈肚子的重要链接——脐带。又一起欣赏了宝宝在妈妈肚子里的照片。当孩子说出"妈妈真不容易"这六个字时，老师知道，孩子们已经似懂非懂有了一些了解。那么，我们还在妈妈肚子里的时

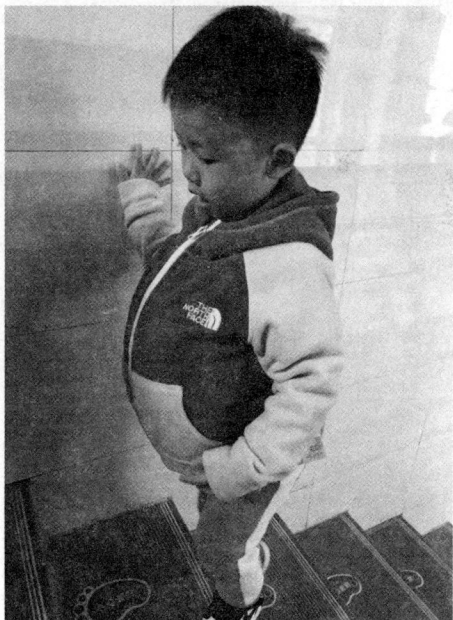

候，妈妈是怎样和宝宝一起生活的呢？我们来亲自体验一下吧：

偌大的肚子，走起路来真是不容易。

下蹲试试，"老师，好累啊。""老师，我的宝宝掉了。"

体验，是为了更真切地感受，孩子们在体验的过程中发现了抬腿上楼梯的困难，发现了蹲下坐椅子的不舒服，发现了弯腰系鞋带的不方便……有时不自主地身体向一边倾斜，得两个人相互搀扶着。孩子们不禁感叹："我好累啊！""我不想走了！""我想坐下休息一会儿！""妈妈好辛苦啊！"即使这样，"妈妈"们也要保护好自己的宝宝哦。终于结束体验时，棋棋说："等我回家要抱抱妈妈，妈妈太辛苦了！"爱是看不见摸不到的，但在这样的过程中，孩子们可以感受到妈妈对自己的爱，也生发出了对妈妈的爱，这就是生命的意义，亲情的意义。

2. 我的身体

小班阶段幼儿的知识经验不够丰富，但对周围世界充满浓厚的兴趣，当我们在团论"我的身体"时，孩子们充满了好奇，发表了不同的意见，并引发了疑问：

"为什么我们人有手、脚丫、眼睛、嘴巴呢？"

"为什么我们要穿上衣服？"

"为什么身体会发出很多不同的声音？"

"为什么爸爸的手比我的大？"

"我们的小脸上有什么呢？"

"我的小手有什么作用呢？"

"光脚在地上怎么这么凉啊？"

……

一串串问题，从孩子们的小脑袋里冒出来，那就开始探索身体的秘密吧！

首先，我们认识了自己的五官：眉毛、眼睛、鼻子、嘴巴、耳朵。试一试闭上眼睛，试一试捏住鼻子，试一试绷紧嘴巴，试一试捂上耳朵，试一试盖住眉毛，你有什么感觉呢？这，就是五官对我们人体的意义。

通过故事《眉毛搬家》，小朋友们知道了五官在我们的身体中缺一不可，要学会保护自己的五官。那么，应该怎么保护五官呢？

小朋友分享到的方法有：

（1）保护眼睛：不用脏手揉眼睛，不用硬东西碰眼睛，游戏中不能用手和玩具碰小朋友的脸，还不能在光线不好的地方看书……

（2）保护鼻子：不乱用手抠鼻子，不往鼻子里塞东西，有鼻涕及时用纸擦。

（3）保护耳朵：不抠耳朵，不能对着小朋友的耳朵大声说话，保护耳膜，多喝水不上火。

（4）保护嘴巴：不乱吃东西，不大喊大叫。

在手指游戏《小手爬》中，启发孩子们思考：小手可以做什么？桃桃说："可以用来拿东西。"谦谦说："可以喝水、吃饭。"梓瑜说："可以帮我们穿衣服。"在日常生活中，我们的小手可以帮我们拿水杯喝水，还可以拿

勺子吃饭；在学习方面，我们的小手可以用来取书看，还可以拿画笔画画；在游戏环节，我们可以用小手来拍小鼓。

小手可以帮助我们做这么多的事情，我们要怎么来保护小手？

——"如果小手受伤了，我们要做什么？"

子祺说："要带去医院包扎。"

——"现在天气越来越冷了，我们要给小手戴上什么啊？"

桃桃说："给小手戴上手套，它就不冷了。""早晚洗完手，要给小手涂上护手霜，防止小手皲裂。"

——"我们一共有几只小脚？小脚上一共有几个脚指头？"

"两只小脚。""1、2、3、4……10个脚指头。"

小脚踩在地上，上面的部分就是我们的脚面，下面的部分是我们的脚掌。我们的小脚一整天都在袜子里藏着，被我们的鞋子包裹着，没有呼吸到新鲜的空气，所以会有臭臭的味道。回家后要洗洗小脚，把它们变得干干净净，香香的！那如果脱掉袜子和鞋子，会怎么样呢？老师和孩子们一起光脚踩在地板上，"凉凉的"；一起踩在毛毯上，"软软的"；一起踩在沙池里，"痒痒的"；一起泡在水盆里，"好舒服"……小巧可爱但是强健有力的小脚，一定要保护好它哦！

3. 动一动、跳一跳

　　我们的身体还可以和我们一起玩游戏呢：

　　来，看看可以怎么玩吧！

　　（1）小手、小脚向前冲

（2）齐心协力好朋友

（3）和身体一起玩音乐游戏啦

（4）音阶歌

（5）贴五官

　　小小的身体，大大的能量。在"我的身体"这一章的探索中，孩子们了解了身体的构成及外部特征，了解人身体的各部分所具备的功能。知道身体以及各部分器官在日常生活中的重要性。通过团讨、体验以及游戏的方式，教会孩子简单的保护身体的方法，并初步养成了自我保护和保护他人的习惯。

　　结合保护身体，也将健康饮食渗透进孩子们的习惯中。通过和孩子一起去田园校区播种、养护、采摘，通过动手参与食物的制作，体验劳动的

价值，感受收获的喜悦，从而更加珍惜食物，理解各类蔬菜对身体发育的重要性，从内至外践行健康生活。

（三）我的情绪

初入园的小班幼儿不同于中大班幼儿的一点是哭闹相对较多。情绪是我们在与人交往时传达出的最直接信息，喜、怒、哀、乐、惧的心理体验是人对客观事物态度的一种反映。情绪具有肯定和否定的性质。能满足人需要的事物会引起人的肯定性质的体验，如快乐、满意等；不能满足人需要的事物会引起人的否定性质的体验，如愤怒、憎恨、哀怨等；与需要无关的事物，会使人产生无所谓的情绪和情感。积极的情绪可以提高人的活动能力，而消极的情绪则会降低人的活动能力。处在语言敏感期的3岁幼儿进入幼儿园后，会尝试通过语言和肢体动作表达自己的情绪。在"我的情绪"板块中，我们和孩子通过故事分享、情景体验、谈话等活动学会正确表达自己的情绪。

听完绘本故事《我的情绪小怪兽》时，孩子们似乎有很多话想要说。佳宁已经迫不及待地举起手要第一个发言："老师，绿色代表平静，黑色代表害怕，我都不害怕。"乐乐说："红色代表愤怒，黄色代表快乐。"根据故事内容，教师分别出示黑色、灰色、卡其色等颜色暗淡的卡片和黄色、蓝色、绿色等颜色鲜艳的卡片。草莓说："黄色和蓝色像太阳，黑色冷冷的"。跳跳说："一组看起来暖暖的，一组看起来冷冷的。"最后，教师做延伸说明："深颜色我们可以称为冷色调，亮亮的颜色像太阳，可以称为暖色调。"在手工操作"制作情绪罐"环节中，孩子们认真地进行分类，梓瑜小朋友把报纸一点一点地撕成小块，然后均匀地粘贴在罐子里面，并说："我要帮助小怪兽把他的坏心情分出来，这样他就高兴了。"

除了用不同颜色代表不同的心情，我们也会在爸爸妈妈的手机上看到许多好玩的表情，来传达我们沟通时的心情。好玩的《我的表情包》游戏就这样开始了。老师提前在黑板上画了笑脸、哭脸、愤怒、惊讶等表情，然后，拿出来几个制作好的小纸条，上面写着各种各样的问题，请小朋友上来抽签，根据自己抽到的问题提示做出相应表情。棋棋抽到的纸条上写着："当你吃到一颗特别酸的话梅糖时"，棋棋听到这句话，立马把脖子一缩，眼睛眯起来，此时的表情酸到流口水。安然抽到的是"爸爸吵你吵得很凶"。意想不到的是，她听到这句话后不是做出哭的表情，而是把自己的小嘴噘起来，老师问道："爸爸吵你的时候，你觉得不应该是吧？"安然说："是的！"逗得大家忍不住哈哈大笑。看来同样的事情带给不同人的感觉也不尽相同呢。佑佑抽到的是"当老师表扬你的时候"。这个表情很丰富的孩子马上弯起眼睛咧开嘴巴，笑得合不拢嘴。

"我的情绪"进行到这里时，孩子们的操作欲望还是很强烈，宝贝们自己动脑想办法，想主意，想想还可以玩出哪些有趣的活动。这不，"有趣的变脸"手工粘贴活动产生了。在观察孩子们的过程中，我们发现孩子们更加倾向于粘贴出微笑的表情，嘟嘟小朋友也给出了答案："老师，哭脸不好看，哭起来会变丑，要多笑。"多么纯真的话语，道出了生活的真谛：微笑给予人正能量。

但是，我们偶尔也会有不开心的时候，小朋友伤心了容易哭闹，会摔东西，会动手。那么，伤心的时候有什么办法可以不影响、伤害到他人呢？老师在教室里放了一个用抱枕改装的"受气包"，小朋友不开心的时候可以去抱抱它，或者捶捶它，把不开心释放出来。同样，我们还有一个存放欢乐豆的瓶子，小朋友在特别开心的时候可以放一颗写有自己名字的字母缩写的欢乐豆到瓶子里，把欢乐传递给更多的人。

通过一系列的游戏活动，孩子们知道人有喜、怒、哀、乐、惧等情绪；愿意和别人分享，知道如何正确地表达自己的情绪；学会使用"会说话的语言——表情包"来做许多的动作，表达自己的心情；在今后的生活中可以运用不同的方法来进行情绪的疏导。

童言趣语：

柯柯说："我们躲在这里面玩过家家游戏吧，我扮演妹妹，你们扮演爸爸妈妈。现在我要开始跳舞了。"

桃桃说："你跳舞真好看，给你竖大拇指。"

看到老师时，佳宁和桃桃有些害羞，柯柯大方地摆 pose 让老师拍照。

在粘贴活动"你今天微笑了吗？"男生女生大比拼中，女生领先一步。虽然落后一点点，但男生也不甘示弱。瞧！小宇还是很有耐心地在一点一点地粘贴。

（四）我的家人

亲情是许多重要的社会情感的基础，来自家庭、父母和亲人的爱不仅有助于开展对幼儿的情感教育，更是促进幼儿身心健康成长的重要因素。幼儿园每天的早晚接送时间是最热闹的时候，小朋友会认识彼此的爸爸妈妈，也会看到好朋友的弟弟妹妹。家人给了幼儿安全感，别人的家人对自己也有一丝神秘感。主题墙上贴着小朋友的全家福，他们有时会站在照片墙前介绍自己的家人，认识别人的家人。在孩子们的描述中，我们发现部分幼儿的语言表达还不够清晰流畅，为了更好地链接彼此的家人，加强班级的集体感，我们联系家长资源，提供了家中的照片，从而"走进"每个小朋友的家，寻找大家的相同和不同，体验串门儿的乐趣。

在"我的家人"这个主题板块，我们围绕着两大部分进行深入开展："我说我家"和"我爱我家"。在"我说我家"这一部分，主要涉及了语言、社会等领域，进行了"介绍家庭成员""串门儿"等教育活动；而"我爱我家"这一部分，主要涉及了语言、艺术等领域，进行了"好娃娃""爱的礼物""我的好妈妈"等教育活动。

1. 我说我家

小班幼儿正处于口语发展的重要时期，遇到感兴趣的话题往往会很爱表达。家是幼儿最熟悉的地方，关于自己的家、自己的家人，孩子们一定有很多话想说。

在活动开始之前，我们利用家长资源搜集到了班里每一位孩子的家庭成员照片，和幼儿共同设计、布置了"我的家人"主题墙。不但在环境上呼应主题，而且让幼儿体验到自己是活动的主人，从而能更积极主动地参与到各项活动中。

在介绍家庭成员时，当看到自己的家人出现在电视屏幕中，孩子们都特别激动，兴奋不已，迫不及待地想要上前介绍一番。

大圣向小朋友们介绍道："这是我的爸爸，这是我的妈妈，还有我。"

萌萌说："这是我和妈妈出去玩照的照片。"

开心指着照片一脸认真地说："这个是我妈妈，这个小帅哥是我。"

嘟嘟激动地高举小手走上前说："这个是我的爸爸妈妈，这个是我哥哥，这是我们去外面玩的照片。"

梓瑜指着照片说："这是我的爸爸，这是我的妈妈，还有这是我的爷爷和奶奶，中间这个是我。"

桃桃说："这是我的爸爸、我的妈妈还有我。"

彤彤开心地介绍道："那是我爸爸妈妈还有我哥哥姐姐和我。是在学校拍的照片。"

跳跳一脸认真地说："照片里是我爸爸、妈妈、叔叔、

爷爷、奶奶，还有我，最老的两个我不认识。"

介绍家人的过程不仅增进了孩子和家人之间的亲密感，也开启了小伙伴之间的链接，还锻炼了语言表达。好玩的介绍环节全程吸引着每一个小朋友，且伴随着阵阵欢笑。每一个小朋友在上前介绍自己的家人时，表情和话语间都流露出了满满的幸福感。

第二天，Miller 小朋友突然问 Cookie 老师："老师，你家在哪儿啊？"这个问题让 Cookie 老师灵光一闪，何不满足孩子的好奇心，带他们到自己家串串门儿呢？刚好 Cookie 老师家离幼儿园很近，步行就可以到达，Cookie 老师就提前做好了一系列精心准备，要迎接这群小客人。

串门儿前，Cookie 老师先向小朋友们做了些调查：你们觉得老师家是什么样子的？关于老师的家，你有什么想知道的？带着疑问和好奇，班里的小朋友和 Cookie 老师一起出发了。为了能顺利找到老师家，嘟嘟小朋友提议先看地图。

要找到 Cookie 老师的家还要知道小区的名字、楼房的具体信息，Cookie 老师提前告诉大家，并请孩子们分别记住一条信息。一路走一路找，孩子们把路线和楼层信息记得牢牢的，很快到达了目的地。到了 Cookie 老师家，最先吸引孩子们的是玄关柜上的糖果和老师提前准备的水果和点心，孩子们围着茶几坐下来，礼貌地问 Cookie 老师能不能吃，得到允许后才开始拿。有些嘴馋的小朋友也在这样的过程中学到了基本的做客礼仪：不随便动他人物品，有事情要先询问。

吃完以后，孩子们终于想起来要参观一下房子。转了一圈，他们发现最吸引他们的是卧室的飘窗和一只名叫"小花"的猫咪。从 33 层楼的飘窗望下去，是孩子们从来没有看到过的视野。这里不像飞机上那么高，也不像自己家的窗边那么矮，孩子们还惊喜地发现变小了的路人和对面的自己的幼儿园。

结束了这次串门儿，孩子们重新回到教室，最初的疑问也都一一有了答案。

接下来，孩子们又忍不住开始好奇好朋友的家……通过这次活动，不仅满足了孩子们的好奇心，也让班级大家庭之间的情感链接又多了一些。

2. 我爱我家

爱是教育的底色，也是家庭的主旋律。幼儿不仅需要感受家人的爱，也要学习如何向家人表达自己的爱。

"爷爷年纪大啊，嘴里缺了牙，我给爷爷倒杯茶……奶奶年纪大啊，头发白花花，我给奶奶搬凳子……"《好娃娃》这首儿歌中有幼儿熟悉的人和事，孩子们听得投入，唱得认真，相信他们在歌词和旋律中能感受到要做那个尊敬老人、有礼貌的好娃娃。通过学唱这首简单欢快的儿歌，启发幼儿在轻松愉悦的氛围中感知尊敬长辈、关心他人的情感。

除了学唱这首儿歌，小朋友们还和老师一起为这首儿歌创编动作，看着大家有模有样地模仿着老爷爷和老奶奶，真是有趣。

通过这节活动，幼儿学会了用歌声表达自己对家人的爱。之后有家长向老师讲述，幼儿回到家中不仅给家人唱这首儿歌，还会主动帮家人捶背、拿拖鞋。孩子懂事的举动令父母感动不已，让他们真切地感受到孩子对自己的爱。

除此之外，孩子们还想做个手工礼物送给家人。在手工活动开始前，老师和孩子们事先进行了讨论：家人每天辛辛苦苦地为我们付出了很多，现在我们也想向家人表达一份爱，你想怎么做呢？"给家人一个拥抱。""我要对我的家人说你们辛苦了。""我想送给家人一个礼物。"孩子们的想法很丰富。最后，大家商量决定用现有的材料做一些手工花送给最爱的家人。

老师将活动中需要用到的材料——皱纹纸、毛根扭扭棒、胶带和剪刀都一一备好，并向小朋友讲解了制作过程。做法其实非常简单，有些小朋友在老师讲解的过程中已经迫不及待地开始了。

看着孩子们一个个全神贯注、认真制作的样子，你就知道孩子们有多么爱自己的家人了。

漂亮的小花做好了，孩子们在互相展示和欣赏的同时，也在不停地告诉别人"回家我要送给谁"。而老师也给小朋友们增加了一个小要求：在赠送礼物时还要说一句表达爱的话，如：妈妈辛苦了！妈妈，我爱你！

通过开展和"家"相关的一系列活动，幼儿不仅知道了和自己一起生活的家庭成员及与自己的关系，而且感受到了来自家庭和亲人的温暖。每一个活动的开展，老师们都精心设计、充分准备，让幼儿通过感知、行动和表达来丰富自身的情感。"我的家人"这一主题板块的各个活动虽然结束了，但亲情的教育会一直延续下去。

（五）我喜欢……

对自我的认知是每个人一生无止境的探索。学前儿童虽然还没有形成完整、独立的人格，但已经在以往的生活经验中培养了自己的兴趣。相同的兴趣是幼儿发展友谊的基础，分享彼此的"喜欢"是幼儿发展友谊的常见方式。我们在班级中做了一项简单的调查，请大家分别说出自己的"最喜欢"。为了避免出现跟随现象，老师采用了"悄悄话"的方式记录了孩子们五花八门的想法，统计后发现最吸引孩子的还是食物和玩具。于是，我们将这一板块的探究重点放在了"我喜欢的食物"和"我喜欢的玩具"。

1. 我喜欢的食物

在初期的谈话活动中，我们的宗旨是能够让幼儿大胆表达自己喜欢的事物，并能够初步学习安静地倾听别人讲话。老师先告诉幼儿自己喜欢吃的一些东西，再抛出问题问孩子们有什么喜欢的食物，孩子们很愿意和同伴分享自己喜欢的食物，表达自己的喜好，说起感兴趣的东西可谓停不下来！

"老师我喜欢吃巧克力，可甜了。"

"老师，我喜欢吃小饼干。"

"我喜欢吃草莓。"

"我喜欢吃棒棒糖，但是妈妈说不能多吃。"

"老师，我喜欢吃花生，花生也有营养。"

"我最喜欢吃柚子。"

大家你一句我一句地讨论了起来，看来孩子们还是对吃的玩的比较喜欢。很多小朋友都说了自己喜欢的一些零食、水果。

于是，我们在下节课时开启了一项分享活动，每个小朋友带着自己最喜欢的食物来幼儿园和大家一起分享。孩子们可开心了，一进到班级就兴奋地告诉老师今天带了哪些食物过来，都迫不及待地想要向自己的同伴分享。

我们一起交换着尝一尝同伴最喜欢的零食是什么味道的。在分享的过程中，孩子们学会了等待，学会了好吃的好玩的大家一起分享。

老师发现还有很多孩子喜欢甜食与水果，接下来我们做了一节食育课，和孩子们一起做糖葫芦。早上，孩子们陆陆续续地来了，我们准备着各种做糖葫芦需要用到的材料，"今天小朋友们都带来了自己最喜欢的水果，我们一起来看看都有什么。"话音刚落，孩子们就开始说着自己带来了什么水果。

谦谦说："老师，我带来了最喜欢的草莓，这是我最喜欢的水果！"

佳宁说："我带来了橘子，还有小番茄。"

年年说："老师，我也带来了草莓，我很喜欢吃。"

柯柯说："我带了猕猴桃和苹果。"

跳跳说："我带了香蕉和葡萄，可好吃了。"

接下来我们就开始做糖葫芦了，先让孩子们把水果给穿到扦子上。一瞬间班里安静了下来，每个孩子都在认真地参与这个活动。

一个步骤一个步骤地看着自己喜欢的水果变成了一串串，再裹上熬好的糖浆。糖葫芦做好了，大家一起分享着自己参与制作的甜甜的糖葫芦，每个孩子都非常开心！

"我喜欢的食物"也在大家开心的笑容下圆满结束。

2. 我喜欢的玩具

说起玩具，每个小朋友都有自己最喜欢的玩具，我们能在玩玩具的过程中学会互相合作与分享，能观察到同伴手中的玩具有什么不一样，能表达出自己的喜爱，能讲一讲自己玩具的功能和玩法。

我们今天就来说说小朋友最喜欢什么玩具。讨论这个话题的时候，孩子们都很兴奋，开始说着各式各样的玩具名字，有的还说了不止一个玩具。

"老师，我喜欢积木，在家都是和妈妈一起搭的。"

"我最喜欢的是我的消防车玩具。"

"我喜欢的是霸王龙玩具，我还有其他的恐龙玩具。"

"老师，我可喜欢小车车的玩具啦！"

"老师，我喜欢玩机器人玩具，它可以变形。"

"我最喜欢拼装玩具。"

"老师，我喜欢娃娃，我的小猫娃娃很漂亮。"

听着孩子们激动的语气，我们都觉得这些玩具一定很好玩。

在第二天的时候，我们就让孩子们从家里把自己最喜欢的玩具带到幼儿园，大家共同分享各自的玩具。孩子们通过跟玩具的几次接触，从只玩自己的玩具，不懂也不太愿意与自己的同伴交换玩具，到能够初步协商分配角色，愿意与自己的同伴一起分享带来的玩具，不管是社会经验、社会交往能力，还是生活方面，都有了很大的进步。

结合"我喜欢的玩具"活动，我们开启了每周五的玩具分享日，小朋友可以在分享中尝试不同类型的玩具，也见识了现代科学技术在玩具中的体现。游戏是幼儿的天性，玩具是幼儿的"天使"。六岁以下的儿童有将近一半的时间在游戏和玩具的陪伴下度过。玩具也是孩子们最亲密的伴侣，孩子们通过对玩具的喜欢去感知和认识世界。

3. 我喜欢的……

每个孩子都是独一无二的，有不同的兴趣点，也有着不同的喜好。虽然大部分小朋友都说了自己喜欢的食物与玩具，但也有一些小朋友有不同的想法。比如喜欢可爱的动物，喜欢好玩的游戏，喜欢酷酷的外星人……每个小朋友都乐于表达自己的喜好，与大家分享自己喜欢的事物。我们来听一听他们的分享吧。

"老师，我喜欢蹦蹦跳跳的小兔子。"

"老师，我喜欢可爱的小猫咪，我家有一只，每天我会陪它一起玩。"

"我也喜欢小动物，我最喜欢的是小狗。"

"老师，我最喜欢的是一个游戏，名字叫《植物大战僵尸》！"

"老师，我喜欢的是外星人，我觉得外星人很酷！"

"我也喜欢外星人，我家里还有外星人玩具。"

"我喜欢的是电影《冰雪奇缘》，我和妈妈会经常一起看。我最喜欢的是里面的公主，我也想当漂亮的公主。"

"老师，我悄悄告诉你，我最喜欢的是小朋友们，因为我们可以一起玩，我也很喜欢老师……"

其实要说孩子最喜欢什么，没有固定的答案。有着好奇心的孩子们，对从未接触过的事物都感到新奇、高兴。能够大胆地表达自己的喜好，就是我们的目标。尊重每一位孩子，让他们带着这份喜好与同伴开心地分享。

三、主题总结

小班组的孩子是今年刚加入艾瑞德国际幼儿园的新成员，从一开始来就和这里的人和物发生着千丝万缕的关系。他们哭过，笑过，从陌生到熟悉再到信任；从接受到喜欢再到深深地爱上！不知不觉，大家已经在幼儿园里度过了一整个学期。回首这一学期，我们一起经历了各式各样有趣的主题活动，比如："我从哪里来""'我的家人'都有谁？""我爱我的家""我的情绪""我喜欢"……这些活动都是围绕着"我"的方方面面展开，孩子们实现了在玩与学中自然生长。

教育＝关系＋联系。人作为社会性群体，不光要关注自身，也要关注自己与社会环境、自然环境的关系。3岁的孩子小小的，但他们在一系列的探索中释放了大大的"我们"。

"我们"是"我"与老师。熟悉了幼儿园之后经常听到家长的反馈，孩子在家或者外出游玩时经常会提到自己的老师，也会时不时地主动给想念的老师打电话。在炎热的夏天，小朋友会提醒老师多喝水；在干燥的冬天，桃桃还DIY了唇膏送给老师；看到老师站着带大家做游戏，陶子默默地搬来小椅子放在老师身边……当老师向孩子散发爱意时，孩子自然也会感受到这份爱意并传递这份温暖。"走自然生长教育之路，办有温度有故事学校"，这就是幼儿园里的美好故事。

"我们"是"我"与伙伴。小朋友的友谊单纯善良，分享彼此的最爱，给予力所能及的帮助。爱哭的墨墨在后来会给小女生擦眼泪，黏人的中和在后来会照顾落单的小伙伴，年龄最大的开心哥哥会谦让每一位弟弟妹妹，家里开书店的蜜蜜送给所有小朋友一人一本绘本……这种时刻记挂着彼此、呵护着彼此的友谊在他们幼小的心灵里发了芽，伴随着每一天的相处慢慢长大，成为童年里最珍贵的回忆。

"我们"是"我"与家人。在体验"当妈妈"后，"妈妈"们纷纷反馈活动很有意义，孩子们在亲身体验后，更爱自己的家人了。每一次的沟通，让老师和家长都更全面地了解自己的孩子，爸爸们也越来越有家长意识，参与到班级活动和亲子共读中来。让孩子在家也保持良好的生活习惯，让孩子在幼儿园感受家一样的温暖，离不开我们彼此的信任与配合。

"我们"是"我"与社会。走出校园，大家看到一群萌娃都会散发出最大的善意和柔软，自觉地礼让，亲切地招呼，让孩子们更自在更大胆地去尝试去探索。街上的陌生人、路边的小树，都可以收获孩子们甜甜的笑脸和温暖的拥抱。

一个学期的主题活动带给小朋友们很多新的认识，每个孩子都是珍贵的存在。在幼儿园有你，有我，我们一起构成爱的大家庭。我爱我的家，我爱爸爸和妈妈，我爱老师和同学。小朋友们还学会了尊敬老师，尊敬长辈，懂礼貌，讲文明，养成良好的八大习惯，在艾瑞德国际学校，我们成为一家人。

回顾一路探索之旅，"我"的主题结合小班幼儿初入园的特点和身心发展水平，以幼儿身边的人、事、物为线索展开。结合幼儿的现实生活，在班级环创和一日活动中渗透主题元素，把"我"的五大板块详细地进行了分析探究，并利用多项资源进行整合利用，及时延伸幼儿的兴趣点作为生成课程，使我们的主题课程更加饱满，能够融入社会、家庭和幼儿园，实现家园共育。

在小班下学期，幼儿的各方面发展水平会有进一步的提高，我们会给予幼儿更多的自由和更大的自主权，同时在幼儿上学期期末的兴趣点中选择新的主题，更充分地利用田园校区资源和社会资源，开拓孩子视野，更勇敢地开拓主题探索的更多可能。

中班

房子的秘密

一房一世界

一屋一风景

房子的秘密

有无限可能

一、主题概述

（一）主题说明

每个孩子的童年都有美好故事伴随，被故事喂大的孩子，更懂得面对未来。孩子们在故事中学习，在故事中成长，在故事中收获良多。4-5岁年龄段的幼儿相比较小班的幼儿，自我意识明显提升，开始逐步探索周围的新事物，对世界充满着强烈的好奇心。童话故事《三只小猪盖房子》引发孩子们提出了一系列的问题：小猪的砖头房是怎么盖起来的？草房子能住吗？……带着孩子们的疑问，依据孩子们在上学期的主题课程"空间形状大碰撞"中的已有经验，结合孩子们喜欢的故事，我们共同开启了本次主题课程——"房子的秘密"。

孩子从出生到现在，几乎每天都可以看到各式各样的房子，接触到各式各样的房子。渐渐地，孩子们喜欢邀请老师和同学们到自己家里做客，大方自然地向大家介绍自己的家。我们尝试用不同的材料搭建房子，一起想办法让搭建起来的房子更加坚固。通过视频和图片一起"云游览"世界各地的房子，和小朋友们一起参观装修中的房子，邀请亲爱的家人们一起到田园校区建造由自己设计的房子。通过一系列的活动，由浅入深地探索房子里的秘密。

遵循孩子们处在探索欲强烈的年龄段的特点，顺从孩子们对田园校区的浓厚兴趣，我们的主题课程充分利用到了占地300亩的艾瑞德田园校区的自然资源。这里有造型独特的小木屋、培育植物的温室教室、玻璃房等，孩子们能够非常直观地观察到不同材料、不同外观的房子。除此以外，我们还跟家长紧密联系，结合家长资源，就近参观不同房型。同时，结合社会资源，到园博园领略各地建筑风格带给我们的视觉冲击。从房子的形状、大小、材料等方面出发，引导孩子们发挥丰富的想象力，一步步地探索和发现房子的秘密！

每个孩子都是美丽的不同，在"房子的秘密"主题课程中，每个孩子都有自己独一无二的感受。为了深入优化课程，我们持续关注幼儿在课程中的具体收获。在本次主题中，幼儿从与自己密切相关的"家"出发，观察房子外观，了解盖房子所用的材料以及建造过程，亲自到自然中选取材料，通过小组合作，齐心协力动手建造，增进了幼儿间的社会性交往。在整个过程中，幼儿的动手实践能力也有明显提升。参观地标性建筑，领略各地建筑风格，这是一个初步感受建筑美、欣赏建筑美的过程。在欣赏过程中，孩子们用形象具体的语言表达自己的见解，也用多种方式呈现自己的艺术创想。通过共同了解房子的发展演变史，观察古今房子的特点，回望古典，驻足现代，展望未来，充分发挥了幼儿丰富的想象力，让未来的房子拥有无限的创造可能！

（二）"房子的秘密"探究计划

主题名称：房子的秘密

探究的中心思想：从孩子们最为熟悉的自家住房出发，通过认知盖房所需材料，房屋结构、布局、用途等方面来充分了解房屋的知识。欣赏不同风格的建筑，能够激发孩子想象力，畅想未来的房子。

孩子可以获得什么：

· **核心概念：**盖房材料、用途、结构、建筑风格、创想

· **态度：**创造力、合作能力、自我探索、好奇心

·技能：动手操作、合作沟通、分享表达、艺术创想

探究线索：

·我们身边熟悉的房子有哪些？

·房子都是哪些材料建造的？

·怎样借助这些材料建造房子？

·我们的房间都一样吗？

·我们见过哪些特殊造型的房子？

·以前的房子和现在的房子有何不同？

·我们未来的房子会是什么样的？

可以利用的教育资源：

·园所资源：艾瑞德田园校区、幼儿园教室、办公室

·家长资源：家长住所、工作单位

·社会资源：园博园、动物园

环境创设：

·班级环境：教室展示墙以房屋为主题

·区角环境：投放积木、七巧板、拼图等建构玩具；投放关于建筑的绘本

（三）主题网络图

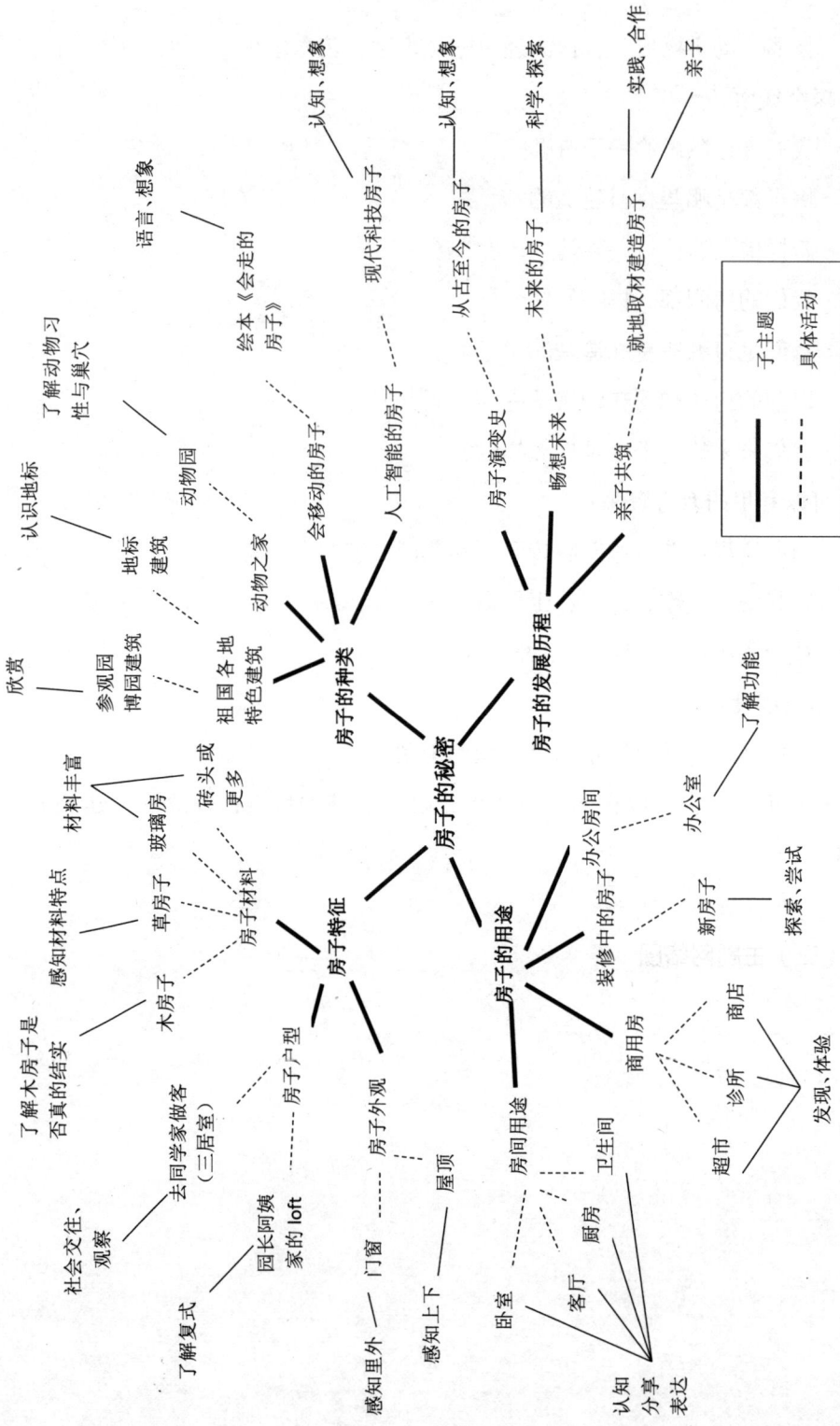

认知、想象

语言、想象

了解动物习
性与巢穴

现代科技房子 —— 认知、想象

绘本《会走的
房子》

从古至今的房子

会移动的房子

人工智能的房子

未来的房子 —— 科学、探索

房子演变史

就地取材建造房子 —— 实践、合作

畅想未来

亲子共筑 —— 亲子

认识地标

地标
建筑

动物园

房子的种类

动物之家

房子的发展历程

了解功能

办公室

欣赏

参观园
博园建筑

祖国各地
特色建筑

材料丰富

感知材料特点

砖头或
更多

玻璃房

草房子

房子特征

木房子

房子材料

房子的用途

装修中的房子

办公房间

新房子

探索、尝试

发现、体验

房子的秘密

了解木房子是
否真的结实

去同学家做客
（三居室）

园长阿姨
家的loft

社会交往、
观察

了解复式

认知里外 —— 门窗

感知上下 —— 屋顶

房子外观

房子户型

房间用途

卫生间

客厅

厨房

卧室

认知
分享
表达

商用房

超市

诊所

商店

二、主题探究线索

（一）房子的特征

1. 形状百变的房子

中班上学期我们和孩子们进行了"空间形状大碰撞"的主题课程。开展至后期，我们发现孩子们对房子萌生了初步的兴趣，他们非常喜欢用各种形状拼建"房子"，也会在拼建好后送给要好的朋友，或者直接送给老师。在《三只小猪盖房子》的故事会后，孩子们的好奇心更加强烈了，经常提出要搭建出最坚固、最漂亮的房子。基于儿童立场，我们结合幼儿的年龄特点和兴趣，开始进行本学期的主题"房子的秘密"，通过一副百变七巧板开启了关于房子的探索之旅！

每一位家长都是重要的链接，塘塘妈妈也加入主题课程的探索中来。我们一起发现七巧板的巧妙和有趣，通过不同的排列组合，简单的几个形状就会变成可爱的小动物、高高的大树、漂亮的楼房！

孩子们看过百变的七巧板后，也纷纷表达自己的想法："我想拼出一个机器人！""我想拼出一棵树！""我想拼出高楼！"……丰富的想象力与孩子们灵巧的小手相结合，不一会儿，创意七巧板就变成了各不相同的造型。我们发现有不少小朋友喜欢用七巧板拼建房子，也有尝试将七巧板立起来进行立体搭建的。于是，我们开始向房子的材料、结构特点这方面展开

探索。

2. 房子材料大不同

《三只小猪盖房子》的故事对孩子们来说耳熟能详，猪大哥、猪二哥、猪小弟分别用不同的材料建造出不同类型的房子，房子是否会被狼先生摧毁，取决于盖房子时选取的材料，看来选材对盖房很重要。这个故事也成了我们"拜访田园校区"的主线。老师告诉孩子们要去田园校区收集材料带回学校，建造属于我们自己的房子，孩子们惊喜万分，迫不及待地想要去寻觅自己盖房子的材料。

为增加探索的乐趣，我们将艾瑞德田园校区的房子探索旅程分为六个小站点：第一站办公区域，第二站森林小木屋，第三站木工坊，第四站阳光温房，第五站小动物住房，第六站蜂巢。在这里，孩子们不仅可以直观地观察到不同材料的房子，更能亲手去触摸，亲身体验一番。三角形的小木屋让孩子们大吃一惊，赶紧拿出自己的小画板去描绘。有观察仔细的小朋友发现木房子的墙壁上有很多钉子，也有孩子马上意识到，这里的木屋和小猪的木屋不同。

每座房子各有各的特点，有一层的、两层的；有一间房间的、两间的、甚至十间的！在这里孩子们发现房子的材料有木板、玻璃、砖头、钢管，还有一种特殊的材料：草。

而房子的形状也各不相同，有三角形、梯形、正方形、长方形、圆形，等等。孩子们都认认真真地观察，并提出问题："这个小木屋可以住吗？""狼先生会不会把这个木屋毁掉？""这些房子是谁建造的？""我们什么时候选材料？"

带着孩子们的疑问，我们一起在田园校区收集了好多材料，一草一木、一砖一瓦都可能成为孩子满意的材料。

有了这些经验之后，我们进行了团讨，设计自己团队要盖的房子，收集了自己小组要用到的材料，彼此加油鼓励，然后开始建房子！

经过大家的努力，最终形成了圆形的底座、三角形的门、绿色恐龙家、支架房子等。

在这些小小的房子成品里，我们发现有很多田园校区房子的缩影。不难看出，孩子们的观察能力以及动手能力已有很大进步。于是，我们进行新一阶段的探索。

3. 大小各异的 Loft

教育总是发生在细微处。留心观察，我们会发现更多的资源。听说园长阿姨家的房子是 loft，孩子们在前期课程里已经观察过 loft 的图片和特征，却没真正见过，如此好的契机，怎么能放过呢？

听说要去园长阿姨家参观一下 loft，孩子们兴奋极了。出发前，我们提醒大家，到了园长阿姨家可不能大声吵闹，不然会吵醒小宝宝的。

到园长阿姨家后，孩子们礼貌地和园长阿姨打过招呼，就开始了探秘，这里瞧瞧，那里看看。温柔的园长阿姨满怀爱意，贴心地为孩子们准备了超多美食，孩子们简直高兴坏啦！

孩子们好奇的眼睛总会发现新事物，他们不断发出赞叹：园长阿姨家的房子好漂亮啊！另一边的探索小分队也有新发现："快看，这个楼梯可以上二楼！"

孩子们上了二楼之后，有的说："老师，我从这里可以看见我们的学

校。"有的说："我看到了钟楼，还有大黄校车！"

还有的说："楼上有三个睡觉的房间，我家没有楼上。"

孩子们在loft房中开始各自探索，发现这所房子的秘密，并尝试绘画，和同伴们分享自己发现的奇妙之处。

在参观过程中，孩子们总体上很安静很礼貌，能够控制住自己的声音，不大声喧哗，不随意碰触屋内物品。通过实地观察，孩子们更直观地观察到loft的特别之处，他们对loft的楼梯非常感兴趣，在观察过程中主动和好朋友交流，并且愿意通过绘画来呈现自己所见到的loft，用色彩来表现自己喜欢的loft。

房子的秘密还有很多，而我们正走在探索的路上。

苏联教育家列·符赞科夫认为，现代社会需要"手脑并用"的人，即所谓的"全脑思维"。艺术创作是一个手、眼、脑并用的过程，需要幼儿用多种感官去感知审美对象，用大脑去想象，理解、加工审美意象，用语言去表达自己的审美感受，用手操作工具和材料去表现自己的审美感受、思想情感和所见所闻。幼儿在创作中，用绘画表达自己的情感，通过心理操作和实际操作，把自身对美的感受转达给他人！

（二）房子的用途

1. 温暖之家

家对我们每个人来说都是一个温暖有爱的地方，一个为我们带来欢乐和幸福的地方。主题课程"房子的秘密"持续探索中，家长和孩子一起经过美好的亲子手工时光，带来了一个个精美的"家"。这些用多种材料，按照家中布局，缩小比例做成的房子，给了孩子们一个上台展示的机会，他们可以在舞台上介绍自己的"温暖之家"。

艾瑞德国际幼儿园愿意托举每一个孩子的成长。在这一次的展示中，每一个小朋友都勇敢地站上舞台，通过视频片段和语言介绍展示了自己的温暖之家。后来我们还分组举行了互动展览会，苹果班的小朋友们抱着自己的作品进行展览，邀请杧果班的小朋友们来参观，并且热情认真地为小小参观者们介绍自己的房间、卧室、厨房等。结束后，再由杧果班的小朋友们进行展览，苹果班的小朋友们来参观。一个个小小讲解员认真讲解，一个个小小参观者认真倾听，这一瞬间，孩子们尽情展示着，表达着，成长着……

一场别开生面的展览会在孩子们的热情中缓缓落幕，但孩子们的激情仍未退却，结束后仍在激烈地讨论着："我家的房间……我家的卧室……我家的电视……"这也足以体现孩子们在主题探索中的主动参与性。在反复的展示中，不少孩子的温暖之家有所破损，孩子们纷纷提出要求，让老师帮忙修补，那渴望的小眼神、期待的小目光足以证明孩子们对温暖之家的珍视。

老师集所有孩子的温暖之家于温暖的艾瑞德大家庭，让温暖更加温暖。这份温暖汇聚着家长们满满的用心、孩子们满满的童心，以及老师们满满的爱心。"温暖之家展览会"虽已结束，但在美好的亲子时光、欢乐的互动时光里留下了我们满满的回忆。

2. 萌娃逛遍"红人街"

了解了房子的材料、布局等方面之后，我们开始探索房子的用途。孩子们和老师一起走进学校对面小区的商业街——红人街，开始了又一次的探索之旅！

在这条街上，我们发现了装修中的诊所，孩子们喜欢的玩具店、冰激凌店、炫酷帅气的眼镜店，还有货品丰富的超市和服装店……

孩子们在红人街上逛得不亦乐乎，了解了不同的店名和商品，体验了商店里的便民服务，并且愿意和商店里的叔叔阿姨表达自己的想法。孩子们走出校园，走上街头，与商店来了一场别开生面的对话！

逛街的同时，孩子们还开启了自己的观察模式。每家商店都有它的标志，每家商店都有自己的特色，孩子们观察得非常仔细，根据外部标志能够猜出商店类型，并在得到店员叔叔、店员阿姨的允许后，到商店内部观察不同商店的不同布局，从而了解到房子的用途各不相同，但都为人们带来了丰富便利的生活。

每次的探索活动中，安全都是排在第一位的。因为孩子们的活动地点就在学校对面小区的商业街，所以我们选择了徒步前往。令人欣喜的是，孩子们的安全意识也有很大提高，两两牵手，结伴前行。路上不和陌生人交谈，紧跟队伍不掉队。过马路时，更有老师拦住过往车辆，为孩子出行保驾护航，过往车辆也主动让行。孩子们在爱的世界里成长，也散发着自己对周围事物的爱。

对儿童来说，最便捷的表达方式是绘画，这也是最直接、最自由的一种表达方式。通过在红人街的所观、所想，孩子们变成了小小设计师。瞧！小小画笔手中拿，他们正在描绘着"自己的商业房"。如何使用红人街的房子呢？女孩子们更多的是开服装店、美甲店、化妆品店、冰激凌店；男孩子更多的则是开超市、汉堡店、玩具店、烤肠店、眼镜店。孩子们通过绘画，充分表达自己的内心情感和对外部世界的感受。

通过本次活动，孩子们以敏锐的观察力、丰富的想象力，描绘着自己对房子的设计，并了解到房子的用途、种类繁多。

3.设计中的幼儿园

"泉眼无声惜细流，树荫照水爱晴柔。小荷才露尖尖角，早有蜻蜓立上头。"在明媚的初夏，我们要去即将开园的惠济区艾瑞德国际幼儿园分园，在那里做室内装修设计师。同样是艾瑞德幼儿园，会有哪些不同和神奇的地方呢？我们带上问题一起去一探究竟吧！

· 提问

到达目的地后，就遇到了前来迎接我们的杜老师。杜老师说："听说果果组的小朋友有一些问题想要问，可以问我和董叔叔，我们会向小朋友们解答的。"一听到杜老师的话，小朋友们按捺不住了，立刻举起了小手！

"请问区域卡放在哪里？"

"玩具什么时候放到草坪上？"

"有凳子吗，凳子在哪里？"

"有电视吗，电视在哪里？"

"水杯架在哪里放？"

"钢琴在哪里？"

"桌子在哪里，床在哪里？"

杜老师和董叔叔回答我们说："区域卡还没有设计，想请你们一会儿来设计一下。草坪上的玩具，一个月后会陆续地安装。电视机、桌子和凳子等物品，一会儿请小朋友们找一找吧！"

孩子们听说需要寻找，便开始了搜索模式。后来，我们在操场上找到了桌子和凳子，一阵欢呼声顿时响起！

· 设计

我们的问题已经得到了圆满的回答，接下来，我们要开始参观设计中的惠济区艾瑞德幼儿园了。

走到入门的墙边，杨老师说："这是绘画墙，是以后小朋友们可以自由绘画的地方。"我们一起来到二楼，看到有很多泥沙，很多小朋友问："这些泥沙是干什么用的？"董叔叔说："这些是水泥和沙子，需要把它们混合在一起，才能把幼儿园修建得更加结实。"走到三楼，我们一起来到一个空旷的教室，这个教室里什么都没有，需要我们分成小组，设计一下教室。

朱老师组，负责设计钢琴的位置；

千老师组，负责设计床的位置；

毋老师组，负责设计区域卡的位置；

丁老师组，负责设计水杯架的位置；

韩老师组，负责设计电视的位置；

董叔叔组，负责设计空调、新风系统的位置；

杜老师组，负责设计卫生间的位置。

孩子们一边回忆着自己教室的摆放，一边按照自己的想法将教室设计了一番，电视要挂在墙上，钢琴摆在窗边会很漂亮，等等。

杨老师是总监，负责看我们设计得合理不合理。最后，我们设计得特别合理，得到了大家的一致认可。

· 效果图

在回去的路上，我们看到了一位叔叔脸上有白色粉末，孩子们好奇地问："叔叔的脸上怎么是白色的呢？""那是颜料吗？叔叔好辛苦，装修房子太辛苦了！""叔叔辛苦了，谢谢叔叔！"孩子们都围上来表达对叔叔的感谢之情！然后，我们观看了真正的设计师设计后漂亮的效果图，原来装修过后的艾瑞德长这个样子啊，真漂亮！有充满童趣、浪漫有趣的外围，有宽敞明亮、设计独特的教室，有我们最爱的活动场地——自然生长广场。最后，我们体验了一把塑胶跑道，好舒服！

在充满诗意设计的校园中，我们和杜老师、董叔叔挥手再见，感谢大家的接待。再见了，期待"你"早日设计好，我们再来哦！

（三）房子的种类

1. 祖国各地的房子

大千世界无一不是孩子们发现、探索的对象，生活是孩子最好的老师，感染着彼此。新的探索之旅，我们来到了园博园，孩子们在家长志愿者的辅助下，有序地走进了园博园，迎面是彩色的风车，孩子们驻足停留下来，小手触摸一下，转一转……哇！风车又被春风吹起，七彩的风车就像一道彩虹。孩子们在欢声大笑中离开，走到了探寻房子的第一个场馆：充满少数民族色彩的别样建筑，黄色是它的主色调，所有的门和常见的门也有差别，扇形的门头、长方形的身体、铁材质的栅栏、砖头垒的圆形墙壁，这类建筑来自新疆乌鲁木齐。

穿越乌鲁木齐馆之后，我们来到了园区有名的同心湖。这个湖旁边有一个特别大的亭子——"华盛轩"，孩子们猜想这是炎黄两帝休息的时候看表演的地方，三角形的大房顶、棕红色的原木材质，亭子里面摆放了许多大鼓，孩子们不约而同地拍打起来，一会儿拍拍这个，一会儿拍拍那个，高兴极了！

走到亭子下方，孩子们去了湖边戏水，小手在湖水中轻轻地拔来拔去。在这32℃的高温下，能触摸凉凉的湖水，仿佛也给自己带来了一丝丝的凉爽夏意。透过湖边可以看到最美的景色：华夏馆、豫州园、轩辕阁尽收眼底。孩子们在讲解员的带领下来到了华夏馆，它就像小朋友所说的那样，像花又不是花，原来它是我们华夏子孙生命的象征，像一颗种子一样，破土而出，自然生长。华夏馆的材料大部分都是玻璃材质，在馆内欣赏参观过后，孩子们趴在椅子上，开始了今天的描绘记录。孩子们的记录千奇百怪的，凸显出孩子们的观察点各不相同。

出馆后，我们探访了豫州园，长长的连廊两边是用木质材料做成的，棕红色为主色调，是吉祥如意的代表，廊柱上、廊顶上有不同的图案呈现，由花、龙、几何形状组成的图案，漂亮极啦……这是中国古建筑的象征。孩子们说："他的房子和我们住得不一样！""他房子旁边种的菜没有人拔，好可惜啊！""他养的动物还活着吗？他的房子用了很多木头，结实吗？"种种问题，说明了孩子们在环境的影响下，开始自发地进行探索，这种自发性是最珍贵的。

眼前有一座七层高的古代建筑，部分孩子走进去的第一反应就是下跪。是谁有如此魅力让孩子们跪地磕头呢？原来是轩辕帝。屋子里的墙壁上画有当时的生活劳动场景，通过这些图画，孩子们了解到当时的人生活的情景，以及除草、耕地、捕鱼等劳动的场景。这些画面潜移默化地影响着每个孩子，不管是古代人还是现代人，都需要通过劳动获得食物。在劳动中相互合作，每天坚持做，养成好习惯，就像班级里的家政课程一样，只要家长认真地引导，孩子们就会认真对待。孩子们从给自己叠衣服到现在有兴趣帮助大人整理衣服，在这个过程中，孩子们收获的不单单是叠衣服的技能，更多的是观察学习到大人衣服摆放的位置、归纳整理的规律。

从轩辕馆下来后，到达了孩子们最喜爱的地方——儿童馆。通过孩子们的观察，发现儿童馆的外观是大大的圆形，像彩虹一样的外观，里面又像蜗牛一样。在环形的轨道上，孩子们兴奋极了。本来预计活动到13：30结束，然后回校，但因为孩子们的兴趣比较浓，最后定于15：00返回。在整个过程中，孩子们没有一个人说自己累，小小的孩子大大的毅力，又一次在成长的过程中增添了突破自我的能量。两个家长志愿者帮助老师拿东西又照顾孩子们的安全以及引导孩子们观察不同的建筑物，家园合作给孩子们提供了一个安全而又快乐的探寻之旅。园博园的建筑之美，不是一次外出活动就能完全领略到的，更需要在日常生活中带领孩子多多走进建筑领域，让孩子感受到房子的使用价值，欣赏到它们的内在美，了解到它们的发展史意义所在。

2. 动物的房子

"小鸟小鸟住在大树上，田鼠田鼠住在大树下。喇叭花喇叭花爬啊爬……小鸟田鼠说着悄悄话。"这是一首小朋友喜爱的手指操。老师问："动物园里有小鸟和田鼠吗？""我去过动物园，里面有好多的小鸟，没有田鼠，有猴子……"小朋友们你一句我一句，小嘴说个不停，像一只只百灵鸟，表达着对走进动物园的憧憬。

结合本学期的主题课程"房子的秘密"主题活动，果果组的孩子们要通过探索动物们的房子，来发现动物房子和人类房子的不同之处。首先，我们看到了草食动物——貘（主要食物为凉性蔬菜和瓜果，如西瓜、洋白菜等，居住的房子为洞穴类建筑）。

孩子们认真观察，并和身边的好朋友交流讨论着："这只貘有点像小猪，它的尾巴好短，嘴巴长长的……"

继续向前走，果果组的孩子们来到了生态鸟语林，孩子们看到不同地区的鸟类：巨嘴鸟、白／蓝孔雀、鹦鹉、火烈鸟、黑／白天鹅、火鸡、鸳鸯、帽子鸡等。园区工作人员设计的房子都符合所居住的动物的生活特性，或搭在树上，或扇形门洞。这个园区的鸟类种类繁多，孩子因为喜欢，所以驻足停留的时间比较长。捡一片孔雀毛、尝试摸一摸孔雀开屏时的羽毛，模仿一下孔雀的叫声，和巨嘴鸟合个影。

告别鸟语林，随后来到了猴类场馆：长臂猿、大猩猩……看，那儿有只猴子荡来荡去，原来是长臂猿在玩单杠！嘉澳到猴类场馆后，走得总是比其他小朋友快几步，他对杨老师说："我看到每只猴子住的房间都不一样。"嗯，观察得很仔细呢，确实每个房间里的布局都不尽相同！接下来，我们来到了猩猩馆（猩猩以植物为主要食物，如水果、嫩枝、蔓生植物），看到了大猩猩居住的山洞，了解到我们人类以前像猩猩一样，通过人类的努力和演变，不断成长变化，才有了今天的样子。

回到学校后，孩子们通过自己的回忆，用绘画方式记录四种小动物的房子。在绘画过程中，体现了孩子们对美的欣赏、数学领域的渗透，以及记忆力的提高。

艾瑞德支持孩子们走出园所，每次外出活动都给予帮助。跨越围墙，将课程活动搬到学校之外，让孩子们能在自然中感知和体验，一切学习皆在自然中发生，并在一次次外出活动中，慢慢培养孩子们的集体意识、合作意识。在活动细微处彰显艾瑞德干净、有序的校风，展现艾瑞德的教育品质。

（四）房子的发展

1. 从古至今的房子

·谈话：你知道自己的家在哪里吗？

宇羡说："我知道，我的家在谦祥万和城。"

嘉澳说："我家离宇羡家很近。"

沐宸说："我家在 13 楼住。"

若愚说："我家在恒大。"

语诺说："我家在翰林国际，也很近哦！"

·爱心大行动：三只小猪的家是哪一个呢？

琳杉说："小猪的房子有草房子。"

杨杨说："这只小猪的家是砖头房子。"

嘉坤说："小猪的家还有木头的。"

语瑭说："第一只小猪住在草房子里。"

柏嘉说："第二只小猪住在木头房子里。"

至一说："第三只小猪住在砖头房子里。"

·小勇士大挑战：帮小人找家

佳颖说："这个小人穿的衣服好奇怪啊！"

赫苏说："这是古代的小人。"

芊雪说："这个小人和我们穿得一样，是现代的。"

梓柔说："这是一个机器人。"

昊轩说："这个房子像宫殿。"

宸睿说："这个房子像火箭一样。"

叶子说："这儿有一个大高楼。"

伯骏说："古代的小人住在宫殿里。"

可莳说："机器人住在火箭里。"

家铭说："现代小人住在高楼里。"

·说一说你的感受

若兮说："我帮他们都找到家了，我很高兴。"

至格说："这些小人都有家，我和一一是一家人。我们现在住的房子和古代的人不一样，我们住的房子里有电梯，楼下还有好玩的公园。"

"我们现在的房子还很高呢，我们家住在 21 楼呢！"

"小朋友们你们记不记得前段时间，我们去参观的一些房子？"

"我记得去果冻家参加生日派对，参观果冻家的三房，在果冻家吃到了好多零食，玩了好玩的玩具，很开心。"

"还记得去嘉澳家参观，嘉澳家的房子也是三房，还吃到了美味的小糕点呢，嘉澳家很好玩。"

"还去了诺诺家参观了呢，诺诺家的房间很多，叔叔阿姨说这是四居室。阿姨还给小朋友们准备了小礼物，小朋友们都很喜欢呢。"

"还去参观了园长阿姨的家，园长阿姨的房间可以上楼梯，是有趣的 loft，还有可爱的小弟弟，美丽的园长阿姨还给小朋友们准备了好吃的零食。"小朋友们都超喜欢园长阿姨，也很喜欢园长阿姨家的 loft。

"还和爸爸妈妈一起去了风景优美的五云山，参观了大大的别墅，那里的别墅都很好看，有长长的楼梯，门前还有小花小草和小树呢！还能在门口开野餐派对呢！"

"我们现在住的房子这么棒，那小朋友们想一想未来的房子会是什么样子的呢？"

"可能是太空舱那样的。"

"也可能是变形金刚那样的高科技。"

"可以是会飞的房子，可以飞到天空中去。"

孩子们的想象总是无穷尽的，和老师们一起来看一看人工智能的房子吧，看看未来可能有哪些奇妙的房子。

我们经过了一系列的探索，在探索中，找到了从古至今的房子，看到了未来的房子，了解到了房子的成长演变，丰富了孩子们的认知，在看中学，从做中学，感受探索的快乐。

2. 人工智能的房子

小朋友们，我们之前欣赏了很多房子，那谁还记得我们学过了哪些房子呢?

　　宇羡说："小蜗牛的房子会爬着走。"

　　嘉澳说："房车可以到处跑，里面什么都有。"

　　嘉坤说："小鸟的家在天上，树上也有家。"

　　昊轩说："小鱼、小鸭的家在水里。"

　　沐宸说："田园校区里有三角屋，里面有正方形的窗户。"

　　纡曳说："我家的小区里有很多房子，我的家很漂亮。"

　　语瑭说："田园校区里还有小动物的房子。"

　　可茝说："园博园里有炎帝黄帝的家。"

　　佳颖说："还有轩辕帝的房子，七层楼。"

　　宸睿说："华夏馆的房子像小花。"

　　伯骏说："我去过很远的地方，那里的房子可以在里边烧香磕头。"

　　梓柔说："我老家的房子很大，还有院子。"

　　苏苏说："我哥哥家的房子在五云山，有两层，五云山的房子都很漂亮。"

　　芊雪说："我家的房子有三层，可以睡觉又可以放好多物品。"

　　小朋友们提到了古代、现代的房子以及小动物的房子，那请你猜一猜，未来的房子是什么样子的呢? 未来的房子里面有什么?

　　语诺说："有机器人吧! "

　　至格说："我见过会动的窗帘。"

　　至一说："我也看见过，还有扫地的机器人。"

　　家铭说："好多的房车到处跑。"

　　嘉澳说："天空里有房子吗? "

　　可茝说："宇航员的房子在太空里。"

　　小朋友们说了很多关于未来的房子的猜想，那现在请小朋友们看一下关于未来房子人们的设想吧!

　　·欣赏智能科技房子，观察房子里的科技智能控制家电等。

·欣赏一键启动的房子，10分钟房子全部定型，并且可移动。

·欣赏马云建造的房子，14个小时，利用3D泡沫打印机，加上人工服务，一栋房子就建成了。

嘉澳："这房子太神奇了，用卡车就能拉走。"

苏苏："我希望家里有智能机器人，可以扫地。"

至格："长大我也要住这样的房子。"

我们一起了解了关于未来房子的设想，那小朋友们，让我们一起仔细想一想，然后动一动小手，将你想到的未来房子画出来吧。

3.亲子共筑梦之家

结合本学期主题课程"房子的秘密"设计游戏"房子猜猜猜"，邀请爸爸们参与其中，游戏需要爸爸举起孩子来拿取卡片，并说出卡片上的建筑的名称。孩子们拿到卡片时脱口而出，去过的园博园、走过的动物园、参观过的房子，看来孩子们对主题课程中的收获记忆深刻。

几个游戏过后，回归主题，孩子们通过抽签的方式分为四组，大家领了材料包，开始行动起来。有的就地取材，有的发挥孩子和爸爸们的力量开始寻找施工材料；有的脑洞大开建起了蒙古包；有的从环保实用的角度入手，盖起了小鸟的房子。在建造过程中，孩子们有的递胶带，有的刷颜料，有的找装饰的叶子，忙得不亦乐乎。然后，每组还推选了一个官方发言人做了总结性发言。最后，我们的房子有：艾·别墅、鸟的天堂、蒙古包、艾瑞德傣家吊脚楼。游戏结束后，我们合影留念，留下了这珍贵的一幕！

个个都是参与者、劳动者、设计者、建筑者、挑战者、合作者，我们不单单是一个人，更是多个角色的存在者，不但挑战了自己的极限，更是考验了自己的耐力。更为难得的是，在忙碌的生活中，爸爸们能停下脚步，放下手机，陪伴孩子们去面对活动中带来的惊喜和挑战。对孩子来说，爸爸就像一面墙、一个台阶、一面镜子、一个扶手，轻轻地助推孩子的成长，给予孩子信心和勇气，爸爸这个角色是孩子成长过程中不可忽视的重要人物之一。爸爸和孩子们合力设计不同风格的房子，在大自然中就地取材，设计出四种风格独特的房子"艾·别墅、鸟的天堂、蒙古包、艾瑞德傣家吊脚楼"，使孩子们对"房子"有了更多的认知，每个人心中都有一个温暖的家，愿这一座座房子里充满爱和陪伴、向上的力量。果果组的老师为孩子们送上了一个小礼物——房子拼图，寓意是"愿大手和小手在闲暇时光拼出一个温暖的家"。果果组本次的主题课程在欢声笑语中圆满落幕。

又一学期的成长，又一学期的陪伴，孩子的每一步成长离不开每一位家长的支持与陪伴。

三、主题总结

课程建设一直是幼教工作的重要部分，课程的优化也始终是我们幼教工作者永恒的追求。我们和幼儿用了一个学期来共同探索"房子的秘密"这一主题课程，在课程开展中，师生共同探索，也共同收获。

幼儿用丰富的想象能力、热情的表达能力以及进步的动手能力向我们展示了他们的所见所闻、所思所想。班级里《100层房子》系列绘本投放后，幼儿对"房子的秘密"这一主题的探索兴趣更加浓厚了，《海底100层的房子》《地下100层的房子》《天空100层的房子》等都是他们百看不厌的绘本，绘本里的细节孩子们都烂熟于心。

在课程实践中，幼儿之间也产生了初步的合作意识，共同合作完成一次又一次的建造活动，并共同分享成功的喜悦。在本次主题课程中，幼儿最热衷的环节正是动手建造房子。了解了建造房子的多种材料后，幼儿经常会在户外收集材料，用于"建造"房子。教师应当充分利用教育资源，丰富和拓宽幼儿的视野，鼓励每一个幼儿大胆地畅想未来！

好的课程决不止步于眼前，要更好地放眼未来。幼儿在本次主题课程中的每一个表现与每一步成长，都为我们以后主题课程的开展提供了更好的思路和方向。我们将继续站在儿童立场，从儿童视角出发，追寻幼儿兴趣，进一步增强课程的可操作性，持续优化和丰富课程内容，向教育更深处延伸！

我的动物朋友

美丽地球村

动物朋友多

万物可爱

生命珍贵

一、主题概述

（一）主题说明

美丽的地球，因为有了人类和其他动物的存在而显得生机盎然。小动物们是我们人类的好伙伴、好朋友。还记得之前孩子们前往农贸市场偶遇小动物时，兴奋不已，叽叽喳喳地问个不停。为此，中班上学期我们以"儿童立场、自然生长"为出发点，依据季节的变化和孩子们的兴趣点，以"昆虫的奥秘"和"恐龙世界"为主线，开展了"我的动物朋友"主题课程。

每年的 9 月和 10 月，昆虫的世界里依然生机勃勃，大自然中随处可见昆虫忙碌的身影。每当在校园里或农场中与蚯蚓、七星瓢虫、西瓜虫等小昆虫相遇与对话时，孩子们都会欢呼雀跃，用充满好奇的眼睛去探索，用充满灵性的耳朵去聆听。"昆虫的奥秘"主题课程的开展，极大地激起了孩子们的好奇心，引起了孩子们的探索欲。

到了 11 月，天气渐寒，结合昆虫主题课程的推进，我们走进了"自然博物馆"，孩子们和化石有了一次偶然的邂逅，小小的心灵一直认为"化石"就是恐龙的化石，为了满足一直对恐龙念念不忘的小家伙们，至此我们的主题课程便开启了"恐龙世界"之旅。随着恐龙主题课程的开启，孩子们对恐龙的兴趣更是高涨不下，我们常常看到孩子们在开心地谈论恐龙，玩着有关恐龙的游戏。在"恐龙世界"的主题课程推进中，我们还诞生了

"恐龙故事盒""恐龙飞行棋""恐龙积木拼图"等各种游戏和成果，真可谓精彩纷呈、百"龙"齐放！

当然，整个主题活动中教育资源也非常重要。在艾瑞德，我们拥有300亩教育自然农场，各种昆虫都在那里静静等待着。除此以外，"自然博物馆"也能便于我们课程的开展。

孩子们通过探索、思考、实践、合作、分享，了解了昆虫与恐龙的各种相关信息。通过社会实践，增加孩子们对世界的认知与理解；与此同时，我们还通过创作、游戏等不同的互动方式，满足了孩子们对动物世界的想象。课程开展中，孩子们不但对自己喜欢的动物种类有了一定的了解，还愿意与家人共同分享自己的所见所闻。在交流中，既发展了孩子们的人际交往、语言表达能力，同时也帮助他们了解到昆虫与恐龙的相关知识。

（二）"我的动物朋友"探究计划

主题名称：我的动物朋友

探究的中心思想：在探索与发现中寻找动物的足迹，认识并了解不同动物的行为及习性，通过观察、学习辨识它们的主要特征，并尝试去创造动物的生长环境，从而提高幼儿的想象与创造力。

孩子可以获得什么：

·核心概念：经过实际的观察与接触，在了解认识不同种类动物的体验中感受自然的魅力，获取生命的感悟。

·态度：好奇心、探索欲、想象力、呈现力。

·技能：掌握一定的观察能力，提高幼儿的表达能力、组织能力。

探究线索：

· 你认识哪些昆虫？

· 蚂蚁的洞穴在哪里？

· 蚯蚓的身体里到底有什么秘密？

· 如何喂养一只昆虫？

· 应该怎样保护我们身边的益虫？

· 恐龙家族是怎样从兴盛走向灭绝的？

可以利用的教育资源：

· 园所资源：艾瑞德田园校区、幼儿园教室、办公室

· 家长资源：家长住所、工作单位

· 社会资源：园博园、动物园

环境创设：

· 班级环境：教室展示墙以房屋为主题

· 区角环境：布置并投放有关动物主题的环节与材料，摆放"奇趣动物绘本丛书"、《世界动物绘本》、"蒲公英动物绘本系列"等和主题相关的图书。

（三）主题网络图

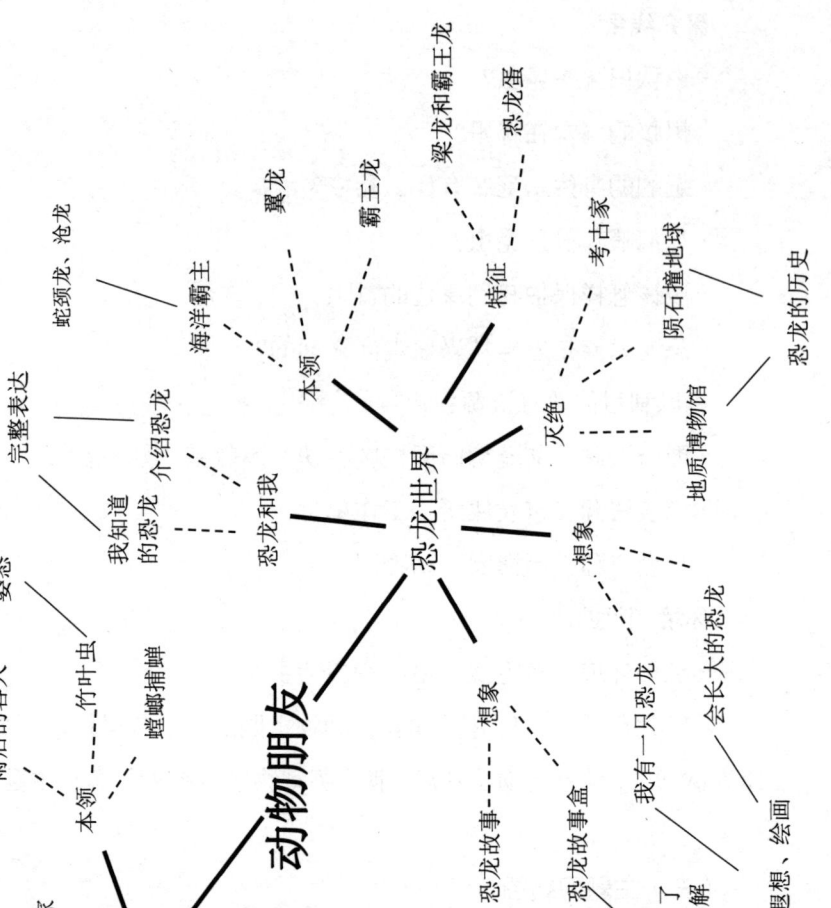
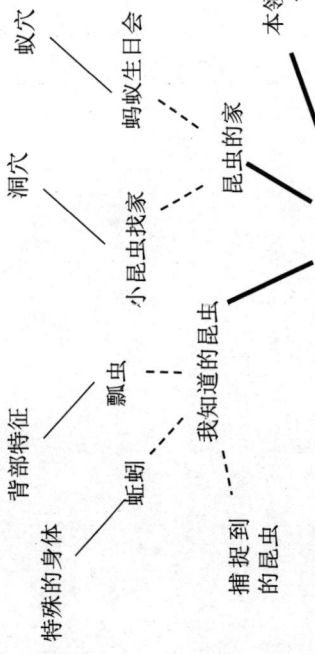

二、主题探究线索

（一）昆虫的奥秘

1. 雨后的客人

秋微凉、雨朦胧。由于连续下雨，雨后的蚯蚓似乎和孩子们一样，在屋子里闷得太久了，很想出来透透新鲜空气呢！这不，它们似乎也很喜欢我们的幼儿园，排着队和我们的小娃娃们做朋友呢。

我们中（1）班的小朋友们很是热情好客，纷纷围着小蚯蚓和它打招呼！大家都对蚯蚓的长相很感兴趣！它蠕动的身体吸引得大家瞪大了双眼，不舍得离开。

帖钉说："老师，蚯蚓会跳芭蕾舞。"

赫赫说："蚯蚓像战斗机，一转一转，能转到土里去。"

夏天说："它的眼睛长在外面，鼻子是尖尖的。"

老师问："蚯蚓分男女吗？"善于思考的赫赫说："女生喜欢粉色，蚯蚓不是粉色的，所以不是女生。"

"是啊，蚯蚓是不分男女的！"老师总结道，"蚯蚓吃什么？"

盼盼说："吃土。"

喔喔说："喝水。"

还有的宝贝说吃树叶，吃水果。孩子们真是小百科全书啊！

吃过早饭，我们来到美丽的校园，孩子们还发现了一条受伤的小蚯蚓，侯颂找来了一片树叶给它包扎，盼盼来给它放生——为两人的热心点赞！

勇敢的弟弟和硕宸把蚯蚓"客人"请到了我们中（1）班里，和蚯蚓一起做客的还有一只胖乎乎的小蜗牛呢！

在课堂上，孩子们对这两个小客人真是喜欢得难以言表，一会儿看看它们，一会儿围着它们转一圈，又开始讨论它们爱吃的食物。

可欣说："它吃西瓜。"

文博说："它不喜欢吃西瓜。"

喔喔说："它不是昆虫，它的腿不是 6 条，它喜欢昆虫。"

小朋友们热火朝天地讨论着……

突然，善于发现的夏天说："老师，蜗牛拉粑粑啦！"

"粑粑是白色的！蜗牛没有腿！蜗牛……"孩子们七嘴八舌地边看边说。

最后，爱护小动物的中（1）班小朋友一起把蚯蚓和小蜗牛送回了大自然中！

2. 小蜻蜓飞啊飞

> 小蜻蜓大眼睛，
>
> 两对翅膀亮晶晶。
>
> 飞东飞西忙不停，
>
> 消灭害虫有本领。

本周迎来了我们的主题课程之"大眼睛昆虫——蜻蜓"。孩子们对我们的"大眼睛客人"蜻蜓可是喜欢得不得了。

上午我们认识了美丽小蜻蜓的外貌习性，还学习了手指操，孩子们一个个做得有模有样，兴致高涨之时还积极地向大家展示自己。下午手工制作小蜻蜓，更是让一个个小能手乐开了花。别看他们小，做起手工来一点都不输大人们！每个孩子都有自己的想法，老师并没有提醒给蜻蜓的翅膀做装饰，但几个男孩竟然和小女生一样有一颗爱美之心，在蜻蜓的翅膀上

○ 美丽的不同：幼儿园主题课程案例集 ●

装饰了亮晶晶的小贴画，美丽极了。

做好小蜻蜓的孩子们一个个迫不及待地拿着自己的作品飞出了教室，去给这个老师看看，找那个老师炫耀炫耀，满足感十足。

分享给老师之后，最想分享的人当然是自己最亲爱的爸爸妈妈！带书包的孩子们早已迫不及待地将自己制作的蜻蜓放进了自己的小书包里，准备一放学就让小蜻蜓飞到家里。遗憾没带书包的孩子们为了不让自己的小蜻蜓飞走，还小心翼翼地放到自己小床的褥子下面，打算放学后再带回家。

通过这次主题课程，宝贝们对蜻蜓有了更多的了解，知道了蜻蜓是益虫，还了解到蜻蜓是以苍蝇、蚊子、蚜虫等为主要食物。通过观看纪录了蜻蜓的演变过程的实拍视频，孩子们纷纷表示，原来美丽的大眼睛蜻蜓小时候是长在水里的啊！而且还那么丑，通过蜕变之后，丑蜻蜓宝宝竟然变得那么美丽，真的太神奇了！

3. 我和农场昆虫做朋友

跟随着秋天的脚步，拥抱着昆虫课程的节奏，我们中班组的小朋友们迎来了期待已久的"我和农场昆虫做朋友"之旅。

昨天中班的小朋友们刚刚得知要去农场寻找小虫子，就已经激动地开始准备啦！今天一大早，所有的小朋友都准备了小虫子的新家——小瓶子。小书包里还准备了许多好吃的和大家在农场分享呢！路上孩子们像小鸟一样叽叽喳喳地讨论着他们准备要找的昆虫，畅想着今天农场的愉快之旅。

课堂无处不在，有屋顶的是课堂，有车顶的同样是课堂。在车上，老师问："我们认识的昆虫都有哪些？"

"有蝴蝶、蚂蚁、蛐蛐、蚂蚱、

瓢虫、蜻蜓、蜜蜂……"

孩子们把我们最近学习的昆虫种类几乎一个不落地说了个遍，还真是"记忆小达人"啊！

老师又问："昆虫有几条腿？"

"有6条。"孩子们异口同声道。

半小时后，我们到达了弥漫着泥土香味的农场，孩子们排着整齐的队伍，聆听老师讲述捕捉昆虫的秘诀——首先在草丛里寻找虫子，然后锁定目标，轻轻地用网盖住。学会秘诀后，孩子们就愉快地出发了。刚一开始，熊一帆小朋友就已经逮住了一只蚂蚱。遗憾的是，我们都没看到他是怎么逮到的。

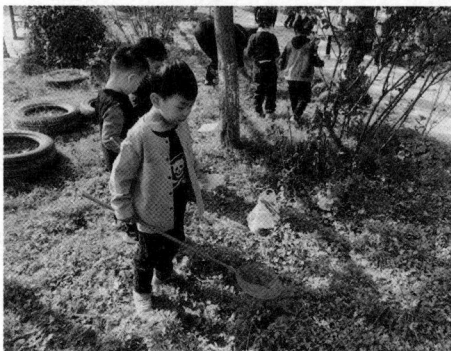

我们顺着田间小路边走边寻找。夏天说："我要给我的小瓶子里放一朵小花，一会儿我要捉一只蝴蝶。"

铭锴说："老师老师，你看我捉了一只蜜蜂。"不得不佩服，小家伙胆子可真大。

菲儿说："老师，我不会捉虫子，你帮我吧！"

悦悦说："老师，有青草的地方虫子比较多。"

小初说："老师，你看我抓到了几只蚂蚁，可大可大了。"

小雨说："我想抓只漂亮的蝴蝶。"

妍妍说："老师，我看到地上有很多小虫子。"

葫芦说："老师老师，我想抓一只蜜蜂。"

柏沅仰着小脸问老师："我抓到了一只螳螂，可是它会不会想妈妈啊！"

听到这个问题，老师告诉孩子们，昆虫有益虫和害虫，有害的虫子会对庄稼和大自然产生危害，我们可以捉，有益的昆虫我们捉回去观察之后可以再放生。孩子们听完，开始放心地继续观察和捕捉了。

通过主题课程社会实践活动的开展，孩子们对昆虫的种类有了基本了解。接着，我们还在班级里分享了自己捉昆虫的感受。昆虫的外貌特征和本领习性等进一步地渗透，让孩子们在昆虫的世界里自由翱翔，放飞自我。

4.自然博物馆里开眼界

今天，我们中班组的小朋友要到郑州自然博物馆开眼界了。

我们来到丰富多彩的自然博物馆，一楼有鸟的世界、水生王国的动物、冰雪客人和罕见的陆地动物。看到一个个仿真版的动物，菲儿抱着老师不停地说着："老师老师，我太激动了，我太激动了。"令孩子们最激动的是老虎的威猛神态、鳄鱼的仿真体态、北极熊的雪白身体……

"老师，你看北极熊是不是怕热？"

"老师，他们是不是真的？还会活过来吗？"

"老师，这儿有匹马，我就是属马的。你属什么的啊？"

孩子们七嘴八舌地问着天真可爱的问题。

孩子们一会儿遨游在海洋里，一会儿在森林王国探索，一会儿畅想在鸟类王国里，美丽的世界吸引着每一个孩子的心灵。

二楼是我们比较熟悉的地带——昆虫王国、家禽世界、家畜领域，特别是昆虫王国，那里有孩子们熟知的昆虫。蝴蝶是孩子们最喜欢的昆虫，展区里琳琅满目的蝴蝶种类让孩子们欣喜不已。

三楼是万千世界——非洲世界和各种野生动物。这一层的展厅没有了玻璃的遮挡，让人有一种身临其境的震撼感。其中最令人震撼的是一个高高的长颈鹿标本。孩子们纷纷上前合影留念，跟长颈鹿比身高。看到凶猛的狮子捕捉小马的场景，孩子们不禁心疼起小马来。

自然博物馆的探索与发现是对我们主题课程的进一步推进，让每一个孩子都能在教育中摸得着、看得见，使每一个孩子都能在体验中提升对动物的认知。

5.人类好帮手

小蜜蜂嗡嗡嗡，

飞来飞去花丛中。

勤采花粉爱酿蜜，

人人夸它爱劳动。

在户外活动时，我们经常能看到飞来飞去的小蜜蜂。在上次农场捕捉昆虫的活动中，就有小朋友告诉老师自己想要捉只小蜜蜂。

有的小朋友出于对小蜜蜂的喜爱，大胆地去捕捉小蜜蜂，说要带小蜜蜂回家。有的小朋友说小蜜蜂还采蜜送给我们人类呢，它是好虫子，我们要保护它。有的小朋友看到小蜜蜂时，既想跟小蜜蜂亲近一点，又敬而远之，告诉老师小蜜蜂是会蜇人的。

吃过早饭，我们到小操场进行户外活动。一帆发现了一只躺在地上奄奄一息的小蜜蜂，小心翼翼地把它捧在手心里，跟欢欢仔细地打量着这只小蜜蜂。

看到孩子们对小蜜蜂如此喜爱，本周我们便开展了"昆虫之益虫小蜜蜂"的课程。在课堂上，孩子们进行角色扮演，以游戏的方式体验蜜蜂采蜜的过程。孩子们在采蜜活动中玩得不亦乐乎。

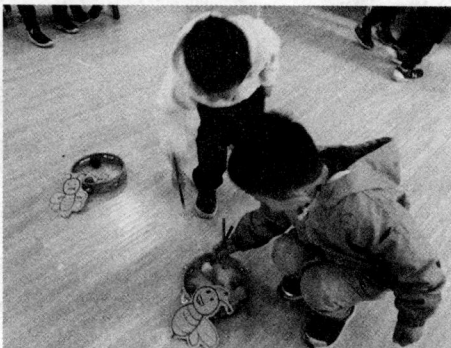

在课堂上，我们一起来感受艺术之美——制作小蜜蜂，孩子们专注地忙碌着，用灵活的小手将每只小蜜蜂活灵活现地打造了出来。

同时，在活动中让孩子们了解到蜜蜂是一种会飞行的群居昆虫，有头、胸、腹，要经过卵、幼虫、蛹和成虫四个发育阶段；了解到蜜蜂完全以花为生，包括花粉及花蜜，它会采粉酿蜜，是对人类贡献最大的昆虫之一。让孩子们明白蜜蜂会蜇人，以及蜜蜂蜇人的缘由，从而让孩子们了解如何保护自己，并增强爱惜小动物、保护小动物的意识。

6. 哇，原来是花大姐

中（2）班的小朋友们在校园里漫步，走着走着，艺佳突然停下了脚步，指着地上的一只小虫子说："快来看啊，这里有个花虫子！"

OO和诺诺赶紧凑上来，OO说："我认识它，它是七星瓢虫。"

桐桐说："这好像不是七星瓢虫，它们的壳不一样。"

老师走到孩子们的身旁，听大家讨论着。这时候，嘉懿说："可是它身上有很多点点，七星瓢虫身上就是很多点点啊！"听大家讨论得热火朝天，老师说："小朋友，你们看，这个虫子身上确实和七星瓢虫一样，身上有很多小点点，可是它不是七星瓢虫哦，我们再往前走走，看看会不会遇到真正的七星瓢虫吧。"

于是，小朋友们继续往前行，走到学校大门口时，完完忽然停下了脚步，跑到草丛边，兴奋地叫道："老师，快来看啊，这里有个大的七星瓢虫！"听到完完的喊声，大家连忙跑上前，哇，原来是学校门口前的七星瓢虫模型！诺诺说："看，这才是七星瓢虫。"

老师又问："孩子们，我们观察一下，这个七星瓢虫和刚才的虫子有什么不一样呢？"

鹏宇说："刚才那个虫子身上点点很多，七星瓢虫身上点点有点少。"

石头说："七星瓢虫身上的点是黑色的，刚才那个虫子的点点是白色的。"

"是的，宝贝们回答得特别好，观察得特别仔细，我们刚才见到的那个昆虫叫作斑衣蜡蝉，大家都叫它'花大姐''花姑娘'。花大姐身上的翅膀是长长的、软软的，七星瓢虫的翅膀像壳一样，是圆圆的、硬硬的。"

小朋友们认识了花大姐之后，都开心地叫着"花大姐""花姑娘"。

在动物的世界中，孩子们对一切事物都充满了好奇，经常会有各种各样的奇思妙想。带孩子走进大自然，才能充分地满足他们的好奇心。

7. 我喂蚂蚁吃东西

有一次，班里发完加餐，孩子们突发奇想，问："老师，我想知道小蚂蚁喜欢吃我们的加餐面包吗？"老师听完回答说："面包甜甜的，小蚂蚁应该也喜欢吧。"

这时柏沅说："那我不吃了，我想给蚂蚁吃。"

石头说："我的也想给蚂蚁吃。"

明明说："老师，那我们现在去喂蚂蚁吧？"

看孩子这么迫切地想去，老师决定带孩子们去户外给蚂蚁喂食物。

孩子们拿着面包来到校园里，看到草丛里的小蚂蚁，纷纷蹲到地上，小心地把面包抠成小碎片，丢到小蚂蚁面前。妍妍说："老师，它们真的会吃掉吗？"妞妞说："老师，小蚂蚁的嘴巴好小啊。"

"是的，宝贝们，小蚂蚁的嘴巴很小很小，所以我们要把面包再掰小一点哦！"

孩子们蹲在地上，小心翼翼地寻找着蚂蚁。忽然间，一只小虫子出现在我们面前，哇，原来是西瓜虫！小初说："这个西瓜虫怎么不动啊，一直缩着身体。"哈哈，可能是这个西瓜虫比较害羞吧。于是，孩子们把面包轻轻地放到西瓜虫面前，悄悄地走开了。

孩子们虽然都把自己的面包喂了蚂蚁，可这种感觉比自己吃了还开心呢。在不断探索发现的过程中，增加了孩子对自然的亲近，对生命的关怀。

（二）恐龙探索

1.恐龙真的还活着

——恐龙真的还活着，我在一个博物馆就见过。

——它们还会动，还会叫。

——它们是人们做的，是假的吧！

——不是假的，是真的，真的还活着。

2.去印证

——我们去郑州地质博物馆看看吧！里面有很多恐龙。

——咦，脖子长长的是只什么龙。

——它是真的恐龙吗？

——这是假的！

——快看，这里有好多恐龙蛋化石。

——这是一个霸王龙化石。

——这是三角龙、翼龙、剑龙……

——可是，这些都是恐龙化石和恐龙图片。

3.三角龙是吃草的

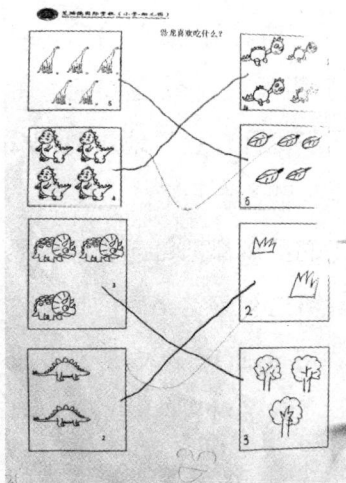

——它是吃糖的。

——吃肉的。

——剑龙喜欢吃什么？霸王龙喜欢吃什么？

——是吃肉的。

——梁龙是吃什么的呢？

——三角龙是吃什么的？

——是吃肉的。

——是吃植物的。

4．找原因

——剑龙是吃什么的？

——剑龙是吃肉的，因为它有刺，可以扎别人。

——它身体很大，应该是吃植物的。

——喜欢吃草的恐龙有马门溪龙、三角龙。

——马门溪龙背上没有刺，剑龙身上有刺。

——三角龙的牙齿很平。

——霸王龙的嘴巴很大，牙齿很尖。

——三角龙的角很尖，所以我觉得他是吃肉的。

——它的身体很大，所以它是吃植物的。

——就是，它们能够到树叶。

——身体比较大的恐龙大部分是吃植物的。

（集体给不同的恐龙找吃的）

5.游戏：暴龙、暴龙饿了吗

——暴龙很厉害吗？

——暴龙很饿的时候很厉害。

——先闯关找暴龙，看它在干什么。

——1、2遇见梁龙，梁龙你好！

——1、2、3霸王龙你好。

——1、2、3、4、5剑龙你好。

——1、2、3三角龙你好。

——1、2霸王龙。

——剑龙。

——哇，遇到暴龙了："暴龙、暴龙饿了吗？"

——还没，我在睡觉呢！

——暴龙饿了吗？

——我不饿，我还没有睡饱。

——没有，我在睡觉呢！

——没有，我在孵蛋呢！

——不饿，我在睡觉呢！

——我饿了，啊呜——

游戏：恐龙飞行棋

——甲龙过生日邀请小朋友去参加，可是遇到了不同的恐龙，它们都是谁呢？

——遇到了副栉龙，它旁边有两个脚丫子。

——还有暴龙、剑龙。

——它们遇到恐龙会不会

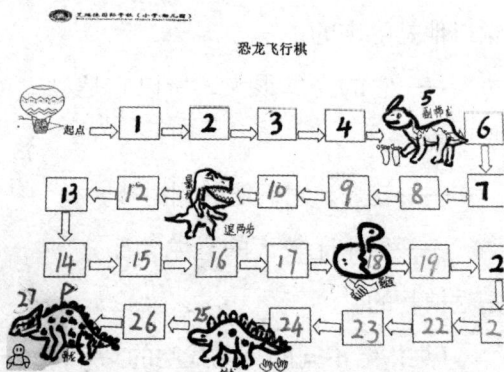

恐龙飞行棋

吃掉它们呢?

——不会的，副栉龙是吃草不吃肉。

——暴龙是吃肉的。

——对啊，所以遇到暴龙要赶快躲开。

6.养一只恐龙带回家

——想养一只恐龙，养一只什么恐龙呢?

——我要养一只暴龙、一只霸王龙，我要和它们一起玩游戏。

——我要养一只暴烈迅猛龙，我要带它去动物园。

——我要养一只翼龙，我要带它去捕鱼。

——我要养一只副栉龙，我要教它擦桌子。

——我要养一只霸王龙，我要让小朋友带着他的恐龙来和我家恐龙玩。

——我要养一只剑龙宝宝，我要和恐龙一起滑滑梯，还要给它戴一个防丢链。

——我要养一只三角龙，我要教它睡觉。

——我要养一只三角龙，教它怎么上厕所。

——我要养一只梁龙，给它做饭。

——我想养一只霸王龙，给它洗澡。

——我想养一只冠龙宝宝，给它买玩具。

——我要养一只三角龙，给它买冰激凌。

——我要养一只霸王龙，教它功夫。

——我想一只暴龙，给它过生日。

——可是还没有恐龙。

——变一只。

——如果变一只恐龙出来，你们要把它养在哪里呢?

——家里。

——我要养一只剑龙。

——有恐龙宝宝吗?

——那我们先试一试能不能变一个家出来。变变变(变出一张家的画纸)!

——变出来了。

——可是,房子里一个人都没有,我把自己变到房子里去吧? 变变变(变出一张老师的照片粘贴进去)!

——我呢,也想养一只恐龙,看看能不能变出来一只,变变变(变出一张霸王龙照片放进去)!

——我们也想要。

——我刚给三角龙洗了个澡。

——老师,我的恐龙喜欢吃什么啊?

——我带着两只恐龙去散步。

——我领着三角龙和霸王龙在散步呢。

——我给我的恐龙家做了两张床。

——我在给恐龙过生日。

——我的翼龙没有衣服,因为它不怕冷。

7. 我见过恐龙蛋

——恐龙蛋是圆圆的,像球一样,像我们吃的鸡蛋。

——我的这个杯子像恐龙蛋的一半。

——我们去恐龙博物馆还看到了恐龙蛋的化石。

——妈妈的肚子不就是蛋吗?

8. 为什么恐龙的颜色不一样?

——因为它爸爸妈妈是黄色的, 所以恐龙宝宝也是黄色的。

——有的恐龙小时候颜色都一样, 但是它们长大了颜色就变得不一样了。

——没有人见过恐龙, 都是假的。

——那为什么会有这么多五颜六色的恐龙?

——是我们给涂上的颜色。

——是卖玩具的人做成了颜色。

——对, 是他们把恐龙涂上了颜色。

——恐龙的颜色是喷的漆, 它叫漆霸王龙。

——如果恐龙的颜色都一样, 人类就没法区分它们了。

以前的恐龙是什么颜色的?

——红色的, 我喜欢红色。

——绿色的。

——粉色。

——五颜六色的。

——我要为恐龙设计一个颜色。

这是什么恐龙?

——喷火龙。

——棘背龙。

——剑龙, 剑龙脖子比甲龙长一点。

——三角龙, 三角龙头上有三只角。

——有两只副栉龙，副栉龙头上有一只角。

——剑龙尾巴上有两个刺。

——有四只三角龙。

——有三只甲龙，甲龙身上的刺多。

——犀牛头上有角，但它有一只角；三角龙头上也有角，但它有三只角。

——三角龙头上有个像盾牌的一样的东西。

——霸王龙前面的脚很小，跑得很快。

——这是背甲龙，因为它背上有装甲武器。

——它背上的东西是用来保护自己的。

——它的头很大，它叫肿头龙。

——甲龙，甲龙的刺是圆圆的平平的。

9. 这里有好多恐龙

——这是霸王龙，那是梁龙。

——霸王龙的背上有刺，梁龙背上没有。

——霸王龙的头大，梁龙头小。

——霸王龙的牙齿尖尖的。

——霸王龙是最凶猛的恐龙。

——这个是背甲龙，因为它背上有装甲武装。

——它背上的东西是用来保护自己的。

——这只恐龙的名字叫肿头龙。

——因为它的头很大。

——会飞的是翼龙。

10. 恐龙灭绝之谜

——恐龙都去哪儿了？

——一个小行星撞到地球上，恐龙被砸死了。

——石头撞在地球上。

——有一块大石头砸到了恐龙身上，它就死了。

——火山爆发，岩浆把恐龙烧死了。

——火山突然爆发了，所有的恐龙都被烫伤了，变成了化石。

——因为火山爆发的时候，岩浆都流到水里面了。

——是小行星撞在地球上，火山爆发了，恐龙就死了。

——地球掉到水里面了，然后就火山爆发，水里的龙就死掉了。

——水不是能灭火吗？

——我妈妈给我上网查了，水也可以变成火。

——是火太大了，它们正在吃东西，火流到了它们身上，然后就灭绝了。

——火太强了，之后它就灭绝了。

——生活在海里的恐龙为什么也会灭绝呢？

——我知道，肯定是海里的蛇颈龙吃掉它了。

——是陆地上的恐龙把它咬死了。

——没有人见过恐龙，都是假的。

——恐龙真的还活着，我在一个博物馆就见过。

——它们是人们做的，假的吧！

——不是假的，是真的，真的还活着。

——快看，这里有好多恐龙蛋化石。

——这是一个霸王龙化石。

（三）恐龙世界

1. 我是小老师之介绍恐龙

围绕动物开展的主题活动已近两个多月，从昆虫的探索到陆地动物的了解，老师发现，孩子们对昆虫兴趣极高，在探索的过程中，他们能自主地发现问题、了解问题、解决问题。但是，孩子们对常见的陆地动物兴趣并不浓厚。在了解陆地动物的过程中，不断有小朋友畅聊起恐龙。看到孩子们的兴趣已慢慢显现，老师决定中断对陆地动物的了解，真正地站在儿童立场，跟着孩子的兴趣走，一起尝试探索恐龙世界。

2018 年 11 月 21 日，早上进教室，看到几个小朋友拿着自己带的恐龙玩具开始分享起来，看着一个个兴趣浓厚、讲得眉飞色舞的孩子，老师决定，给孩子们一个发言的机会，让每个小朋友都成为小老师，来介绍自己的恐龙。

老师说："哇，小朋友都带了自己喜欢的恐龙，有很多老师都不认识。那今天就有请我们小朋友来当老师，给大家介绍你的恐龙，我们一个一个来介绍。"

话音刚落，坐在位子上的小朋友们一个个抬头挺胸，准备到位。

菲儿说："大家好，我带的这个是'水龙'，它会喷雾、会喷水，喜欢吃蜗牛，还有 4 条腿。"

唯瑄说："我的是慈母龙，它有尖尖的刺，长长的尾巴、长长的脖子。"

一帆说："这个恐龙是剑龙，上面有尖尖的刺，吃的也是草。如果有别的恐龙来伤害它，它会用尾巴保护自己；如果有人来伤害它，它就用刺来攻击。"

侯颂说："这是三角龙，它有三只角。"

赫赫立刻接着说："对，它头上有尖尖的三只角。"

铭锴说："我的是剑龙，它是用尖尖的刺来保护自己，这个刺叫骨板。它的头很小，它是吃植物的。"

硕宸说："这是妈妈给我做的，它叫剑龙。它有尖尖的刺，可以保护自己。它吃肉也吃草，它还有两只眼睛。"

岱霏说："我的恐龙也有尖尖的刺，嘴巴和牙齿也尖尖的，尾巴有点长，它是霸王龙，绿色的霸王龙。"

赫赫说："我这个也是霸王龙，它牙齿尖尖的，背上也尖尖的。我还有个恐龙，它是翼龙，两边有翅膀，它会飞。"

帖钉说："这是三角龙，头上有尖尖的角，我不知道它喜欢吃什么。"

文博说："我的是霸王龙，它有两只手、两只腿，它背上从头到尾巴都是尖尖的。"

浩浩说："它喜欢喷火，喜欢吃肉，它叫喷火龙。它头上有只角，它肚子是黄色的，有两只腿、两只手，它可以喷火把舌头弄化。"

馨玉说："我的是霸王龙，它有刺，还有尖尖的牙，它吃肉和草。"

盼盼说："我的也是霸王龙，它的尾巴长长的。有人伤害它，它可以用尾巴赶走，我的还会响，不过现在没电了！"

安琪说："我的恐龙牙齿尖尖的，眼睛还藏起来了。"

可欣说："我有两只恐龙，一只叫翼龙，它有翅膀，有两只脚，它的手在翅膀上面，它的脖子长长的。还有一只叫霸王龙。"

弟弟说："我的是冠龙，它是吃草的。"

英文说："这个恐龙有长长的脖子和长长的尾巴。小朋友一看，都认为这是长颈龙，因为它的脖子和长颈鹿一样长。"

一宸说："我的是长脖子龙，它有长长的尾巴。"

小老师们一个个认真地介绍着恐龙，不仅把恐龙介绍得出神入化，还能根据恐龙的特点来给起名字，老师为之惊叹！孩子们很喜欢恐龙，甚至我们人类也在不断地探索着恐龙的秘密。恐龙有很鲜明的个性特点，如体形庞大，种类繁多，形态各异。

孩子们热爱恐龙，不仅仅是因为恐龙有着其他动物没有的特性。要知道，恐龙曾真正地存在过，且种类繁多，千奇百怪；而且恐龙在现实中已经灭绝了，没有一个人看见过活的恐龙。正是因为谁都没有见过活的、具体的恐龙，才会让孩子有广阔的想象空间。在很多动画片、电影中，对恐龙的描述有的比较夸张，对好奇心强、想象力非常丰富的孩子来说，恐龙也给了他们很大的想象空间。带着这份浓厚的兴趣，让我们一起走进恐龙世界吧！

2. 恐龙的秘密

在介绍过恐龙后，老师和孩子们一起进行了讨论活动。恐龙是一个神秘的存在，如果我们要上关于恐龙的课，小朋友作为小小探索者，你最想知道恐龙的是什么秘密呢？

对此，孩子们进行了激烈的讨论，老师进行记录，根据孩子们想知道的来开展恐龙的探索之旅。

下面是小朋友讨论后，最想知道的恐龙的秘密。结合孩子们最想了解的，接下来我们开展了一系列有关恐龙的活动。在讨论中，硕宸和小朋友们产生了不同的意见。赫赫、帖钉等很多小朋友认为，恐龙已经灭绝了、没有了，但硕宸却说，有真的恐龙、没有灭绝，它就在恐龙博物馆。

那恐龙博物馆到底有没有真的恐龙，恐龙到底有没有灭绝呢？我们将带着这个问题一起出发，前往地质博物馆进行探索。

3. 恐龙之谜

"老师，恐龙是怎么离开火山的？"

"老师，恐龙有活的吗？"

恐龙有活的?（火山爆发烧死,掉土里了）
恐龙吃不吃垃圾食品?
恐龙会不会下水游泳?
火山爆发恐龙会不会死?
恐龙身上为什么有扎扎的刺!
恐龙的脖子有多长?
恐龙的骨头有多大?
恐龙的身体有多长?
恐龙吃不吃别的恐龙?
恐龙头有多大?
恐龙有没有耳朵?
世界上有多少恐龙?

我想知道的恐龙秘密

恐龙吃什么吗?
为什么恐龙的颜色不一样?
恐龙吃肉不吃?吃蚂蚁吗?
恐龙的牙齿有多大?
恐龙的身体有多大?
恐龙的嘴巴有多大?
恐龙的屁股、眼睛多大?
为什么恐龙有尾巴?
恐龙有没有头发?
恐龙有没有哺乳?
恐龙怎么生宝宝?
恐龙有没有指甲?

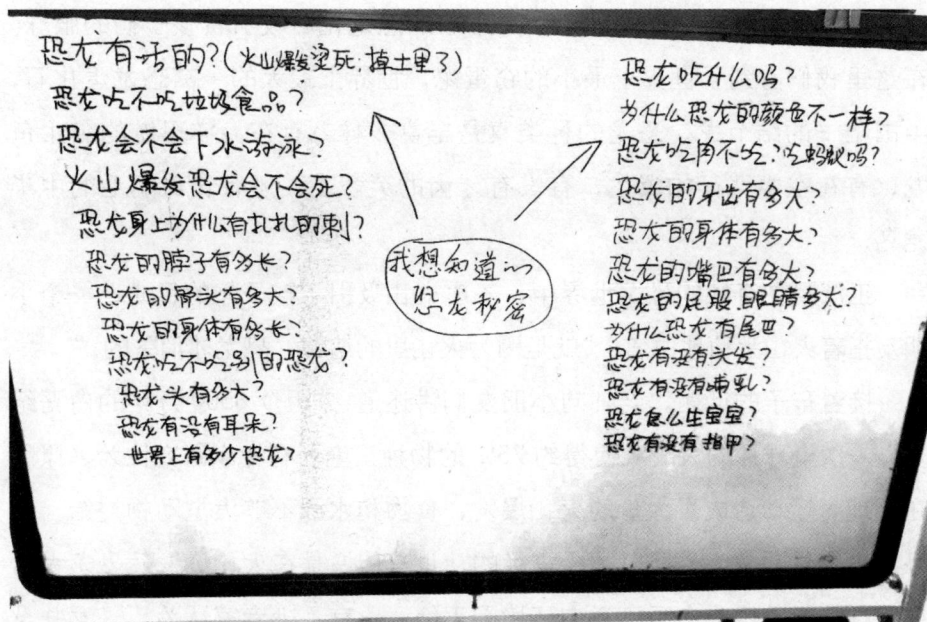

"老师，恐龙吃不吃别的恐龙？"

"老师，恐龙怎么生宝宝的？"

"老师，恐龙有没有指甲？"

"老师，霸王龙是怎么灭绝的？"

"老师，翼龙是怎么抓别的龙呢？"

"老师，三角龙是怎么爬山的？"

"老师，世界上有多少只恐龙呢？"

……

遨游在恐龙王国中的孩子们有着许许多多的疑问？

于是，带着这些有关恐龙的疑问，中班组的孩子们变身"小小探索家"走进河南省地质博物馆，开启了神秘恐龙的探索之旅。还未进其门，两只巨大的恐龙便映入我们的眼帘，孩子们兴奋地指着两只脖子长长的大恐龙。经工作人员的介绍，我们了解到那原来是一对来自汝阳黄河的子母龙。

接着我们来到了恐龙厅，大大小小的恐龙化石吸引着孩子们的眼球。在这里我们看到了世界上最小的窃蛋龙，世界上最大的一窝恐龙蛋化石，中国唯一的结节龙。恐龙的种类真是丰富多样，有在海洋里游的霸主鱼龙，有在空中飞行的翼龙，有没有牙齿的芙蓉龙，还有长着羽毛的中华龙鸟。

正沉浸在奇妙的恐龙世界中，一座火山吸引了孩子们的目光，一个小朋友指着火山激动地说道："就是因为火山里的熔浆，恐龙才消失的。"

接着孩子的话题，老师向小朋友们讲述道："距今 6500 万年的白垩纪末，一次全球性的大灾难使得约 75% 的物种灭绝。有专家研究认为，原因在于地壳运动造成了大量的火山爆发，食物和水源不够大型动物补给。而恐龙食物量非常大，所以才会灭绝的。也有传说是在火山爆发后恐龙大面积迁移的行动中，由于不适应环境而灭绝。还有不少专家认为，恐龙并没有灭绝。今天我们随处可见的鸟类就是它们一支中的后代，它们长出翅膀飞向了天空，现在正在和我们一起分享着美丽的大自然呢。"

那么恐龙到底灭绝了吗？如果是，它们又是怎么灭绝的呢？我们把答案留给孩子们自己去探索发现。

走着走着，我们的小小探索家又有了新的发现。"老师，快来看，恐龙跟我们一样也是五个手指，他们也是有指甲的。"在展品丰富的恐龙厅，小朋友们激动地畅聊着有关于恐龙的种种。在探索中自主地去发现问题，了解问题，解决问题，有所行有所获。我们虽然在神秘的恐龙身上充满着困惑，但探索和追求真理的步伐从来没有中断过。

"恐龙是否真的全部灭绝了？"对孩子的这个问题，老师并没有给予绝对的答复，而是和孩子们讨论，目的是小朋友长大能成为科学家，亲自进行研究、探索，去发现更多恐龙的秘密，让更多的人能去了解恐龙。

作为老师，我们不但要对孩子的兴趣给予尊重与支持，更要给孩子的梦想插上隐形的翅膀。

4.探索恐龙的奥秘之记者招待会

今天上午，中（2）班举行了一场有关恐龙的记者招待会。蛋糕老师摇身变成小记者，中（2）班小朋友则是被采访的对象。今天我们采访的话题就是孩子们手中的作品和有关恐龙的故事。

第一个接受采访的是妞妞小朋友。记者问妞妞："你手里拿的是什么？"妞妞说："我手里拿的是周末跟妈妈一起做的恐龙。"于是，妞妞给其他小朋友介绍了一遍用黏土制作恐龙的过程，并详细介绍了关于做恐龙鼻子的细节。

记者问OO手里拿的是什么，还没等OO说，鹏宇兴奋地说："那是棘背龙。"石头说："不对，那是剑龙。"OO说："我这是长颈龙。"这时，完完哈哈笑了一声，说："那是长颈鹿。"其他小朋友也跟着笑了起来。

鹏宇告诉记者，它这个是长脖子恐龙。石头和陈柏沅纷纷表达自己的想法："老师，那是冠龙，它喜欢吃长在高高的树枝上的树叶，所以它的脖子越来越长。"

鹏宇还总结道："我说吧，它就是长脖子恐龙。"

正当他们几个讨论激烈时，悦悦拿着自己的恐龙走到台前。"大家好，这是我和妈妈一起做的恐龙，它叫长颈龙，身上有图案，没有刺，它有长长的尾巴。它的脖子很长，所以我给起的名字叫长颈龙。"

梓畅小朋友的恐龙也有意思，他告诉其他小朋友说："我带的是三角龙。"话音刚落，OO立即说："那不是三角龙，三角龙头上有三只角。两边有两个，中间一个。你看教室那边就有一个三角龙。"说完，OO跑到"恐龙王国"那边，指给小朋友看。

诺诺告诉记者，这是哥哥帮忙画的火龙，但诺诺喜欢长颈龙。诺诺不仅带了两只大恐龙，还带了很多有关恐龙的绘本呢。轮到艺佳上场了，艺佳带来了"抖音恐龙"，"我这只恐龙可以飞，也可以喷火。"说完，她用"抖音恐龙"演示喷火，现场十分热闹。

多多说："我做的是食肉龙。这边有蓝天、蝴蝶、海鸥、花朵，这边还有一个龙宝宝，一个龙妈妈。"小记者采访张瑾心时，瑾心告诉小记者说："这是我和妈妈一起做的。太阳是用树叶做的，我做的是三角龙。"石头这时说："那是剑龙。"

金金说："我这是用小米糁做的恐龙，旁边的树是用绿豆和红豆做的。"其他孩子不禁为金金的创意鼓掌。

小初也带来了很多关于恐龙的书，孩子们决定，本周小黄书包的漂流书由诺诺和小初提供。

作为资深恐龙爱好者的石头同学，今天给大家带来了巨大的惊喜，那就是妈妈给他画的恐龙。石头开始给其他小朋友介绍妈妈画的什么，有哪些恐龙。

5.恐龙时装秀

2019 年 1 月 30 日，校园里出现了一群可爱的"小恐龙"，有粉色的、绿色的等，即将开展一场炫酷的恐龙秀。

孩子们有的穿上了可爱的恐龙服，有的穿上了爸爸妈妈做的恐龙环保衣，有模有样地学起了恐龙叫和学恐龙走路。

咦，这里有只害羞的小恐龙，它是谁啊？

哦，原来是小雨小朋友，小雨说，这套恐龙装备是妈妈给她做的，你们看，简直太逼真啦！

"老师，我是霸王龙，我要吃掉你啦！"只见石头穿了一身绿色

的恐龙衣服，真像一只小小的霸王龙呢。

　　玩着玩着，中（2）班还碰到了准备上体育课的大班的哥哥姐姐们，哥哥姐姐们也被这群可爱的小恐龙给吸引住了，纷纷加入"恐龙战队"，一起玩恐龙游戏。

6. 新书发布会 VS《恐龙世界欢乐多》

艾瑞德国际幼儿园中班组的动物主题活动"恐龙来了"已持续了两个多月，在这两个多月的课程中，孩子们和老师一起不断地探索着恐龙的秘密。在整个主题活动中，孩子们不仅了解了恐龙的外形、种类、习性，还制作出不同的"恐龙故事盒"。更让人激动的是，通过课程的开展，老师把孩子们创编的故事、作品整理出来，设计成了一本书。今天，中班组的全体老师和孩子们一起开了场隆重的"新书发布会"。

活动特别邀请了艾瑞德国际学校的李建华校长、王彦月园长，以及家长代表等几位嘉宾，一起见证中班"恐龙来了"主题活动的结课仪式。

活动一开始，中班的孩子们为大家表演了恐龙舞，孩子们个个穿着可爱的恐龙衣服，跳起舞来真像

一只只活蹦乱跳的小恐龙呢。接下来，是非常隆重的新书发布会剪彩环节，李校长和王园长及两位家长代表拿起剪刀，握着孩子们的手，"咔嚓"！哇，剪彩成功！孩子们在下面兴奋地鼓掌。

三、主题总结

随着孩子们自编自创自述的《恐龙世界欢乐多》故事书发布会结束，我们的主题活动也落下了帷幕。在这个过程中，孩子们的收获是非常丰富的，不仅对常见的昆虫有了认识，对一些益虫害虫也有更清晰的了解，对恐龙的认识则更是深入心底。围绕动物开展主题活动的前两个多月，从昆虫的探索到陆地动物的了解，孩子们对昆虫的兴趣是最高的，在探索过程中，孩子们能自主地去发现问题、了解问题、解决问题。但是，孩子们对常见的陆地动物兴趣并不浓厚。相反，在了解陆地动物的过程中，不断有小朋友畅聊起恐龙。看到孩子们的兴趣已慢慢显现，我们决定中断对陆地动物的了解。站在儿童立场，跟着孩子的兴趣走，一起尝试探索恐龙世界。

基于自主的探索和发现，这是艾瑞德国际学校"自然生长课堂五要素"的其中之一，孩子们对恐龙蛋感兴趣的时候，我们就去观察什么样的蛋才能称为恐龙蛋，我们观察每一个蛋类的特点，让孩子探索发现。孩子们喜欢恐龙的服饰，我们就尽可能地去搜集多种多样的恐龙造型，在教室里布置出温馨的角色扮演区，让孩子们在自己喜欢的角色中去发散他们的想象，通过恐龙之间的对话，想象它们中间会发生哪些有趣的事情。

在这个主题课程当中，最有收获的莫过于这本《恐龙世界欢乐多》。我们打破以往的绘画呈现或是文字记录，选用了视频录制的方式，让每个孩子的想象得以被看见和保留。再通过上传网络、编制二维码，生成书籍。可以说，这是在任何时候都能回看的珍贵的回忆。

为什么会有这个全新的创意呢？这也是源自一位幼儿，在了解恐龙的第三周时，石头带来了一个妈妈为他制作的恐龙造型盒，里面有他喜欢的恐龙，当然还有妈妈制作的恐龙时代的背景。这样活灵活现的一个恐龙小世界，让每个孩子都羡慕极了，都在诉说着，如果我有一个恐龙和我要在里面放什么样的恐龙，有什么样的朋友陪着它，它和它们之间又发生了哪些故事？就这样，每个孩子制作一个恐龙故事盒的活动开始了，以自己喜欢的恐龙为主角，创编故事。在制作的过程当中，孩子们要了解它们的生活环境以及它们的身体特征，不仅激发了幼儿探索的兴趣，还在不知不觉中锻炼了孩子们的动手能力、表现力……利用网络的便捷，使我们的这次主题课程和以往有了很大的不同，而这一亮点也可以在今后我们开展主题活动中选用。

其实最重要的，能够助推我们主题课程发展的就是儿童。

我们要跟随儿童兴趣的脚步，去看一看他们内心到底想要了解什么。

我们要记录儿童，通过每天的记录去总结他们的知识储备以及下一兴趣的方向。

我们要保护儿童，在面对新事物时，孩子们的一切想象都是要被允许的，这样，他们才能够通过自己内心的探索欲去真正地走进这个事物。

我们也要变成儿童，不要以大人的眼光去看待他们的一些问题，足够了解现阶段儿童的发展目标，对待他们的方式方法，解决思路不超纲，不简易。

期待孩子们在下一主题课程中继续绽放光彩。

大班

线与线寻

孩子的天马行空

遇上

无处不在的线条

迸发

无数惊喜

一、概述

（一）主题说明

我们周围到处都有"线"，缝衣服的线，打毛衣的线，电话有线，电灯也有线。哦，原来生活中到处充满了奇妙而有用的线！仔细观察一下，"线条"也无处不在，双手合抱可以围成一个圆，一根线重新摆弄一下可以形成三角形，门和窗也可以看成由四根线条构成的方形。而我们人的身体呢？本身就有很多直的、弯的线条，生活中神奇的"线条"更是无所不在！

快来吧！带领孩子们去探索我们周围的"惊奇一线"吧。让幼儿自己先找找什么是"线"，发现哪里有"线"，进而转化到较抽象的"线条"概念。最重要的是，让我们的幼儿张开好奇的眼睛，展开想象的翅膀，去认识和体验"线"的千变万化。

在"线与线寻"主题活动中，我们将引领孩子们一起进入生活中无处不在的"线"，用开放敏锐的心去感受，用细腻的心灵去创作，在充满惊奇的情境中尽情享受探索、发现和创造的乐趣。

1."线与线寻"的探究线索

升入大班的孩子们，每时每刻表现着对身边事物的好奇心和探索欲，他们开始想要了解常见物体之间结构与功能的关系。我们开始选择主题活动时，孩子们十分兴奋，他们仔细挑选着自己想要了解的秘密。在经过大班组 65 个孩子投票后，新主题诞生了。

如何让活动更适合孩子，答案一定是从孩子中寻找。前期我们开始大量地收集线条，发现身边不同的线，找到了很多我们平时忽略的地方与惊喜。我们也知道，大班的孩子要开始尝试参与较长时间的探索科学活动，能够集中于自己的制作活动。于是，我们展开了"穿针引线""结下的美""灯泡亮了""拆解电线"等系列活动。在整个活动中，鼓励孩子们主动运用多种感官观察事物，通过观察、比较与分析，发现并描述。

除了科学经验上的掌握以外，大班孩子在艺术领域更是有着惊人的进步，他们能够灵活地表现各种人物、动物的动态，有目的地安排画面，表现一定的情节，并变化多种安排画面的方法。于是，在活动的最后，孩子们利用实物与线条结合，创作了线条不同的可能，向我们展示了他们的风采与想象力。果然，孩童才是最神奇的存在。

2."线与线寻"的资源整合

在选择完主题活动后，孩子们就开始对各种各样的线产生好奇。于是，大家开始寻找不同的线，家长们也给予大力的支持，有的将家中缝纫线用的带来，有的将爸爸珍藏的弹弓带来，有的还把窗帘上的绑带带到学校。在面对五花八门的收集成果时，孩子们不停地摆弄、摸索着，慢慢有了自己的收获。神奇的电线也是本次主题活动中的一个高潮。其中，大（1）班的家长还为我们带来了家长课堂，让我们在实验中感受到了电线的神奇，了解到了电与电线之间的关联。利用这些来自生活又能用于生活的丰富资源，孩子们不仅增强了对"线"的认知，也进一步探索了线条之间的关系。

3.幼儿在"线与线寻"中的收获

在"线与线寻"的主题探索活动中，幼儿通过一系列的收集、操作、练习、发现、实验，更加了解线条之间的特性，并且在合作中尝试表达自己的想法，参考来自同伴的建议，并在动手动脑的过程中提高了探究的能力，增强了合作的意识，更加留意身边微小的事物，发现生活里的美丽。

（二）"线与线寻"探究计划

"线与线寻"的探究计划

主题名称：线与线寻

探究的中心思想：在探索、发现中围绕各种各样的线条，感知不同线条的不同特点，大胆动手尝试不同线条的技巧技能，在各种各样的手工活动、操作活动、实验活动中感受线条的神奇与奥秘。能主动探索周围的线条并能发现问题、提出问题、寻求答案，探索中有所发现时感到兴奋和满足。

孩子可以获得什么：

·核心概念：生活中的线、自然界中的线

·态度：乐于发现、喜欢探究、勇于挑战

·技能：合作、积极交流、动手操作　艺术欣赏

探究线索：

·我们身边都有哪些线？

·我收集的线条有什么特点？

·线在生活中能帮我们做什么？

·大自然里有哪些线？

·蜘蛛网是如何形成的？

可以利用的教育资源：

·园所资源：艾瑞德田园校区、幼儿园活动室、校园景观

·社区资源：附近商场、小区

·家长资源：家长住所、家长课堂

环境创设：

·班级环境：在主题墙依次创设"线的秘密我想知道""我收集的线""我来拆解线""电线的秘密""自然中的线"等主题环创。

·区角环境：在读书区投放与主题相关的绘本书籍，并在班级开设探究桌，供幼儿自由探索。

· 家庭环境：在小黄漂流书包内投放与主题相关的绘本及读书卡，通过亲子阅读和填写读书卡，家长与孩子同步了解并参与主题课程的推进。

（三）主题网络图

幼儿年龄段：<u>大班</u>　学期：<u>2020-2021 学年　上学期</u>　主题计划进行时间：<u>2020.10—2021.1</u>

步骤 1	步骤 2	步骤 3	步骤 4	步骤 5	步骤 6
依据幼儿兴趣、季节、情境等选择主题	头脑风暴，产生各种想法	使用网络图组织想法	设计可能的活动	整合可能的具体活动，界定相应学习目标	对照主要经验，梳理学习目标

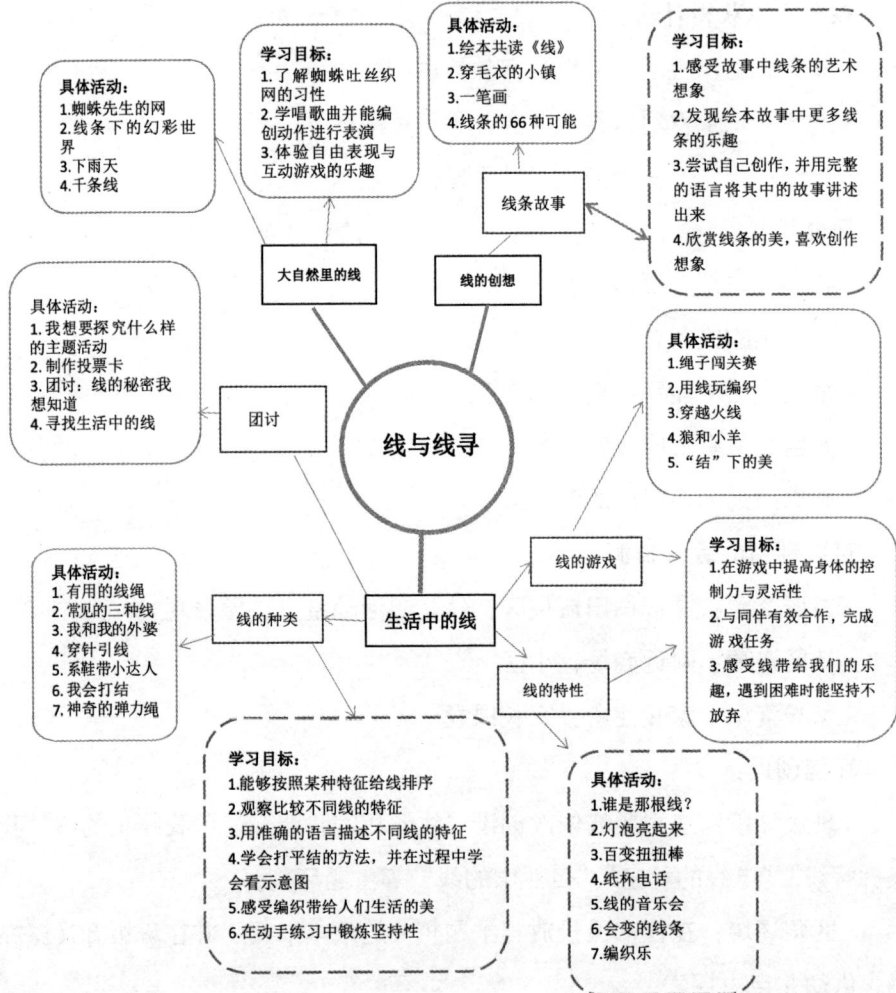

具体活动：
1.蜘蛛先生的网
2.线条下的幻彩世界
3.下雨天
4.千条线

学习目标：
1.了解蜘蛛吐丝织网的习性
2.学唱歌曲并能编创动作进行表演
3.体验自由表现与互动游戏的乐趣

具体活动：
1.绘本共读《线》
2.穿毛衣的小镇
3.一笔画
4.线条的 66 种可能

学习目标：
1.感受故事中线条的艺术想象
2.发现绘本故事中更多线条的乐趣
3.尝试自己创作，并用完整的语言将其中的故事讲述出来
4.欣赏线条的美，喜欢创作想象

大自然里的线　　线的创想

线条故事

具体活动：
1.我想要探究什么样的主题活动
2.制作投票卡
3.团讨：线的秘密我想知道
4.寻找生活中的线

团讨　　**线与线寻**

具体活动：
1.绳子闯关赛
2.用线玩编织
3.穿越火线
4.狼和小羊
5."结"下的美

具体活动：
1.有用的线绳
2.常见的三种线
3.我和我的外婆
4.穿针引线
5.系鞋带小达人
6.我会打结
7.神奇的弹力绳

线的种类　　生活中的线

线的游戏

学习目标：
1.在游戏中提高身体的控制力与灵活性
2.与同伴有效合作，完成游戏任务
3.感受线带给我们的乐趣，遇到困难时能坚持不放弃

线的特性

学习目标：
1.能够按照某种特征给线排序
2.观察比较不同线的特征
3.用准确的语言描述不同线的特征
4.学会打平结的方法，并在过程中学会看示意图
5.感受编织带给人们生活的美
6.在动手练习中锻炼坚持性

具体活动：
1.谁是那根线？
2.灯泡亮起来
3.百变扭扭棒
4.纸杯电话
5.线的音乐会
6.会变的线条
7.编织乐

二、探究线索

1. 新主题投票活动

上周，"好吃的食物"主题课程结束了。十一国庆节来临之际，我们在本周要投选出下一个新的主题课程。我们通过一个盲盒、十五分钟的畅聊，对纸张、各种各样的线有了基本的了解。

除了"纸的世界"和"多种多样的纸"以外，孩子们还提出了四种备选的主题：天天、毛豆等四人提出的"太空"主题，美琪提出了"花"主题，泥宝、泽泽提出了"实验"主题，睿睿提出了"画画"的主题。

本次主题投票活动，我们从这三个方向出发：

(1) 基于孩子的观察与发现

(2) 基于团讨的实际与兴趣

(3) 基于公正的投票与选择

9月1日，在幼儿园多功能室大班组主题课程宣讲之时，我们留下了一个悬念，一个给大家的悬念，一个给主题课程的悬念，更是一个对整个大班组的悬念——2+X。

每一个主题都有它鲜明的特点以及诱人的方向，尤其是对大班的孩子来说，他们这个年龄段能够接收到非常非常多有意思的事情，他们对更多的新奇事物感兴趣。如何让主题得到他们的认可，成为他们的选择？我们有了让孩子自己来投票的想法。在筹备选项时，我们找了非常多的项目，"头脑风暴"几日后，将"惊奇一线""纸的世界"两大主题确定。但是，以我们对孩子们的了解，他们还会生发出其他有趣的主题。于是，"2+X"

概念诞生。2 是指两大主题，X 则是孩子们生成的未知主题。

在大家了解过后，要进行的就是投票环节。可怎么样能让别人一眼看出是你投的票呢？回到教室，孩子们有了自己的答案。

天天说："先用一张纸，画上自己想要投的内容，然后写上自己的名字。"

石头说："可是我不会写我的名字。"

天天补充道："那可以把自己画上去。"

于是，老师准备好了画纸和照片，小朋友们根据自己喜欢的形状和心仪的主题内容进行设计，每人做一张"投票卡"即可。

每一张投票卡都有它的小故事：外太空的对讲机，装饰好的花朵，彩虹在天上形成的线，弯弯曲曲的线，方块纸张的绘制，宇宙中神秘的星球，大小爱心的裁剪，自己确定的想法……细细查看，每一张都是独一无二的存在，正如这群孩子一样，珍贵且不同。

下午3：00，多功能教室内，大班组的孩子们坐在一起，我们对着一大块投票栏进行了简单的讲解和梳理。投票栏的上方有各种各样的线，不同的纸张，以及一块蔚蓝色的问号板。每个小朋友拿着自己亲手制作的投票卡，他们对这一刻似乎是期待已久，甚至在投票的前一秒钟，我竟然听到有一个小朋友说："我一定要选上星空的课。"

投票开始了，每一个孩子拿着自己准备好的投票卡，直奔心仪之处。站定、确认、张贴，这三步非常快。

可是，每个孩子在完成这三步后都有所停留，他们想要看看还有谁和自己有同样的选择。不舍，想要再看看自己的选择；不离，想要再找找谁和自己一样；不悔，没有任何一个人更改选择。

○ 美丽的不同：幼儿园主题课程案例集 ●

投票活动一气呵成，十分顺利。至此，我们心中的这个悬念有了结果，但这个结果不代表结束，而是起点，一个崭新的起点。

你好，线！

2. 团讨

在主题课程正式开始前，孩子们收集了各种各样的线，在看见和触摸的同时，新鲜的问题也出炉了。

糖糖问："为什么有的线会拉长？为什么线上的颜色不像染上的，像画上的？"

美琪问："为什么线能缝东西？"

航航问："为什么线能飞起来？"

石头问："为什么线有毛？电线刚买回来还是卷的。"

安琪问："黄色条纹的线叫什么名字？"

麦子问："为什么有的时候线能缠在身上？"

源源问："为什么衣服上的线不能像扭扭棒一样做棒棒糖？"

美琪问："为什么扭扭棒一用力就会弯曲？"

壮壮问："为什么这种线能折叠？"

凯睿问："为什么这个线会弹？里面有弹簧？"

麦兜问："为什么线的颜色不一样？电线会不会爆炸？"

凸凸问："手机充电线？"

天天问："在电影里有的线可以拉长和变短？为什么裤子上的绳子两头有硬的？"

毛豆问："为什么扭扭棒会变歪？"

艺霖问："为什么有的线会缠东西？"

泽泽问："线为什么会变歪？为什么普通的线一拿起来就会弯？"

泥宝问："为什么扭扭棒什么都能变？为什么电线能充电？"

金豆问："电线里有什么？"

卡诺问："为什么有的线沉、有的线轻？"

3. 生活中的线

我们的周围到处都有线，缝衣服的线，打毛衣的线，电话有线，电灯也有线……原来生活中到处充满了奇妙而有用的线。再仔细观察一下，"线条"也是无处不在。本学期孩子们根据自己的投票，选出的主题活动是"线与线寻"，在前期的讨论活动中，发生了一些特别有趣的故事。

故事一

"老师，我们小女生头上也有线，你看！拉起来长长的。"

"那我是男生，我头上没有线。"

老师请来一个小男生、一个小女生，进行了对比观察。"我看到啦，男生头上也有线，女生是长头发，又长又细；男生是短头发，又短又粗。"

故事二

"老师，灯泡里也有线，它为什么会亮呢？"

"天上的飞机飞过，也会留下长长的线，那是不是云线？"

小朋友们对"线"展开了花式讨论，结合孩子们最感兴趣的问题，我们开展了主题活动"找一找生活中有哪些线"。那就先来找一找在学校里哪里有线。

石头说："你看，我的衣服上就有线。"

源源说："头发上也有线。"

毛豆说："你看，这个是电线。"

航航说："我的鞋子下面也有线。"

金豆说："衣服上的条纹也是线。"

艺霖说："桌子腿和桌子面连接的地方也有线。"

天天说："老师，你的衬衫上也有线。"

凯睿说："地板上的缝隙也有线。"

灏儒说："纱窗上有线，一格一格的，真小。"

隽佑说："艾莎的裙子也是用线织成的。"

琪琪说："老师你快看，这个树枝也是线。"

乐乐说："我找到一根羽毛，上面一根根的，也是线。"

浩浩等几个小男生说："老师我可以打开水龙头吗？水一流也会形成线。"

那边还有几个孩子指着十二生肖雕塑说："老师，十二生肖这上面也有线，有弯的，有直的。"

孩子们一边走一边寻找，地砖的线、一米安全线、裂开的地面、楼梯上……到处都是线。

认真观察，就会发现线条无处不在。可别小看这些小小线条，它们的作用可是大大的呢！想要知道线条的作用吗？小朋友们在家里和自己身上找到了很多线条，听一听小朋友们怎么说吧。

一鸣说："这是我带来的线，用纸揉成的线，还有这种可以提购物袋的绳子。"

丁宝说："地球仪上有好多弯弯曲曲的线。"

珂瑷说："我们的衣服也有线啊。"

茗宇说："我带了树叶，中间有线，下面的（叶柄）也是线。"

豆豆说："我带的是彩线，装饰用的，可以变成一朵花。"

伊诺和瑶瑶说："这是数据线，爸爸妈妈用它来给手机充电的。"

泽泽说："我带了一块钱，这样折一下，就有一条线，可以让钱变小。"

那些千变万化的线条，带着神奇魔法，吸引着孩子们。孩子们先是找了什么是"线"，发现了哪里有"线"。随着课程的推进，我们会进而转化到了解抽象的"线条"概念。在大自然中、生活中理解抽象的线，探索、了解线的用途，发现线与几何的关系。最重要的是，让孩子去发现、去创造、去探索、去展开想象的翅膀，去认识和体验"线"的千变万化。

4. 线条下的幻彩世界

上一节"生活中的线"的课堂上，我们了解了"线"的千姿百态，随处可寻的踪迹也让我们看到它的神通广大。今天，我们依旧延续之前的线索，开启不一样的探秘。当点与线相遇时，会发生什么有趣的事情呢？

在欣赏完绘本故事《点和线》后，孩子们的幻彩世界被打开。除了平日里水彩笔下的线条世界，还可以用哪些方式进行艺术创想呢？

"老师，我们可以用线来画画吗？"

"当然可以！"

线与颜料相遇时，会产生哪些奇妙的景象？下面就来看看吧。

有的宛如一位翩翩起舞的舞者，有的酷似五彩斑斓的水母……

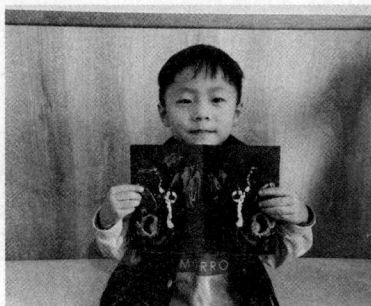

在这绚丽多姿的视觉冲击中，是无数个作品的沉淀。孩子们在整个课堂的过程中，都在用心创作自己的作品，认真的态度、朋友间的互助，都在诉说着美好与向往。播撒种子，勤耕梦想，相信今后每位孩子都会收获自己的小天地！加油吧！

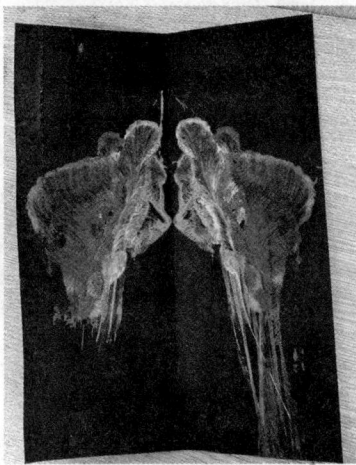

5. 我会打绳结

老师手拿彩绳问："这些饰品漂亮吗？它们是用什么材料做的？"

"这是彩色的手链吧？"

"这是用绳子编的，放在钥匙扣上的，我妈妈之前就有！"

老师接着问："那你们知道怎么做吗？"

"它是用绳子编的，上面还有个小小的结！"

老师："是的，这些好看的挂件、饰品，都是在绳子上用各种各样的结编成的！那你们谁还知道，打结还能帮助我们解决什么问题，什么时候我们需要将线或者绳子打结呢？"

"我鞋子上的绳子开了的时候，妈妈帮我系过蝴蝶结：就是不让它们散开！"

"说得真好，当鞋带开了的时候要把它打结系紧；绳子断了的时候可以打结，让它们继续连在一起；在袋子的提手上打个结，东西就不会掉出来。这些都是打结的作用，那我们今天就来一起学一学怎样打结吧！

第一步：找到线的两端。

第二步：把两边交叠在一起，出现一个叉叉。

第三步：将压在下面的一段，绕进下面的洞洞里。

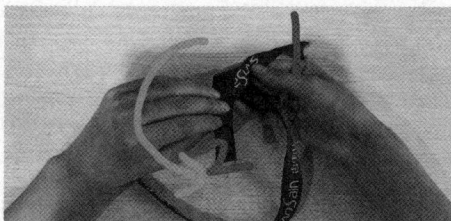

第四步：拿好绕出来的线头。

最后：用力往两边拉线头，这样，结就打好了！

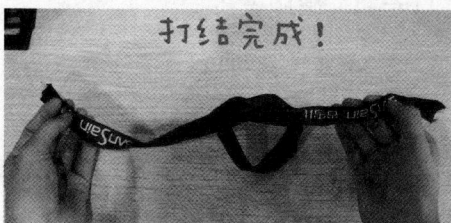

打结完成！

接下来，让我们看看孩子们的动手能力吧！

孩子们的学习能力和动手能力可是不容小觑哦，家长们也要鼓励孩子大胆地尝试、积极动手！

最后，送上《打结》小儿歌：弯成小山洞，打个大叉叉，弯腰点点头，穿过山洞去。

6.穿线

打绳结，是我们上节课学习的内容，但在今天的课堂上，我们依旧听到了这样的声音："老师，我会打结了，我在家还经常练习！""老师我会打双层结了！""老师，我家里有许多线……"今天，我们继续延续线的探索，开始一次新挑战——穿线！

糖糖说："老师，我妈妈平时缝衣服都会用针穿上线。"

凸凸说："我奶奶也会穿线。"

孩子们瞬间讨论起来，你一言我一语，有趣的言语让课堂充满生机。光说不练假把式，今天我们就自己进行实操，看看说着简单的事情，做起来是不是同样容易？我们率先请出两名小勇士，先来证明一下。

数分钟过去了，只有一人挑战成功。

麦兜说："老师，你让我来，我可以！"

天天说："我也可以！"

越来越多的挑战者高举双手，想要证明一下自己的实力。我们练习用的不是真正的针，而是用雪花片玩具代替进行穿线。下面我们就来试一试吧！

"老师，这个怎么穿啊？"

"老师，我感觉好难啊。"

"老师，这个线我感觉太粗了吧，我怎么也穿不进去。"

麦兜说："你把线头放嘴巴里

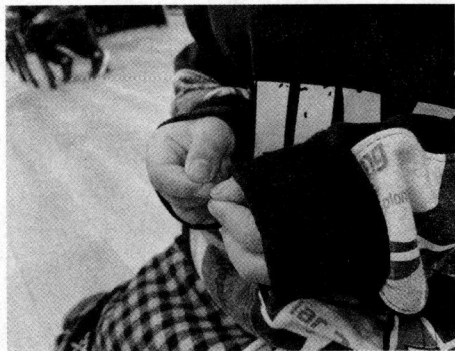

舔一舔，它就不粗了。"

通过老师又一次的讲解，孩子们再次发起挑战。这一次，只见一双双明亮的眼睛全神贯注地紧盯小孔，右手不断调整拿线长度，左手拿雪花片让细线来回穿梭尝试。这边不行，换个角度再试一试，抱着终会成功的决心，不断尝试，结果也是相当令人满意的。

有的孩子甚至发挥自己的小想法，设计了许多有意思的小创意，如：将线缠在雪花片上；孔太小的不行，就找个大的圆孔进行挑战；用打结的方式将线固定在雪花片的边缘上……真是令人意想不到的结果啊！

在尝试的过程中，孩子们有的眉头紧蹙，有的笑容满面，还有的因为失败流下了难过的泪水。经过鼓励，他们再鼓起勇气尝试数次，终于找到了小诀窍。于是，一片、两片、三片……越来越多的雪花片被穿在了线条上，越来越多的欢笑声充斥着整个班级！

快看，我们大家都挑战成功了，为孩子们点赞！

7. 纸杯电话

上节课的语言活动"我和我的外婆"中，小女生给外婆打电话，通过一根长长的电话线，她们听到了彼此的声音。接着，小女孩走过长长的马路线来到了外婆家，外婆送给她用毛线织成的围巾。

提问：故事当中有哪些线？

嘉源说："电话线。"

天天说："弹簧电话线。"

湾湾说："毛线。"

睿睿说："马路上的线。"

糖糖说："斑马线。"

提问：还有其他线吗？这些线都有什么作用？

凯睿说："电话线可以打电话。"

凸凸说："毛线织成了围巾。"

麦兜说："马路上的线叫斑马线，是让行人走过去的时候看着的。"

提问：这些线在我们生活中都有着自己的作用，如果让你来给外婆或者爷爷奶奶打电话，你会说什么呢？怎样说比较有礼貌呢？

孩子们对打电话的情节非常喜欢，但好像因为第一次使用真正的电话，所以每个人打电话的时候都有些拘谨，话语不多，只是害羞地笑着。不过，他们对"打电话"游戏还是非常喜欢的。这对我们接下来的延伸活动"纸杯电话"非常有利。

一次性纸杯是孩子们日常生活中再常见不过的东西了，可谁知道这不起眼的纸杯也能变成有趣的玩具呢？今天我们就利用一次性纸杯做纸杯电话。

户外活动时，看到老师拿出了提前做好的纸杯电话，孩子们惊奇

地瞪大了双眼。

嘉源和毛豆在一起玩时，两个人兴奋得手足无措，同时用嘴巴说，又同时用耳朵听，这怎么打电话呢？尽管有些状况，但两人依然乐开了花。

安琪和天天在一起玩时，不停地问："你在干啥啊？""你在干啥？"

大家对纸杯电话兴趣浓厚，石头说："老师，能把这个送给我吗？我想带回家。"其他孩子听到后，也争先恐后地想要拥有！与其授人以鱼不如授人以渔，回到班级，我们就开始一起探讨"如何制作纸杯电话"。

所需物品：两个纸杯、一根毛线。

制作步骤：先将纸杯底部打个小孔，将绳子穿入并打结。

说到打孔，孩子们各有法子。

凯睿说："用针。"

嘉源说："用细细的铅笔头。"

泥宝说："用筷子。"

天天说："还可以用刀。"

卡诺更是脑洞大开："用我的拉链（链齿）。"

于是，底部的孔打好了，下一步就需要穿绳子了。

把绳子穿进去，孩子们已经迫不及待地想要动手做了！

首先，我们要在纸杯的底部穿一个小孔。然后，将绳子两端分别穿进纸杯底部的小孔，孩子们用他们灵巧的小手认真地把线往洞里穿，"穿针引线"不在话下！

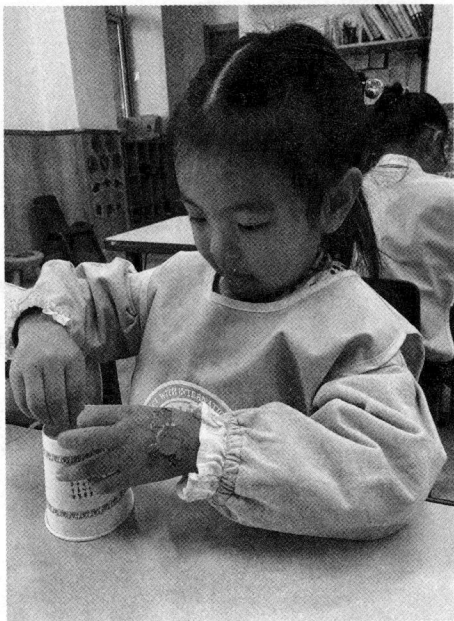

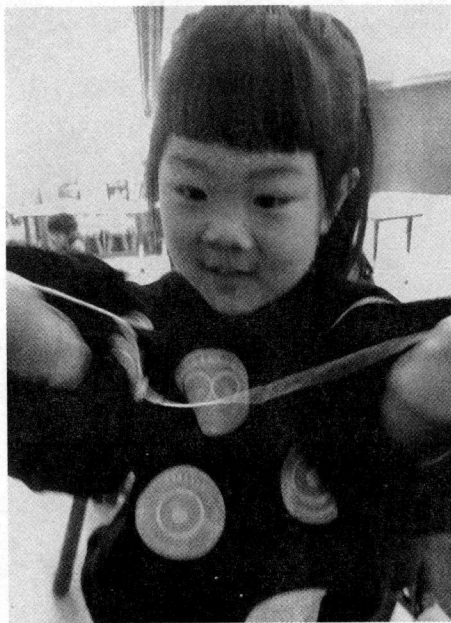

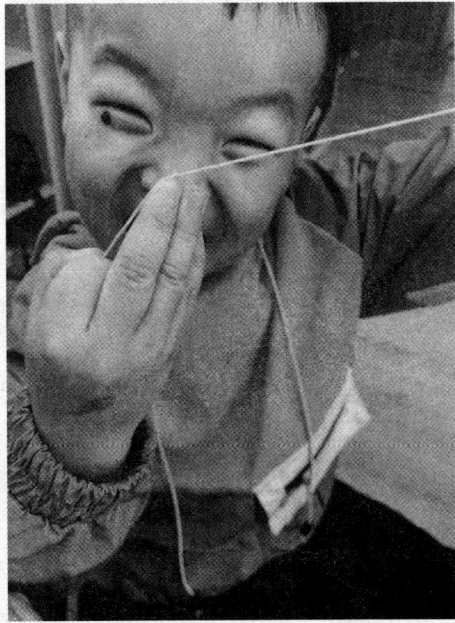

最后，把绳子在纸杯底部打结，该环节是成功完成纸杯电话制作的必经步骤。

快看，我们的电话做好了！让我想一想，第一通电话要打给谁呢？

和小伙伴一人拿一个纸杯，拉紧绳子，开始打电话吧！

电话响，丁零零，

我来说话，你来听。

喂喂喂，你在哪里啊？

哎哎哎，我在幼儿园。

喂喂喂，你在干什么？

哎哎哎，我在学唱歌。

在"纸杯电话"主题活动里，孩子们知道纸杯之间的绳子拉紧后，由于声波震动，声音会通过绳子从一个纸杯传播到另一个纸杯里，所以可以传话啦！

在打电话当中，孩子们因为太过于新奇，说出的话语都是十分有趣的。

麦兜说："老师，小白他都不说话，一直在啊啊啊啊的。"对啊，因为觉得它太神奇了，以至于用最基本的发声，来测试这个纸杯电话。

科学教育活动是幼儿认识周围世界和获得知识、经验的重要途径，它使幼儿获得乐学、会学这些有利于幼儿终身发展的长远教育价值。因此，我们要合理安排科学教育的有关内容，多渠道地开展科学教育活动，对幼儿进行科学的教育，培养幼儿的科学意识。

8.会变的线条

白纸与线条相遇，生成栩栩如生的作品。

设计与颜色碰撞，变成五彩斑斓的巨作。

想象力、创造力，全由孩子们来诠释着。

全新的绘画体验从线条开始，现在仍旧继续前行……

今天我们再次加入新灵感，再次启程！

"老师，这是海胆吧？"

"这是……水母？"

"不对，我觉得是乌龟。"

到底是什么事物，会引起孩子们如此激烈的辩论呢？你觉得这是什么呢？

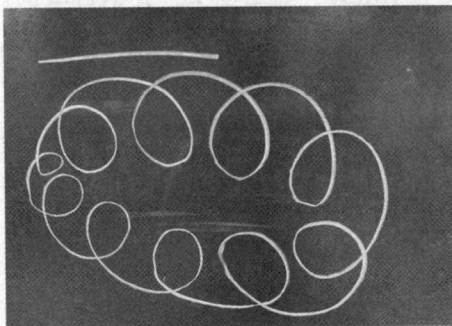

我将它用线条勾画出了一条条小鱼。

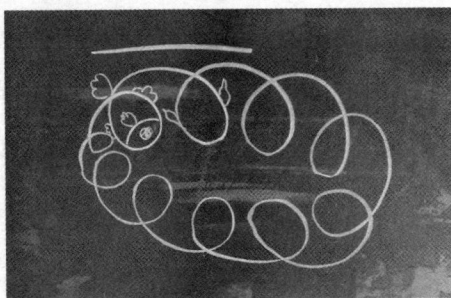

它还可以变成什么呢？让孩子们一一为我们揭晓吧。

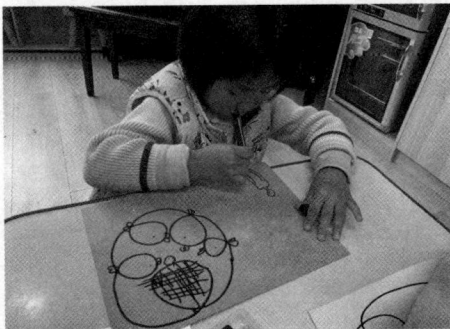

○ 美丽的不同：幼儿园主题课程案例集 ●

在孩子的世界中，原来可以有如此多的变化。我在孩子们的小天地看到了鱼翔海底的景象，看到了"植物大战僵尸"般的惊心动魄，还有一群可爱的螃蟹悠闲自在地嬉戏着。当然，还有大恐龙、小蛇、美人鱼、小女孩等都在一幅幅绘画作品中呈现着。孩子们无穷的想象力也让我们看到了不一样的创意世界！

正所谓教育不是知识的传递！

而是精神的传承。

让我们带着工匠精神，

继续前行！！！

9.我身边的线

我们的生活中到处充满了奇妙而有用的线！仔细观察一下，"线条"也无处不在。我们先在学校里找一找吧。

橙子说："老师的小黑板画，也是线画出来的。"

珊珊说："纱窗上有线，一格一格的，很小。"

隽佑说："艾莎的裙子也是线织成的。"

熙睿说："蜘蛛网也是线。"

航航说："老师你快看，我的鞋底也有线"。

豆豆说："我找到一根羽毛，上面一根根的，也是线。"

合照说："老师我可以打开水龙头吗？水流的时候，也会形成线。"

闹闹说："功夫熊猫的身上也有线。"

金豆说："路上有好多线，地砖的线、一米安全线……"

麦兜说："裂开的地面上、楼梯上，到处都是线。"

一鸣说："十二生肖（雕塑）上也有线，有弯的，有直的。"

认真观察，会发现线条无处不在，可别小看这些小小的线条，它们的作用可是大大的呢！孩子们回家也找了线条带回幼儿园，听一听他们怎么说？

橄宝说："我带的是苹果充电线和网线，可以给手机、平板充电。"

思园说："我带的也是线，但不是织毛衣的那种线，衣服破了可以用它缝一缝。"

麦子说："我带的是彩线，装饰用的，可以变成一朵花。"

壮壮说："我带的绳子有点粗，我觉得可以当救生绳，有人掉到河里拉他一把。"

美淇说："我的是鞋带，另一个是椭圆形的橘色绳子。"

晨晨说："我带了一块钱，这个折了一下，就有一条线，可以让钱变小。"

瑶瑶说："我带的是卫生纸，它的四边都有线。"

一鸣说："这是我带来的线，用纸揉成的线，还有这种可以提购物袋的绳子。"

珂欣说："我带来的是细毛线，可以缝衣服的线。"

檄宝说："老师，你的头发也是线。"

丁宝说："地球仪上有好多弯弯曲曲的线。"

繁繁说："我们女生用的皮筋也是线。"

珂瑷说："我的衣服上就有线。"

……

那些千变万化的线条，带着神奇的魔法，吸引着孩子们。

"线"在我们的生活中无处不在，孩子们先找找什么是"线"，发现哪里有"线"。随着课程的推进，我们会进而转化到抽象的"线条"概念。如大自然中、生活中各种线的符号……

探索抽象的线，可以了解线的用途，发现线与几何的关系。最重要的是让孩子去发现、去创作、去探索、去展开想象的翅膀，去认识和体验"线"的千变万化。

10. 结下的美

线的世界里，存在着很多形态：雨水落下的是流动的线、潺潺的河流是流畅的线、马路上是警示的线……在孩子们的世界里，线也是多种多样的：折纸产生的线、跳绳用的线、做衣服用的线，等等，都是孩子们观察、探究发现的。而"惊奇一线"主题活动已经开展一个多月了，孩子们认识了各种材质的线，知道不同的线有着不一样的作用，也学会了一些生活小技能。这次为了让孩子们更熟练地掌握学到的技能，我们大班组以"结下的美"为主题，进行了一场美丽又激烈的竞赛活动。让我们一起去看看赛况如何吧！

活动开始了，第一个环节是热身活动——穿针引线。

每个班级选出三名孩子进行比赛，跟着音乐一起进行了激烈的三场小赛。虽是小赛，但孩子们的心是拴在一起的，每个孩子都认为自己的同伴是最厉害的。比赛虽然只有一分钟，但是孩子们在比赛的过程中感受到了"熟练"

的好处。

比赛，呈现了部分孩子的水准，让我们更加清晰地了解孩子的水平；穿针，锻炼了手指力量和细微观察的能力，让孩子的能力得到精细的发展；引线，增强了双手协调性，并且让孩子喜欢上做这件

成就感十足的事情。热身赛上，孩子们的状态在线，一个个精神抖擞地迎接更难的挑战。

紧接着，到了最令人期待环节——穿门帘。什么是门帘呢？在我们的教室里有窗帘，门上也可以有精美的门帘。加上小朋友都有熟练的"打结"技能，今天就要自制我们班级的门帘啦！

首先，开始前我们先来个简单的示范讲解吧！先将毛线穿入彩色的吸管中，并在尾部系上结，固定好后就可以将整根绳子穿满漂亮的吸管了。孩子们还可以创造属于自己的结法，让每一根门帘都充满着智慧的气息。

好啦，孩子们已经迫不及待地开始挑选自己喜欢的颜色的毛线了，用色彩搭配的小技巧开始了穿门帘。蓝色、黄色、粉色……孩子们个聚精会神，一手拿着毛线，一手拿着塑料管。一个、两个……不一会儿，五彩斑斓的门帘展现在我们眼前，随风摇摆着，好看极了！

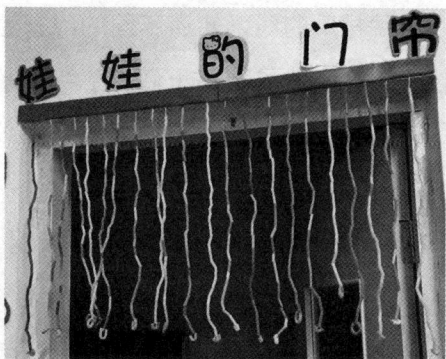

活动渐渐接近尾声，孩子们意犹未尽。不过，这仅仅我们主题课程中一个小小的延伸，让我们一起期待后面更加精彩的课程吧。让我们的孩子继续在充满惊奇的情境中，通过多种感官，尽情地享受探索、发现与创造的乐趣吧！

11. 我会系鞋带

《幼儿园教育指导纲要》中明确指出：要培养幼儿具有基本的生活自理能力。自理能力的培养也是提高幼儿的自我服务意识。教育家苏霍姆林斯基说过："儿童的智力在他的手指尖上。"培养孩子的自理能力有以下好处：

（1）对培养他的独立意识有帮助。

（2）对孩子自立有帮助。

（3）帮助孩子融入集体生活。

（4）可以锻炼孩子肌肉群与动作的协调性。

在进行主题课程"惊奇一线"时，我们探索了关于线的秘密。孩子们发现鞋子上的鞋带，其实有很多好玩的方法。

今天就让小朋友给大家分享一下生活中的小技巧——系鞋带。应该怎样系好我们的鞋带呢？大家跟着学起来吧。

鞋带的系法有很多种，我们选取了其中两种进行学习。第一种方法，孩子们在打结

的基础上，拉出第一个小耳朵，再拉出第二个小耳朵。

第二种方法，两个兔耳朵交叉握手，变成蝴蝶结。伴随着儿歌（两个好朋友，交叉握握手，变个兔耳朵，交叉拉拉手。）和示意图，小朋友很愉快地练习着。

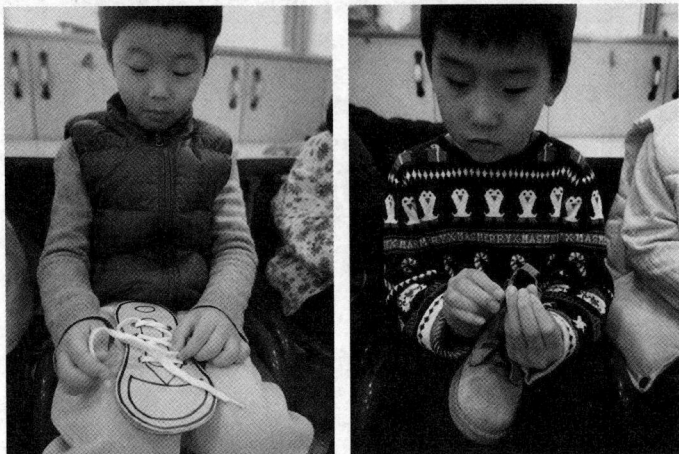

不过，看似很简单的操作，对孩子来说，可不是件容易的事情。两根鞋带就好像故意在和小朋友闹着玩，有的不钻山洞，有的不断地扭动着身体，就是不听小主人的使唤。但是，也有比鞋带更有毅力的小朋友，如晨晨、珂瑷、闹闹、珊珊等不断地练习，不断地尝试，终于，漂亮的蝴蝶结在他们手中呈现。

○ 美丽的不同：幼儿园主题课程案例集 ●

通过学会系鞋带，孩子们懂得自己照顾自己，这是一个人应该具备的最基本的生活技能。幼儿生活自理能力的形成，有助于培养幼儿的责任感、自信心以及自己处理问题的能力，对幼儿今后的生活也会产生深远的影响。有专家指出：幼儿能力与习惯的培养是在学前期。作为家长，我们不应该放过孩子成长的每个关键期。

12. 绳子闯关赛

我们的主题课程"线与线寻"不知不觉已经过了一半了，在这个过程中，我们认识了很多种类的线，还做了很多与之相关的活动。今天，我们又有一个热闹的活动要开始了！

上午9点半，我们大班组又在多功能教室集合，由蓉蓉老师做主持，为我们揭开今天的活动——"线中闯关赛"！看着老师们已经布置好的场地，相信一定很精彩！那就快来认真听听游戏的规则是什么吧！

游戏一共有四个关卡："袋鼠拉绳跳""螃蟹横着走""蜘蛛跨脚爬""兔子左右跳"。闯关游戏一共分3轮进行，用接力的方式来进行比赛，用时最少的队伍获胜。要注意手和脚都不可以碰到线哦！孩子们的比赛到底怎么样的呢？

第一关：袋鼠拉绳跳

跳跳跳！单脚踩着绳子，拉紧绳子出发喽！看谁单脚跳最久。一人慢慢跳，两人协作跳，三人一起跳。孩子们通过团队合作，感受朋友之间互助的快乐。在游戏的过程中，孩子们不断调整自己的节奏，越来越有默契。

第二关：螃蟹横着走

绳子摆成 S 形，侧身学螃蟹横着走。紧促的小步伐、朋友之间紧牵的小手，使整个闯关都显得格外轻松愉快，瞧我们的速度多快！

第三关：蜘蛛跨脚爬

绳子排成两条线，双手双脚打开来，变成蜘蛛嘿哟嘿哟往前爬。这是一场力量与速度的较量，抓住诀窍，成功领先！

第四关：兔子左右跳

绳子拉出两条直线，学学兔子两只脚并拢，左右跳着前进。我们是一只只快乐的小兔子，蹦蹦跳跳来闯关。

最后，我们通过自己的努力，为班级赢得了礼物。孩子们在参与的过程中，感受到了团队合作的力量，知道了互相协作、相互理解、一起努力的重要性。

一次次地超越自己的战绩时，孩子们的欢呼声此起彼伏，游戏只是让我们快乐的道具，但是齐心协力、携手拼搏的你们才是最可爱、最珍贵的！加油，大班组！

13. 电线的秘密

经过一系列寻找电线、记录电线、观察电线的活动，本周各班都对电线进行了"通透"的了解。

镜头先到达的是大（2）班。他们分成四组，每组随机抽取一根电线，需要请收集它的人为大家简单介绍一下。

第一个抽取的是一根扁平的棕色数据线。石头和大家分享："这根线是充手机用的，我在家里厨房的柜子上面找到的。"

第二个抽取的是收集中最长最粗的一根线。卡诺说："这是充手机和冰箱的电线。"天天补充道："这是个插线板。"泥宝说："这个能插电。"

第三个抽取的是由两个水晶头连接的线。小朋友都觉得这根线很漂亮。泥宝说："这是我带的线，这根线是我爸爸从茶几抽屉里给我拿的。"糖糖说："这是充无人机的线吧！"

最后抽取的是一根稍细的黑色电线。凯睿说："这是电视机的电线。"

正在我们准备开始动手探究时，睿睿说："老师，我不敢碰这个，它有电。"

咦，大家这个时候心里都在打鼓，这四根随机抽取的电线会有电吗？请孩子们相互解答。

嘉源说："都没有插上电源，怎么会有电呢？"

天天也补充道："这线得插到墙上的插座上才会有电。"

卡诺也说："我这个是坏的。"

通过这几个人的话，大家开始思考，同时也收获了第一个知识点。

电线是需要插在有电的插座上才会通电，并且我们寻找的都是坏的、旧电线，不能正常使用的。

总结后，大家放心大胆地开拆了！

由于抽取的随机性，让每组在拆解电线时也遇到了不少趣事。

第一组的棕色数据线，由于外表由麻绳包裹，一剪刀下去并不起什么作用。

第二组的大功率插线板，线本身比较粗，几个人合伙剪下去竟毫发无损，麦兜小朋友的剪刀还"不幸身亡"。

此时，传来了第三组和第四组胜利的声音。由于材质的不同，他们的电线轻而易举地就被拆分成了几段。见此，第一组和第二组更加起劲儿了。

其中，第四组的电线软且细，被拆得零零散散。

第三组的小朋友开始尝试将切口扩大，拔出里面的部分。

第一组的孩子也有了突破，棕色数据线被裁开了，里面似乎别有洞天。

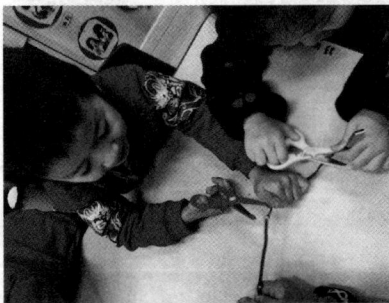

第二组，大家放弃了每个人都拿剪刀的方法，改为一个人剪，一个人压，其他人分散到两边开始拉拽。

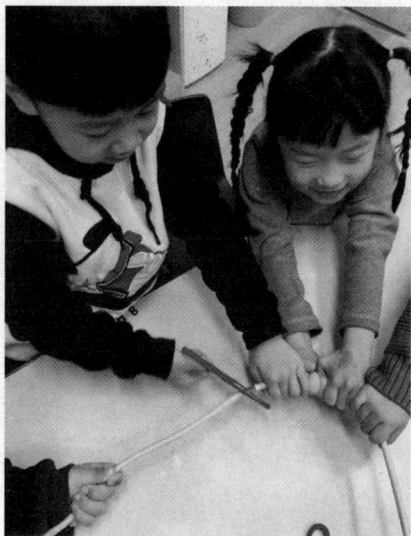

功夫不负有心人，所有的电线经过孩子们一个小时的战斗，全部拆解完毕。每个人都有不同的发现，我们一起来听听。

第一组：

毛豆说："这里有红色和黑色的线。"

湾湾说："里面还有白色的线。"

天天说："我发现里面有金色的线。"

石头说："我也发现了里面还有金色的线。"

糖糖说："我发现这里有红色线，还有亮的线。这里还有白色的东西，很软。"

壮壮说："我发现这里有金色的线，而且有点硬。"

第二组：

源源说："彩虹的线。"

麦子说："我还看到有金色的线。"

凸凸说："有三根彩色的线。"

金豆说："我发现接头里还有线。"

第三组：

美琪说："我发现里面还有橙色的线，是绑在一起的。"

泥宝说："我发现这个水晶头里有金色的片，还有白色、红色、黄色的。"

睿睿说："我发现里面有红色的线，还有蓝色和绿色的线。"

睿睿说："这里有红色和蓝色的线。"

安琪说："我发现这里也有金色的线。"

第四组：

思园说："我发现了两根线，一根黑色的，一根红色的。"

航航说："外面是黑的，可是里面有两根线。"

嘉源说："黑色和红色里都有金色的线。"

凯睿说："我发现里面有针，因为我摸着它可扎手了，很疼。"

四个组的发现说完了，接下来我们看着自己拆解的电线，开始分析电线上的结构。

镜头来到了大（3）班——

首先是外表。

大（3）班的沐沐猜测："这个软的是保护里面电线的。"

乐乐说："防止电流电到我们。"

琪琪说："还可以让它显得漂亮。"

经过上周孩子们寻找电线、记录电线、观察电线后，本周我们对电线进行了"通透"的了解。

接着是里面。

凸凸说："这是毛毛。"

先请凸凸来摸了摸，因为凯睿说那是针。凸凸再摸后，发现好像不是毛毛了。

拆开外表，将金色的线露在外面，请每个小朋友都摸一摸。

这根金色的线叫铜线，它就是电线中真正的秘密所在。

最后，镜头来到了大（1）班，看一看他们有什么不一样。

大（1）班的孩子们利用一根根细细的铜线，把它们变成美丽的造型。你看，橙子小朋友折成了一副眼镜，子珺小朋友做成了一个大大的爱心，熙睿把它变作一条金色的小蛇，繁繁把它折成一个圆圆的球球……

今天，我们不仅认识了铜线，还知道电线可以通电，给人们生活带来方便。更有趣的是，一根根铜线在小朋友的手里能变成造型迥异的手工作品。谁说铜丝只能做电线，大（1）班的孩子用行动告诉我们，跳出固定思维的限制，放飞想象的翅膀，创造更多美好的可能。

14．科学实验：灯泡亮了

围绕"惊奇一线"的主题，我们在校开展了诸多有趣的活动。本周我们以电线为主，进行了认识电线、拆解电线、观察每个线路的连接等活动。今天，我们就来一次有关线的科学小实验，前往小学实验室，进行本次小实验的实际体验吧。

麦兜问："有没有护目镜？"

茗宇问："为什么要去实验室？"

贝贝问："老师，我们要去实验室做什么实验？"

嘉源问："小朋友去实验室会很兴奋？"

糖糖问："实验室里有上小学的哥哥姐姐吗？"

熙睿问："那里有什么电线？"

话题一出，孩子们便按捺不住自己激动的小心情，下面我们一起去看一下吧！

活动开始前，我们先来认识一下我们本次试验所需的物品。你们都认识它们是什么吗？

电池仓、灯泡槽、线，当然开关不能少。学习过如何连接线路，保证实验成功的步骤后，我们以三人为一组，进行团队合作，一起来实施本次实验"电灯亮了"。接着，以"电灯亮了"导入探索活动，随后，小组成员跟随老师的讲解开始实验，实验室瞬间被激烈的争论声覆盖。

等每组小分队各就各位，我们先带领孩子们认识电池，了解电池的作用，并引导孩子们观察电池的正负极，知道每个零件都有它独有的功能。

将课堂归还孩子们，从每一节的材料发放开始。

"不是，应该这么做！"

"这个线不应该缠在这里……"

"你的电池装反了。"

第一次，因为没有经验，孩子们有些不知所措。慢慢地，他们开始分析探索为什么电灯不亮？小手来回摆弄线路，没有丝毫的疲惫感，反而更加坚定自己定能成功的信念，目不转睛地盯着自己眼前的材料工具。小组成员间一起讨论，相互合作，最终还是有所收获的！

科学小实验在培养孩子们动手能力的同时，还增加了他们对科学的兴趣。孩子们既可以玩得开心，还能轻松地掌握知识，理解一些简单的科学现象。在收获科学知识的同时，也收获了科学带给他们的惊喜！

15. 蜘蛛先生的网

随着主题课程的进展，我们开展探索生活中见到的"线"，以此引发幼儿的讨论与探索兴趣。

"你们知道图片上的是什么东西吗？"

"你们见过它吗？"

"都是在哪里见过呢？"

佑佑说："老师，这是蜘蛛网啊！"

○ 美丽的不同：幼儿园主题课程案例集 ●

宁宁说："这是蜘蛛网，可以粘住虫子！"

"我们先来观察一下蜘蛛网的形状，再请你们看蜘蛛织网的视频，了解它们到底是怎么把网织出来的，好吗？"

豆豆说："蜘蛛网有正方形的和圆形的！"

萱萱说："还有长方形的和梯形的呢！"

"那你们有没有发现蜘蛛网上的丝是有规律的呢？你觉得蜘蛛是怎么织网的？请来说一说吧！"

沐沐说："它好像需要有个支撑的地方，才可以。"

瑶瑶说："它是飞来飞去那样弄的。"

"那蜘蛛的丝是从哪里出来的呢？"

乐乐说："它是从肚子那里吐出来的！"

灏儒说："它织了那些直线和圆圈。"

多米说："是从腹部那边的那个眼里吐丝的！"

"那你觉得它们是怎样做的呢？"

茗宇说："要先织出直线，然后再从里面开始织圆圈。"

通过观察，我们知道了：蜘蛛是从腹部的织绩器那里吐丝的，蜘蛛在织网的时候，要先找到合适织网的距离，然后从上往下吐出直线。接着再变换不同的方向去织直线，而这些直线都要交叉在一个点的。然后再回到这个点从里往外织，最后就变成了网。接下来，就要请小朋友们来发挥自己的想象，试一试，画一画——"如果你是只小蜘蛛，你要怎么来织网呢？"

孩子们的想象力到底怎么样，一起来看看吧！

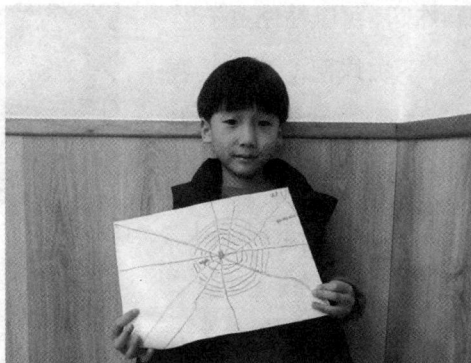

16.编织乐

这一周,孩子们和编织打上了交道。两根木棒、一卷毛线,会创造出怎样的世界呢?周一上午,我们先是在绘本故事中感受到了毛线世界的美丽。《穿毛衣的小镇》图画造型简明,色彩对比强烈,在融合水墨、水粉和电脑制图的娴熟绘画技法中,向我们讲述了一个温暖人心而又引人深思的故事。

冷冰冰的小镇因为小姑娘安娜贝尔开始变得不一样。安娜贝尔用一针一线的编织,给满是白雪和煤灰的小镇带去了绚丽的色彩,在冷漠的人心之间串起了温暖的沟通纽带。故事的叙述中,安娜贝尔抱着一个简单的心愿,只是想把彩色毛衣一直织下去。但是,这个女孩面对的挑战一次比一次巨大：她挑战了同龄伙伴的嘲笑（内特）——成人世界的权威（诺曼先生）——甚至是邪恶的力量（坏公爵）。她一次比一次显示出坚定和勇敢。

在讲完故事之后，孩子们相互寻找身边的人谁穿了毛衣。

泥宝说："老师，安娜贝尔给我织了毛衣。"

石头也机灵地发现自己里面也有毛衣，兴奋地附和着。那么，小朋友们想不想感受一下自己动手编织呢？大家非常期待。经过网上查找，我们从简单的十字编织着手。老师提前研究编织步骤，将编织好的装饰拿给小朋友看。小朋友们看到编织好的作品，连连称赞"太好看啦！"

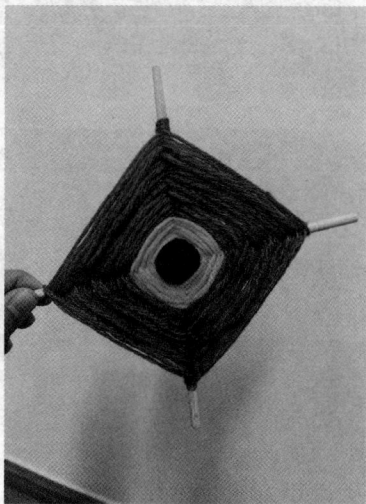

办法也非常简单：

（1）准备两根一样长的小木棍（冰糕棍、筷子都可以）和一些彩色毛线。

（2）选择一根木棍，将毛线绕在其中，并打结固定。

（3）将另一根木棍交叉放在第一根木棍上，大拇指按住中心点。拉住毛线开始缠绕，可以顺时针也可以逆时针，每根木棍上缠绕一下就换到下一根。

（4）更换颜色时，将两头系上，继续缠绕。

（5）木棍缠满后打结，即可完成。

孩子们一步步跟着老师做起来，大大小小的问题也随之而来。我们发现，不挨着缠绕木棍就会变形；如果缠绕的毛线上一下下一下，缠绕出来就是无规律的形状；再或者，方向对准中心时，编织就会变成一个毛线球，不能平面展开。

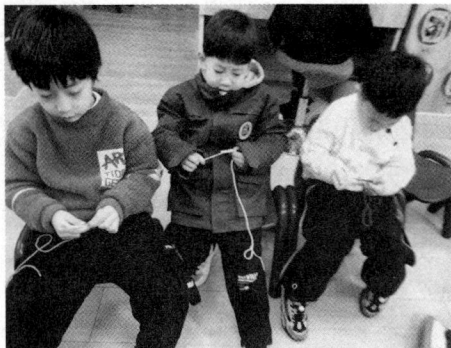

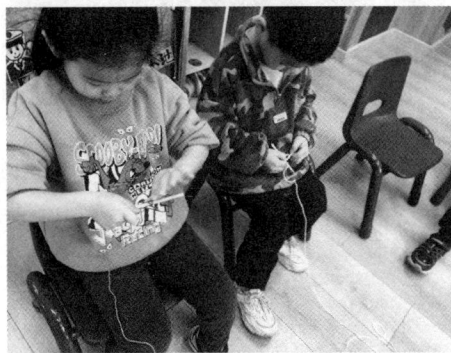

　　就这样，孩子们一边摸索，一边学习，第一批编织成品出炉了。虽然进行了将近 40 分钟的编织，但孩子们都表示意犹未尽。于是，我们针对第一次编织的缺点和问题，准备了第二次的编织活动。

老师将准备好的编织材料（毛线、筷子）拿进教室。小朋友们每人选取了自己喜欢的颜色的毛线，然后开始编。

"好漂亮啊！我想自己选颜色编一个。"

"我喜欢红色。"

"我喜欢紫色和粉色。"

"咱俩的颜色可以交换吗？我想换一种颜色。"

"我喜欢蓝色，另一个小朋友还在用，我要再等等。"一个停下编织的小朋友说。

这一次孩子们的速度和效率更快了，编织手法更娴熟了。当看到编织作品挂在教室门头上，孩子们高兴地指给别人看："这个是我编的，好看吧！"这个简单又有趣的十字编织，为他们打开了编织的新世界。在这周的体验中，孩子们沉浸在美好中，配色的美、动手的美、互相的赞美，成就感十足。

编织是民间传统手工艺中的一种。编织品种繁多，编织材料多样，如绳编、纸编、棕编、草编、竹编等。编织方法、技巧多样，具有鲜明的民间艺术特色。幼儿通过穿插、缠绕、打结等方法，把自己所观察到的一些事物形态编织成各种充满童趣的编织工艺品，可以促进幼儿大脑的发育，锻炼幼儿的思维，发展手部肌肉的灵活性和协调性。

在幼儿园开展民间手工艺编织活动，把它作为幼儿园特色主题活动进行推广和深入，在培养幼儿的观察力、想象力、创造力及审美能力的同时，还可以帮助幼儿形成耐心、坚持等良好品质，更是让幼儿从小得到民间传统文化的熏陶，也是对情感和审美能力的培养。

17. 共读绘本《线》

想象力是一种非常重要的能力，据调查，孩子的想象力要比大人的丰富得多。而在想象力的基础之上，创造力则是它的"升级版"。创造力，是人类特有的一种综合性本领。它是由知识、智力、能力及优良的个性品质等复杂多样的因素综合优化构成的。创造力是产生新思想，发现和创造新事物的能力。

为了更好地激发孩子的创造力，在我们"惊奇一线"的主题活动中留下不一样的印记，这一周我们将围绕创造"线"进行。

故事的主角拥有一根魔法线，这根神奇的线在她手中变成了什么呢？今天的绘本故事也是由孩子来讲述的，我们一起听听吧！

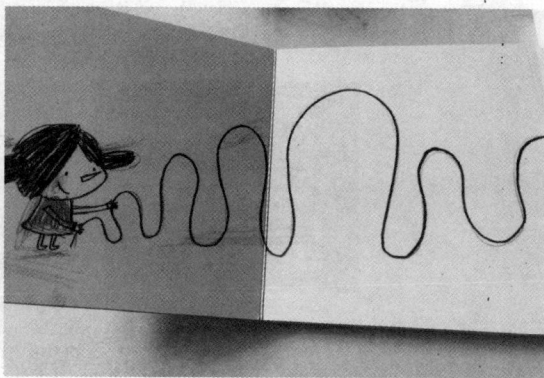

麦兜说："我看到了，从小女孩手中变出了波浪线。"

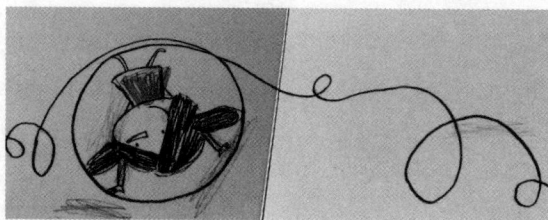

航航说："我看到了小女孩拿着一根线，变成了一个卷的东西，小女孩在卷，还把这根线变成了滑滑梯。"

飞明说："她还把这根魔法线变成了一个球，她在里面转悠。"

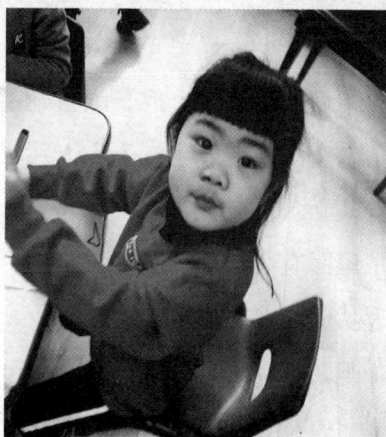

麦子说："小女孩把线变成了泡泡。"

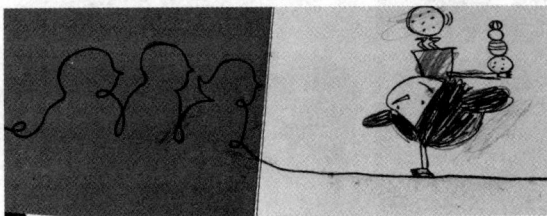

天天补充道："我看到小女孩把一条魔法线变成了泡泡，吹了起来。"

墩宝说："我看到小女孩在单杠上。"

贝贝说："还像一个滑索。"

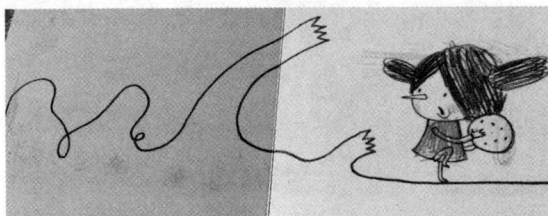

宁宁说："在小女孩的后面还有一个猴子跟着她。"

家武说："我看到了，魔法线变成了三个小人。"

下面的第七页开始，画面更神奇了。

萱萱说："我看到了里面有个小爪子。"

湾湾说："中间的形状还像月亮。"

康康说："还像脚丫子。"

○ 美丽的不同：幼儿园主题课程案例集 ●

当大家看到第八页的时候明白了，原来这是个怪兽。

佳佳："我还觉得她把线变成了牛魔王。"

接着，到了第九页，怪兽扑向了小女孩。

第十页，线的另一头出现了另一只小熊，赶跑了怪兽。

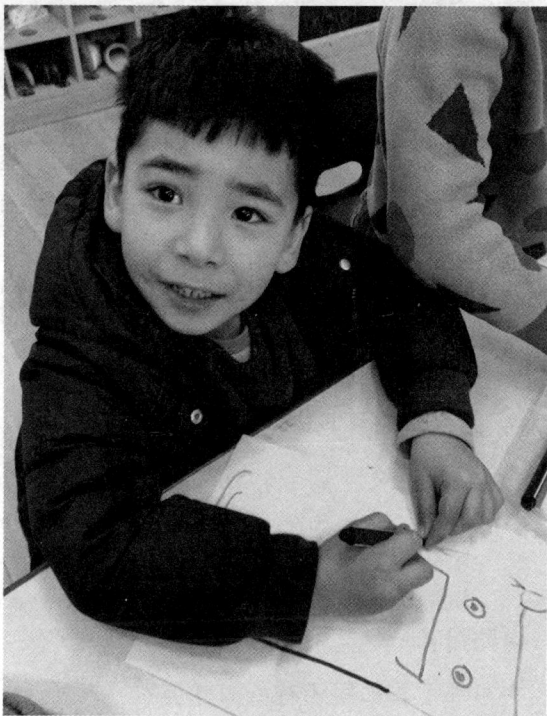

卡诺说："怪兽吓跑了，小女孩获胜了。"

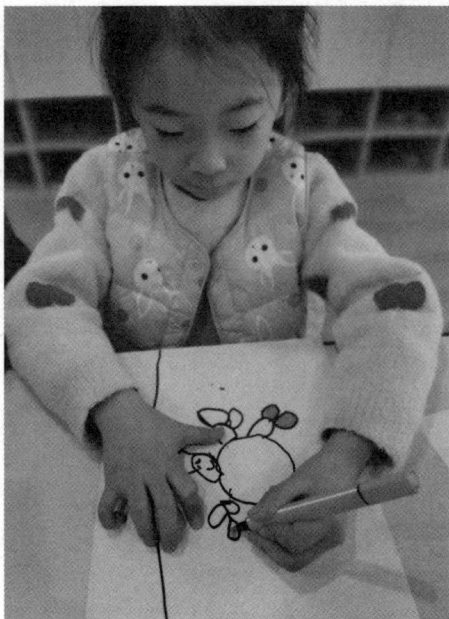

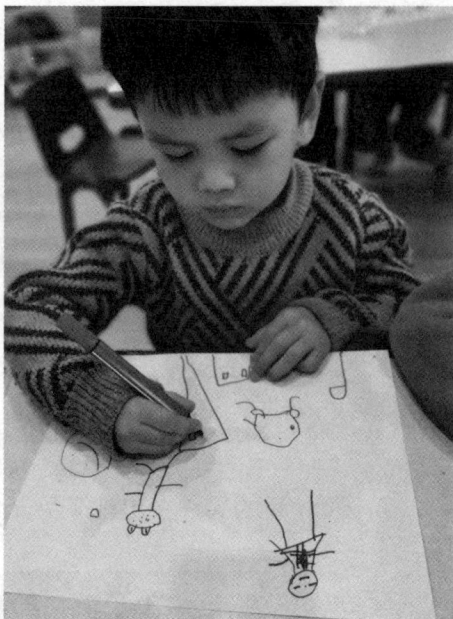

故事结束了，孩子们对魔法线更期待了。于是，孩子们也用画笔尝试着用一根线条创作出自己的故事。在我们手里会有什么神奇的画面诞生呢？

18. 趣味弹力绳

围绕主题"线与线寻"，我们开展了线的编织、线的绘画、线的歌曲……这些都是我们在校园中探索的活动。但是，仅仅只有这些还是不够的，我们还有多种无限探索的可能，例如：走出校园！

在平日的观察中，我们发现孩子们近期对于蹦床颇感兴趣，这也不禁让我们思考，线会藏在蹦床乐园里吗？考虑安全问题，我们选择就近的新悦荟蹦床乐园。

思园说："我有防滑袜！"

可乐说："我去过那里，那里还有滑滑梯。"

金豆说："那里还有很多球球，可好玩了，我妈妈带我去的！"

消息一出，话题引爆，气氛瞬间高涨起来，孩子们你一言我一语地讨论着。早上，孩子们进班时说得最多的便是："老师，我带了防滑袜、口罩，还有水杯！"从言语中透露着喜悦的心情！

出发前，安全讲解不能少，一切准备就位，大家手拉手一起走。距离虽短，仍旧不能阻挡孩子们交流的欲望，大家一路上都在讨论，那里都有什么，哪个项目好玩……

佩戴口罩，有序进入蹦床乐园。孩子们瞬间被吸引住了，蹦床躲避球

区、海绵球区、魔鬼滑滑梯、蜘蛛粘贴墙、一漏到底……诸多有趣的场所。我们第一个体验的是蹦床区，一人一个小蹦床，人像小弹簧忽高忽低，展示出各种姿势。同时，不自觉地上扬嘴角，哈哈大笑起来，也是开心极了。

接着，大家一起走独木桥，好朋友之间相互鼓励，相互帮助。友爱的画面、暖心的行为，比比皆是！

卡诺说："天天，我拉着你吧！"

在孩子们的鼓励下，老师们也分别从观看者变成了参与者，融入孩子们的队伍中去。相比孩子们，我们明显要胆怯许多，面对即将呈90度的垂直程度，还是略有担忧。

麦兜、天天说："老师，没事，别害怕。"

瑶瑶："我帮你推一下吧。"

航航、毛豆说："我给你说怎么滑，就这样腿放下来，就滑下去了！"

老师被孩子们团团围绕，他们会在后边轻轻推你的脊背，给你助力与勇气，也会在你耳边不断鼓励着你，甚至还会用自己的行为给你做示范。看着孩子们一系列的用心行为，此时我们不像师生，更像亲密无间的朋友！

果然，最终还需孩子们的助力，让我们也尝试一把魔鬼滑滑梯的刺激。

看着孩子们开心的笑脸，我们更加坚定了之前的想法：今天的活动是有意义的，走出校园才能发现更多线的可能。感受线与我们的生活密不可分，收获更多意想不到的惊喜！

回归校园，我们在校园中也开启了有趣的线的探索、线的游戏，同样也是丰富多彩的。

19.绘本《线条的66种可能》新书发布会暨大班组结课活动

　　大班组主题课程"线与线寻"以儿童立场、自然生长的思想，以及自主投票的形式，有了一个非常好的开始。经过四个月的探索和发现，面对即将到来的结束时刻，该如何让这个篇章画上完美的句号呢？结课活动就来为您——揭晓！

　　活动即便是简单短小也要拥有仪式感！精心的环境布置、用心的设计、作品的展示，都是为这场发布会准备的。孩子们早早就准备好了自己的自画像，要在入场前贴到签到屏上！

　　首先，要介绍的是，今天的结课活动除了在场的大班组的小朋友们，还有在云端观看直播的家长朋友们，以及艾瑞德的大家长们！而小朋友们

对他们的热情报以欢呼和呐喊，满是激动！接下来就是我们对这个学期里进行主题活动时，各种大大小小的活动的回顾。让我们再来看看我们都做过哪些精彩、有意思的活动吧！

在刚进入音体教室时，就有小朋友好奇地问："老师，上面有一块红布，里面藏的什么啊？""想要知道里面藏的是什么吗？那就有请园长阿姨和苗苗老师上台为小朋友们揭晓！"伴随着嘭嘭嘭的礼炮声，五颜六色的礼花飘落，舞台上的神秘幕布被拉开：是大班组小朋友们创作的绘本《线条的66种可能》！每一幅画的旁边，还配有小朋友写的诗。

在园长阿姨的祝福声中，我们的新书发布会拉开序幕。园长阿姨告诉小作者们，这本书不仅会放到小黄书包里漂流，还会存放于学校的读书广

场，供大家借阅、翻看。台下的小朋友更加喜悦、自豪，高喊着："我当作家啦！我出了一本书……"

接下来，苗苗老师为小朋友和大朋友们介绍了《线条的66种可能》是怎么诞生的！去年的9月底，大班组的孩子们经过了解、探讨、投票，选出了他们心仪的主题活动"线与线寻"。通过观察，我们发现生活中到处充满了奇妙而有用的线！双手可以围成一个圆，一根线摆弄一下可以形成三角形，门和窗也可以说是由四根线条构成的长方形；而我们的身体本身就有很多直的、弯的线条；大自然中璀璨的彩虹、墙角的蜘蛛网也是由线条组成的。

经历了四个月的时间，孩子们从团讨感兴趣的话题开始，接着是收集各种各样的线，观察它们的特点。然后，通过纸杯电话、线条拉画、编织、穿针、打结、系鞋带、绳子闯关赛、灯泡亮了、绘本里的线等一系列活动，对这个惊奇的"线"世界有了深入的了解。

在共读绘本《线》后，孩子们发现线条竟然可以如此有趣。于是，他们也拿起身边的线条开始创作……就这样，《线条的66种可能》诞生了。我们想用这本画册留下每个孩子奇妙的想象，在这里，你会发现每一个孩子都是美丽的不同。至于这本画册中的惊喜，还需要你来慢慢地发现。

○ 美丽的不同：幼儿园主题课程案例集 ●

介绍完我们的新书，就到了紧张又有趣的抽奖环节，抽取今天的"幸运作者"。大屏幕上滚动着孩子们的作品，园长阿姨开启游戏："开始！"。孩子们屏住呼吸，看似平静的脸上，其实紧张万分，甚至有小朋友闭上眼睛，双手合十。"停！"真是有人欢喜有人忧啊。被抽到的小朋友走到台上，为大家讲解自己画中的含义，并获得一份精美书签；没有被抽到的小朋友则在心里默默地祈祷：下一个一定要抽到我啊！游戏正如火如荼地进行时，只见一个身影悄悄进入我们的视线里。"李校长！""李校长来了！"呼喊声越来越高。李校长与孩子们热情互动之后，最后一位幸运作者由李校长选出，孩子们都惊呼着，希望抽中的是自己！

随着时间的流逝，到了最激动人心的时刻——发书！孩子们有序排队，依次上前领取，领取一本象征着自己的荣誉、记录着自己的学期成果的沉甸甸且充满意义的书。李校长、王园长满心欢喜地看着孩子们，并弯腰双手将书递给他们。孩子们则以同样的方式缓缓接过并礼貌地说道："谢谢李校长，谢谢园长阿姨。"这一行为便是最好的言传身教。孩子们在拿到绘本的那一刻，迫不及待地翻开阅览起来，并与同伴们小声讨论着自己和别人的作品，欢笑声此起彼伏，充斥着整个活动现场！

　　这是一本让人看了就爱不释手的书，一个个精彩的故事，满满的都是我们自己的身影和我们这一学期的回忆。阅读，是我们终身该做的事。在一个个动人的故事中，我们汲取甘露和营养。就让阅读成为我们的习惯吧！活动的最后，大班组的小朋友，有的拿着用荧光棒做成的大花环，有的戴着酷酷的眼镜，有的在手腕上戴满了彩色手环，在暗下来的教室里化身为一只只五彩蝴蝶，挥动着身上五彩绚丽的光，跟着音乐舞动了起来，现场气氛高涨，孩子们的欢笑声不断。

　　在孩子们的欢笑声中，艾瑞德国际幼儿园大班组《线条的66种可能》新书发布会暨结课活动顺利、圆满落幕，大家一起度过了一段开心、惊喜的上午时光。

每一位学生都是美丽的不同！祝愿大班组的每一个孩子都能拥有童年最美好的回忆！

三、主题总结

通过"线"的主题活动发现了孩子们的很多潜能，孩子们对"线"的活动有很强的好奇心，在班里孩子们每天都在接触线。例如，每天角区的翻绳游戏、每天小朋友玩的跳绳，这些都是孩子们与"线"的游戏，"线"就在幼儿身边。在主题活动中，幼儿大胆地尝试各种形式的活动，重点在艺术领域的活动中，发挥了幼儿丰富的想象力。在绘画活动中，引导幼儿学习用线条画图画，培养幼儿的创造力、想象力，以及幼儿的空间观察能力。我们在户外激发了幼儿用肢体扮演线条进行游戏，幼儿在游戏中体验快乐，在游戏中成长。

四个月的时间里，我们先经过团讨，罗列出孩子们感兴趣的话题，接着开展收集各种各样的线、观察特点、纸杯电话、线条拉画、编织、穿针、打结、系鞋带、绳子闯关赛、灯泡亮了、绘本里的线等一系列活动，对这个惊奇的线世界有了深入的了解。在共读绘本故事《线》后，孩子们发现线条竟然可以如此有趣。于是，他们也拿起身边的线条开始创作。就这样，《线条的66种可能》故事画册诞生了。我们想用这本画册留下每个孩子奇妙的想象。

　　主题课程的结束，也让我们发现孩子们的表达变得更加细腻，创意变得更加独特，发现的眼睛也变得更加闪亮了。

大班

买卖小高手

谁说买买买
只能是大人
买卖小高手
可能是儿童

一、主题概述

（一）主题说明

"买与卖"是幼儿生活中常常接触到的行为，大班年龄段的幼儿平时在班级里常会进行一些自发的"买卖游戏"。他们喜欢扮演"买卖"场景中各种不同的角色，并讨论自己购物的经历。

"这是我和妈妈一起去超市买的，是我家楼下的超市。"

"我好喜欢这个玩具，可我没钱买。"

"是我妈妈用手机买的，不用拿钱……"

"现在的钱都在手机里！"

根据幼儿的生活经历和兴趣，"买卖小高手"这一主题课程应运而生。逛超市是本次活动的切入点，在交流理解的基础上，我们带领幼儿进行实地参观，并以记录表的形式表达见解。在参观中，幼儿观察到要用钱来买，或者是手机支付。我们借助家长的资源，带领幼儿参观交通银行，银行的工作人员为我们讲解了钱币由古至今的变化，从专业的角度探秘钱币的神奇世界。超市里琳琅满目的商品吸引着幼儿的目光，10 元购买计划满足了幼儿"买"的愿望。购物过程中，幼儿自由选购、计算价格、自主付款购买蔬菜，放学后和家人一起用所购蔬菜共同制作晚餐。

"我长大想要开超市，超市里什么都有！"

"当老板真好！还能收钱。"

由"买"到"卖"，幼儿的角色发生了变化，教室的区角开设瑞德超市，幼儿自行设计店面、条码、制定价格。模拟买卖开始后，幼儿到瑞德超市当小店员，身临其境地体验店员的工作，整理货柜、清点数量、接待顾客等，将学校教育融入生活中。课程的最后，幼儿在幼儿园开展了跳蚤市场的活动。萌娃当老板，买卖乐趣多。幼儿不但制作店铺海报、组织语言大胆售卖商品，还加深了对钱币换算的了解，与时俱进地使用二维码。

课程本着不忘原来、吸收外来、面向未来的初心进行。从自身的购物经验出发，幼儿关注与自己生活密切相关的生活环境，制作记录表，认识常见的购物环境：店面摆设、商品陈列等，也提升了幼儿的书写能力；从实际的购买计划出发，我们发现许多问题都可以用数学的方法来解决，进一步帮助幼儿理解消费与生活的关系；从萌娃当老板的社会实践出发，幼儿在自由、宽松的语言交往环境中，想说、敢说、喜欢说，语言沟通能力、逻辑思维能力有所提升。教书育人在细节处，在学生成长的活动中，我们既应关注到日常活动中的每一个细节，也应提供机会让幼儿在精彩的活动中得以成长。

（二）"买卖小高手"探究计划

主题名称：买卖小高手

探究的中心思想：人们的生活中缺不了买卖，买卖之中也影响着人们的生活。幼儿在活动中身临其境地感受着、体验着，通过观察记录、自主探索、大胆表达、彼此合作，理解买卖当中的人际关系和买卖背后的价值，逐步建立合理的消费观念，学会理性消费。

孩子可以获得什么：

·核心概念：商店的存在、物品的买卖、消费的现象

·态度：好奇心、创造力、自主探究、合作互动

·技能：思考技能、沟通技能、探究技能

探究线索：

· 一个完整的超市都有什么？

· 物品摆放有什么样的规律？

· 物品上的"码"有什么用？

· 购物流程是什么？需要如何和售货员沟通？

· 10 元购买计划，如何计算分配？

· "小商店"开业，要有哪些准备？

我们主要探究的是它的核心领域，领域主要有科学、社会，我们分为三个探究线索来进行研究：

线索一：关注自己周围的生活环境，调查记录超市有什么。

线索二：如何做到理性购物，钱币间的换算。

线索三：当老板需要具备的物品和能力。

可以利用的教育资源：

· 园所资源：幼儿园教室、活动室

· 家长资源：家长工作单位

· 社会资源：超市、批发市场、菜市场、购物街

环境创设：

· 班级环境：教室展示墙以买卖为主题

· 区角环境：瑞德超市、熊猫超市、佩奇果汁店

（三）主题网络图

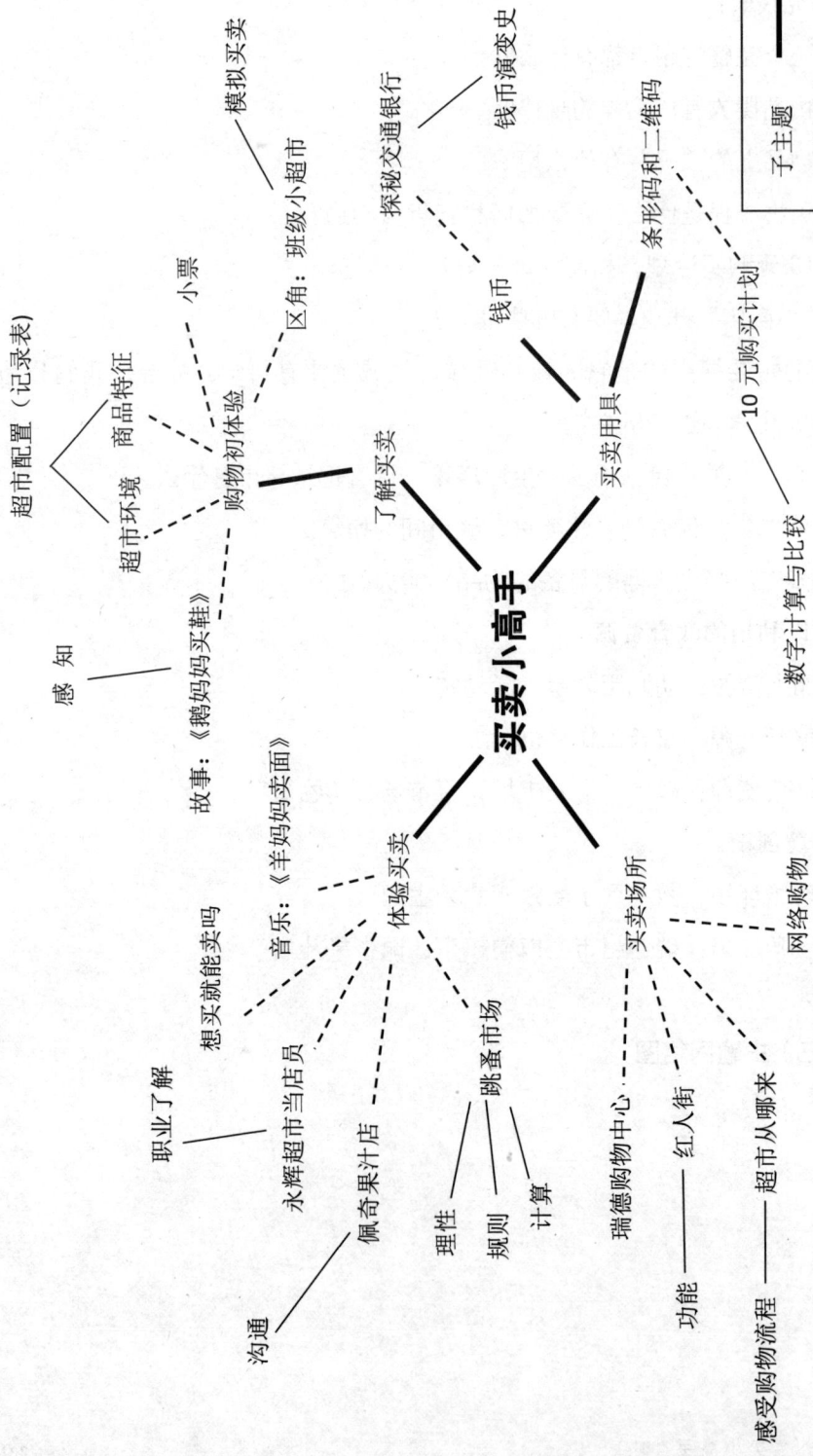

买卖小高手

感知
- 超市配置（记录表）
  - 超市环境
  - 商品特征
- 购物初体验
  - 小票
  - 区角：班级小超市
- 模拟买卖

了解买卖

钱币
- 探秘交通银行
- 钱币演变史

买卖用具
- 条形码和二维码
- 10元购买计划
- 数字计算与比较

体验买卖
- 故事：《鹅妈妈买鞋》
- 音乐：《羊妈妈卖面》
- 想买买就能卖吗

职业了解
- 永辉超市当当店员
- 佩奇果汁店
- 跳蚤市场
  - 理性
  - 规则
  - 计算
- 沟通

买卖场所
- 瑞德购物中心
- 红人街
- 超市从哪来
  - 功能
  - 感受购物流程
- 网络购物

子主题	——	
具体活动	------	
活动目标	——	

二、主题探究线索

（一）走，购物去

新学期开学，有趣的主题课程"买卖小高手"也即将开启。日常生活中，幼儿经常会讨论关于"买"的话题。为了让幼儿在生活化的场景中顺利进入到本学期的主题，引发关于"买与卖"的思考，我们进行了超市参观之购物初体验的活动。但今天只是万里长征踏出的第一步，观察了解我们购物环境的布局、物品摆放。

来到超市，孩子们仔细观察，将看到的画在记录表上，有不明白的则直接咨询身边的工作人员。

"阿姨，为什么洗衣液的瓶子颜色都不一样啊？"

"那是因为洗衣液的品牌都不一样，是为了好区分！"

"阿姨，什么是品牌？"

"品牌就像我们的名字一样，我们都是人，但名字不一样，它们都是洗衣液但名字也不一样。"

孩子们在记录单上认真画出超市内物品的摆放，边询问边记录，一个个学劲十足。记录表画完后，孩子们对购买产生了极大的兴趣。

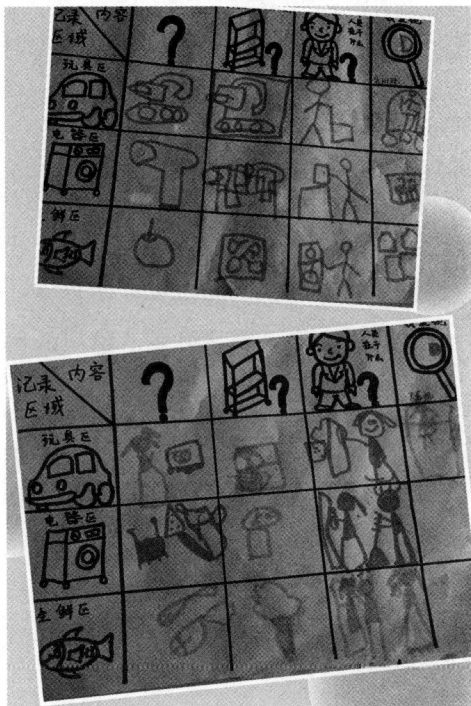

老师问："外出购物需要准备什么呢？你想用什么方式付账？"

一帆说："以前 kitty 给我们买吃的，我们就去了学校门口的四季春超市。"

弟弟说："可是我们没有钱怎么办！"

唯瑄说："那能不能给老板个玩具假装付钱呢？"

欢欢说："我想用二维码付账，这样就能省钱了。"

老师问："关于买和卖的角色，在生活中你还见过哪些呢？"

侯颂说："上次我和姐姐去买笔，有文具店的老板。"

夏天说："还有卖衣服的店里的老板。"

盼盼说："还有小区菜市场卖肉的。"

可欣说："冰激凌店的老板。"

帖钉说："肯德基店里的老板。"

浩浩说："洗车店的老板。"

进行了初步的讨论后，我们找出了班里现在需要用到却又暂时没有的物品，然后分组进行购买：男生组购买指甲剪，女生组购买护手霜。根据手中的记录单，孩子们纷纷寻找起我们今天要购买的物品，不一会儿就找到了目标商品——指甲剪和护手霜。为了体验不同的付款方式，我们尝试使用了二维码和现金的方式进行付款，小朋友们拿着"战利品"回学校。回学校的路上，夏天说："超市里什么都有，我也想开个超市！"

大（2）班的小朋友们购买了什么物品呢？一起来看看吧。

老师问："老师在网上买了一个水壶，想煮点冰糖雪梨水，小朋友们，你们知道煮冰糖雪梨都需要什么材料吗？"

一一说："需要冰糖。"

艺佳说："还需要雪梨。"

悦悦说："还需要水。"

说完，在老师的带领下，我们出发前往学校门口的超市，购买需要的物品。到达超市后，孩子们都好开心，盯着冰箱里的冰激凌望个不停，哈哈……今天我们的任务可是要买雪梨哦！先在超市里逛一下吧！

棒棒糖、酸奶、乐高玩具这些好吃好玩的近在眼前，可我们今天的小任务是购买煮冰糖雪梨水的材料。

老师问："找到了梨，我们可以直接拿走吗？需要怎么买呢？"

完完说：我们要先拿个袋子装起来，再去称重。

葫芦说：然后再去付钱就可以了。

小朋友们好聪明。在真实的情景中，孩子们一起感受怎么买、如何卖，更清晰地了解买卖。

材料购买完，更重要的是发挥它们的作用。秋天天气干燥，下午时，老师带领孩子们一起制作冰糖雪梨水。

（1）将梨、红枣清洗干净，切成小块。

（2）将材料倒入壶中。

（3）把水壶调成合适的温度，开始制作。

在等待的十分钟里，孩子们也

在观察："哇，变成45度了！"

嘉懿说："温度还在变化，好神奇。"

小初说："水里冒的泡泡变大了。"

时间到，好喝的冰糖雪梨水完成啦。

购买——清洗——制作，每一步的流程孩子们都亲眼看到，亲手完成，品尝着自己的劳动成果，幸福极了。

大班组的孩子们都顺利完成了购买任务，在活动中，孩子们已进入我们本学期的主题"买卖小高手"。关于买和卖，大家还想了解什么呢？

浩浩说："我们的钱是不是有人拿一张纸用彩笔把它画出来的呢？"

帖钉说："买东西的时候必须要称一下才能知道有多重，称重的那个东西是秤吗？"

可欣说："钱是怎么来的？"

管理说："二维码是从哪里来的？"

Coco说："为什么我们要用钱？"

唯瑄说："为什么会有纸币还有硬币呢？"

子铭说："为什么我们都喜欢用支付宝支付，不用钱支付呢？"

盼盼说："超市是怎么制造出来的？"

安琪说："为什么我们家楼下有那么多超市？"

夏天说："超市里的东西都是从哪来的？"

菁菁说："怎么样才能在网上买东西？"

菲儿说："网上买东西怎么运过来？"

孩子们关于买与卖的疑问，在后续课程的开展中一起来探秘吧。

（二）班级小超市营业啦

好消息！好消息！经过近一周的筹备，班级小超市终于要开启营业模式啦。"走，购物去"的购物初体验给孩子们留下了深刻的印象，他们将自己的记录单内容讲给好朋友听。为了班级孩子能更深入地进行买与卖的游戏体验，从超市的命名到选址，再到售卖的商品类型，都是在和孩子们的讨论中敲定。每个环节有了孩子们的参与，更加有了儿童的味道，班级小超市的创办也站在了儿童立场，办孩子们喜欢的"小超市"。

大（1）班：瑞德超市

孩子们商定最终将超市命名为瑞德超市，超市的人员招募也已落下帷幕。小超市营业期间，每天有3名"工作人员"：一名收银员，一名理货员，一名推销员。

超市热热闹闹地开办了，但是遇到一个问题，那就是：超市不营业时，有小朋友来超市把物品弄乱怎么办？铭锴想了想说："那我们可以在门口拉一条小绳子，这样别人就知道超市不营业了，我们去逛超市，就有这样的绳子。"细心观察，处处皆学问，小小的问题可是难不倒我们爱思考的孩子们。

试营业期间，我们看到超市每个岗位的"员工"都尽职尽责，"推销员"可欣忙着给客人介绍饮品，"理货员"管理正在整理货架，"收银员"盼盼竟然在收银时询问客人要不要办理会员卡。有如此尽责的小员工，相信瑞德超市的生意也一定会蒸蒸日上。

大（2）班：熊猫超市

与此同时，大（2）班的熊猫超市也迎来了开业仪式。在老师的引导下，我们共同了解了商品的标签，认识了超市内的不同区域。接下来，一起进行好玩的买卖游戏吧。

短暂的试营业期间，我们也会针对出现的问题和孩子们及时讨论进行调整。我们的超市每天在按时营业，小小管理员们也是按时上岗就位，在有趣的超市买卖活动中体验着不同角色带给我们的乐趣。小小的超市，孩子们却有着大大的收获。从买卖的角色游戏中，孩子们也越来越有自己的想法了，语言表达能力和社交能力也有了很大的提升，同时也变得更加自信了。

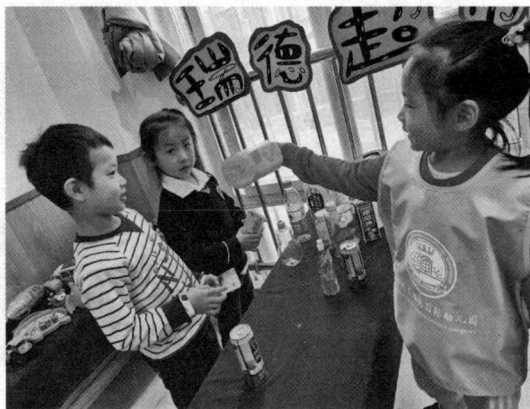

（三）神奇的条形码和二维码

条形码和二维码已经普遍地应用在我们的日常生活中，为我们的生活带来了很多便利。那么，条形码和二维码有哪些区别？为什么有两种不同的码？它们的作用都是什么呢？关于以上的疑问，我们一起来和孩子们开展一场有趣的探索之旅吧。

老师问："请小朋友找一找哪些商品上有条形码？"

喔喔说："广告牌上见过。"

管理说："在纸箱上见过。"

夏天说："在书上见过。"

可欣说："在超市的零食袋上。"

浩浩说："超市的篮球上也有。"

馨玉说："我们家买的奶粉罐上。"

赫赫说："衣服的那个标签上。"

柏沅说："矿泉水瓶上见过。"

诺诺说："快递单上有。"

老师问："每个条形码长得都一样吗？为什么？"

帖钉说："每个条形码都是不一样的。"

子铭说："有的条形码颜色跟别的不一样，我看到还有蓝色的条形码。"

菲儿说："不一样，有的是正方形，有的是长方形。"

弟弟说："有的上面的条粗粗的，有的是细细的。"

盼盼说："长得不一样，但为什么有的是长方形的，有的是正方形的？"

柏沅说："条形码上有很细的线，条形码下面有很多数字。"

妞妞说："有很粗的条和很细的条，数字不一样。"

老师小结道："超市里的工作人员，会提前录入商品的信息，我们买东西时，扫一扫条形码就知道商品的价格和详细的信息了。"

有了初步的探讨后，我们又针对二维码开始了讨论。

老师问："在生活中，你都在什么地方见过二维码？"

菁菁说："我在姥姥手机上见过。"

可欣说："在我们家的电视上见过。"

喔喔说："在停车场的时候，扫那个二维码才能出去。"

帖钉说："零食袋上也有。"

浩浩说："我家旁边有一个超市，在给商品结账的时候见过二维码。"

盼盼说："咱们班的饮水机瓶子上就有。"

铭锴说："在咱们班的微波炉上（消毒柜上）。"

唯瑄说："在买的衣服上见过二维码。"

管理说："出租车付账的时候见过。"

桐桐说："在超市见过二维码，在收银台用二维码。"

一一说："在我家楼底下的小卖部见过。"

完完说："在我妈手机上见过二维码。"

妞妞说："我在出租车上见过二维码，妈妈准备付账下车时扫码。"

妍妍说："我在地下停车场见过，我妈妈准备回家时会扫二维码。"

小雨说："我去良品铺子见过二维码。"

柏沅说："我在快递包裹上见过。"

诺诺说："我在梧桐量贩里见过，妈妈称菜时会有二维码。"

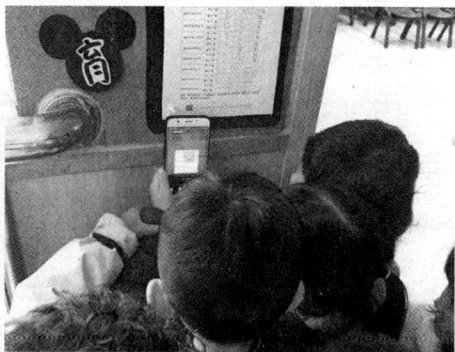

老师问："二维码和条形码不一样的地方在哪呢？"

子铭说："所有的二维码都有三个小眼睛，条形码就没有；但是条形码下面有数字，二维码也没有。"

可欣说："二维码没有竖的线条。"

夏天说："二维码就像迷宫一样。"

赫赫说："我觉得二维码里面是乱七八糟的，而条形码都是很整齐的竖线条。"

安琪说："形状不一样，二维码是正方形的，条形码是长方形的。"

欢欢说："二维码是竖着的，条形码是横着的。"

金金说："条形码小，二维码大。"

葫芦说："二维码是正方形。"

悦悦说："条形码是长的，条形码下面有数字，二维码是正方形。"

妞妞说："二维码有不齐的点点，条形码是长条。"

柏沅说："二维码上面有三个正方形，条形码没有正方形。"

小初说："二维码有很胖的点，条形码上面有瘦的条。"

诺诺说："条形码上面有线，二维码上面没有线。"

老师小结道："昨天老师给小朋友介绍了条形码，条形码有生产商品的国家以及商品的保质期等信息。二维码包含的信息比条形码包含的信息更多，也就是说二维码是条形码的升级产品。"

对条形码和二维码有了初步的探索后，我们也开始行动起来。拿起手机一起去寻找校园中的条形码和二维码，扫一扫会出现怎样的信息呢？

在寻找了校园中见到的二维码后，孩子们探索的脚步也没有停止，回到家中，纷纷开始寻找家中出现的条形码和二维码，并了解了其中的信息。

在活动中，孩子们了解到每一个小小的条形码和二维码都有着不一样的信息，就像我们的身份证一样，感受到它们给我们生活带来的便利。时代在发展，科技在进步，更先进、便捷的付款方式等着我们的小朋友来创造。

（四）扫一扫，"码"上知道

金秋十月已接近尾声，早晨淅淅沥沥的小雨仿佛也在诉说着不舍。在这个十月，大班组的孩子们围绕主题课程"买卖小高手"开展了关于买卖工具的系列活动，一大早就激情满满地出发啦。

在艾瑞德，孩子们是课程的小主人，我们老师也追随孩子们的兴趣，和孩子们共同学习了买卖用具——条形码和二维码的知识。为了更加深入地体验关于扫码的乐趣，大班组全体师生前往永辉超市进行"扫一扫，'码'上知道"的社会实践活动。

看看每个小朋友手中拿的调查表，我们可是带着任务来的。请每个小朋友找一找超市中带有二维码或条形码的商品并记录吧。拿着调查表，带着任务的我们走进了超市。进入超市的小朋友如同发现"新大陆"一般，"老师快看，这个上面有条形码！""这个纸巾上不仅有条形码还有二维码！""老师，能帮我们扫一扫这个二维码吗？"

孩子们一边发现一边记录，不一会儿，调查表已经被画笔填满。

填完调查表，到了孩子们期待已久的环节：10元购买计划。每个孩子都迫不

及待地选购了喜欢的商品，然后我们一起来到了超市的自助收银区。小朋友有序排队，等待扫码付款。轮到自己时，首先要找到选购商品的条形码，对准扫码区的红外线，再点击二维码付款，出示手机付款码，最后等待小票打印出来后，取出小票，拿走商品，即算完成此次购物。在付款环节，每个小朋友不仅体验了扫商品条形码的乐趣，也体验到用二维码支付的便捷，成功完成购物的孩子们开心不已。

购物结束后，孩子们也有自己的发现。

菁菁说："我发现在付账的时候有红色的线，扫码的时候要对着它。"

完子说："扫码时听到"嘀"的一声，就代表付账成功了。"

艺佳说："手机里要有钱才能扫码。"

喔喔说："我发现，每个小朋友结完账都有小票。"

一宸说："我发现出小票的时候，小票上也有二维码。"

Coco 说："我发现用手机扫码支付更方便，这样就不用带钱了。"

欢欢说："如果带钱的话，钱掉了就没办法付账了。"

夏天说："我发现很多商品上都有条形码，但是有的商品上没有二维码（散装称重区）。"

孩子是这个世界上最积极的探索者和发现者，在每一个"我发现"的回答中，都是小朋友对此次活动满满的收获与思考。"教书育人在细节处，学生成长在活动中。"我们既应关注到日常活动中的每一个细节，也应提供机，会让孩子在精彩的活动中得以成长。

（五）交通银行大探秘

"想去远方的山川，想去海边看海鸥。不管风雨有多少，有你就足够。喜欢看你的嘴角，喜欢看你的眉梢。白云挂在那蓝天，像你的微笑。"此刻，从艾瑞德的校车上传来了美妙的歌声，原来是大班的小朋友啊。他们要去哪里呢？只听见小朋友们一路上热情高涨地讨论着：

"我看见了一个地铁口！"

"那不是我们在教室里见过的农业银行嘛！"

"咦，它们的颜色怎么不一样啊？"

原来大班组是要前往交通银行总部。在购物初体验环节，幼儿发现购物时要用到一定的钱，即便是扫码，手机里也要有钱。今天，就由专业的工作人员给我们讲解钱的由来。下了校车，远远地就看到交通银行的工作人员已经在等待我们了。

在工作人员的带领下，我们来到了银行内部，"哇，好漂亮！"孩子们发出一阵阵感叹声。接着，我们来到了由交通银行的工作人员陈老师为我们带来的"小小金融家"课堂。首先，陈老师向我们介绍了现为中国五大国有大型商业银行之一的"交通银行"的历史；接着，让孩子们认识我们中国的货币"1元、5元、10元、20元、50元、100元"。还没等陈老师介绍，孩子们就说出了钱币的面值。那钱是怎么来的呢？最原始的时候，人们把贝壳当作货币，因为它便于计数也方便携带。但是，随着商品越来越多，而交换也迅速地发展了起来，货币的需求量越来越大，人们开始用铜来仿制贝壳。于是，有了铜钱以及古代的黄金。可是，铜币面值太小，黄金面值又太大，不适合日常交易，这才有了我们现在的大额纸币和小额硬币。除了我们日常见到的钱币，我们还认识了欧元、美元、英镑、澳元、加元、瑞士法郎。

了解完钱币的历史，我们还认识了交通银行的银行卡。贴心的工作人员还为孩子们准备了彩印好的银行卡图纸，请大家制作一张属于自己的银行卡。你想设计成什么样的呢？孩子们思考后起笔创作，有的设计了带自己名字的，有的在纸上设计了专属自己的卡号，有的设计了自己喜欢的图案。不一会儿，各种各样的"私人定制"银行卡便出炉了，还真是创意多多。银行的哥哥姐姐们还特地选出了最具创意的银行卡，并为孩子们送上奖品。

到这里就结束了吗？孩子们可并不满足于这简单的知识介绍，我们可是带着问题来的。孩子们把手高高地举了起来，问题一个接一个，由我们的工作人员海洋哥哥和金博士来解答。孩子们问了什么问题呢？

（1）运钞车运钱时为什么要保安跟着？保安的枪是真的还是假的？

银行的工作人员每天上班的时候都需要把钱放进存取款机，下班的时候再把钱取出来运到金库。运钱的时候就需要保安来保护钱。当然，枪也是真枪，以防遇到坏人。

（2）为什么会有那么多不一样的银行？

因为随着经济的发展，一家银行已经远远不够大家使用。银行的多样性更便于大家根据自己的需要选择相应的银行。

（3）为什么银行工作人员穿得都一样？

服装的统一便于大家来辨认，一看就了解该找谁办业务。

（4）为什么拿着银行卡才能取钱？

每张银行卡都有自己的名字，是用自己的身份证号办理的，以便存取自己的钱。现在更方便的是，没有带银行卡也可以取自己的钱。

（5）为什么取款机可以取钱？

因为取款机里有我们工作人员放进去的钱，等一下可以带大家去体验。

（6）为什么工作人员都在柜台里？

因为每天我们工作人员都要接触到很多钱，工作人员在柜台里，不仅可以保护钱财的安全，还能保护自身的安全，以防坏人来抢钱。

在踊跃地提问后，我们随工作人员来到了自动存钱款机前，观看 ATM 到底是如何存取现金的。海洋哥哥边演示边为我们讲解："无论是在存钱还是取钱时，都需要先插入银行卡，然后输入你银行卡的密码。存钱时就选择 ATM 上的存钱业务，接着把钱放入存钞口，点击确认，钱就存好了。取钱时，就要选择取钱业务，输入你要取的金额，点击确认，我们的钱币就从出钞口输出。"孩子们聚精会神地观看着海洋哥哥的示范，相信一个个都是收获满满的。

随着示范的结束，我们探秘交通银行之旅也将结束。孩子们依依不舍地跟我们的陈老师、海洋哥哥、金博士说了再见，并留下美好的合照。感谢交通银行总部为我们提供的此次参观机会，还为孩子们准备了美味的小吃及奖品。此次出行给孩子们留下了深刻而美好的印象。

（六）各种各样的商店

买卖场所，顾名思义，就是买卖和产生交易的地点。不同的买卖场所，就会产生不同的交易。在艾瑞德国际学校，也有一个专属于我们学生的小超市，我们叫它"瑞德购物中心"。那么，校外都有哪些买卖场所呢？

孩子们吃过早饭，便跟随队伍一起出发，前往谦祥万和城红人街。兴趣是最好的老师，在调查孩子们所熟悉的买卖场所环节，每个孩子都神采奕奕，稚嫩的小手拉在一起，欢乐地去调查不同的买卖场所。

老师问："小朋友们，你们都知道有哪些买卖场所啊？"

小雨说："买芭比娃娃的地方。"

小初说："卖乐高的地方，是玩具店。"

桐桐说："还有车店，是卖各种车的。"

诺诺说："文具店，可以在那里买各种画笔和画纸。"

子铭说："包子店，是卖包子的。"

赫赫说："花店也可以买东西啊。"

欢欢说："还有药店。"

喔喔说："我知道有卖栗子的栗子店。"

弟弟说："还有衣服店。"

孩子们纷纷发言，说出自己所知道的商店，那种迫切地想分享给老师和其他小朋友的模样，真是可爱极了。

前期的铺垫工作准备就绪，孩子们分别拿着自己的调查表，前往红人街的买卖场所，展开了调查。

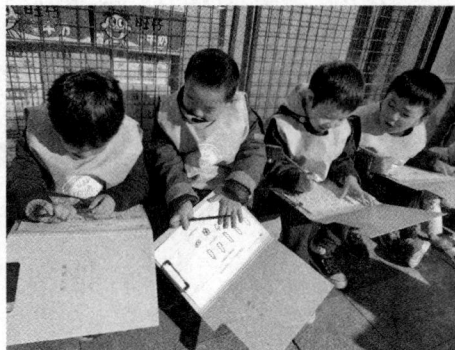

接下来，一起来看一看我们的调查成果吧。

买卖场所 1：依粉伊面

"老师，这个是卖面条的吧！"

"肯定是，那上边画着一碗面条呢。"

买卖场所 2：千里睦

"这里是配眼镜的吧？"

工作人员说："我们这里是给戴眼镜的小朋友治疗近视的地方。"

"那我们可要保护眼睛了，戴眼镜多不舒服啊。"

买卖场所 3：华莱士

"我要画一个汉堡店，里边画好多汉堡，好想吃啊！"

买卖场所 4：童年领域

"老师，这里是卖衣服的吧，还有鞋子呢。"

"都是小朋友的，这是童装。"

"还有小朋友的玩具呢！"

买卖场所 5：蜜雪冰城

"老师，这个是蜜雪冰城，卖饮料的。"

"我也猜出来了，你看门上有个大冰激凌，还有奶茶杯。"

买卖场所 6：回力

"这个标志像一个躺着的 f。"

"老师，我穿的就是这个牌子的鞋子。"

"看，我画了一个回力，还有鞋子。"

买卖场所 7：张仲景大药房

"我闻到了药的味道，这个是药店。"

"我最近有点感冒，昨天还吃药。"

"里面的药也排队，摆得真整齐。"

孩子们带着问题走进了"好想你、华莱士、良品铺子、丹尼斯、张仲景大药房、百果园"等店铺。最值得表扬的是，孩子们在调查过程中非常懂礼貌，进去首先和店内的叔叔阿姨打招呼问好。参观过程中，孩子们还特别细心，记录过程中很小心身边的物品。

每走进一家店铺，孩子们都会在老师的引导下，认真地完成记录表的填写。

美好的时光总是短暂的，孩子们的记录表也渐渐地完善起来，有些小朋友甚至已经记得满满的，却依然走进每家店时继续观察并和其他小朋友讨论，热情不减。

通过今天的活动，孩子们认识并了解到，不同的买卖场所里的商品也会不同，并知道这些买卖场所跟我们的生活息息相关，缺一不可。

（七）超市物品从哪来

上周和孩子们进行主题课"买卖小高手之买卖场所"时，有小朋友突然问道："老师，我们可以去超市买东西，那超市的东西是从哪来的呢？"结合孩子的疑问，我们决定和孩子们到离学校最近的批发市场——"莲花农贸超市"进行参观。出发之前，老师也和孩子们一起讨论了以下几个问题：

——什么是批发市场？

——人们为什么要批发？

——批发市场里都会有什么呢？

孩子们针对这三个问题发表了不同的看法，一起来看看吧。

老师问："什么是批发？"

盼盼说："发财的意思。"

Coco 说："很多卖东西的。"

欢欢说："应该是一个市场。"

石头说："像一个大超市一样的地方。"

嘉懿说："我们家里的菜应该就是批发买的吧。"

鹏宇说："批发应该会便宜点吧。"

桐桐说："买很多玩具就是批发。"

老师问："为什么要批发？"

锐宝说："批发的种类有很多，可以选。"

可欣说："要不然超市里就没有东西卖。"

弟弟说："批发的贵。"

喔喔说："批发的便宜，买得多就便宜。"

老师问："你觉得我们今天要去的批发市场都有什么能批发的商品？"

菲儿说："瓜子和糖。"

子铭说："有 mm 豆。"

铭锴说："应该会有菜。"

赫赫说："有小鱼。"

一宸说："很多水果。"

孩子们的想法究竟对不对呢？我们一起来验证一下吧。一到农贸市场，孩子们就迫不及待地讨论起来：

彤彤说："老师，这里有好多糖果瓜子啊！"

柏源说："老师，这里还有爸爸妈妈喜欢吃的水果和蔬菜。"

妍妍说："哇，这里卖什么的都有。"

金金说："我回家可以跟妈妈说来这里买东西。"

在老师的带领下，我们先参观了农贸市场的外面。这里的物品应有尽有：蔬菜、水果、海鲜等，门牌或摊位上面大多有这四个字：批发／零售。老师告诉孩子们，这里的东西不仅可以批发，也可以单个零售买卖。孩子们不仅看在眼里，还用画笔把物品记录在了我们的操作单上。

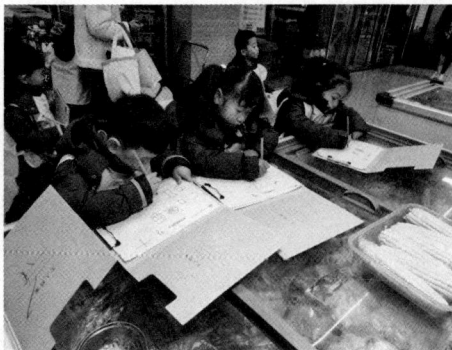

其实在昨天，孩子们就已经调查了爸爸妈妈喜欢吃的菜，所以今天我们还有一个非常温暖的任务：感恩节将至，为爸爸妈妈购买他们喜欢吃的菜，作为爱意的表达。

金金说："我妈妈喜欢吃西红柿炒鸡蛋，我要买西红柿和鸡蛋。"

悦悦说："我妈妈喜欢吃鱼，我要买一条鱼。"

妞妞说："我妈妈想吃花菜，那我买些花菜吧。"

小鱼说："我爸爸妈妈就喜欢吃红烧肉，我要买点肉。"

来到蔬菜摊位，孩子们兴奋地告诉老板自己需要购买的东西以及数量，感受买卖的乐趣。老板耐心地帮孩子们称重、核算时，孩子们还告诉老板："老板，我们不用塑料袋，我们带有环保袋，可以循环利用的。"

到了晚上，孩子们开始了厨房美味之旅，在爸爸妈妈的帮助下，把买的菜做成了美味的饭菜。

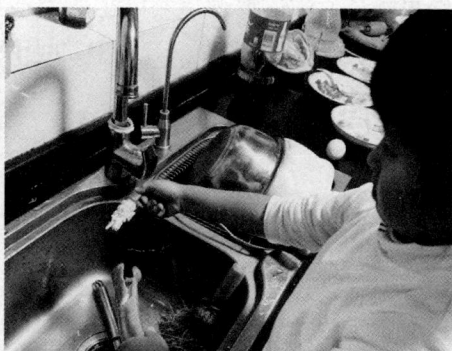

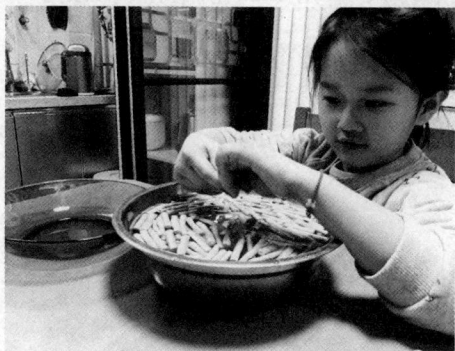

"爸爸妈妈，感谢你们对我的付出，我爱您！"

通过本次参观，孩子们了解了不同的批发商店，感受了批发与零售的区别。结合感恩节，他们也选购了爸爸妈妈最喜欢的菜品。回到家后，孩子们迫不及待地和爸爸妈妈一起做美味的饭菜，一盘盘美味的菜也充满了孩子们满满的爱意。

（八）佩奇果汁店

在和一个小朋友聊天时，他告诉老师，昨天在家喝了妈妈榨的西瓜汁，觉得特别好喝。于是，我们商讨后，决定和孩子们开一个属于自己的果汁店。

利用孩子们玩游戏的时候，我们一起讨论果汁店的名字。当时，孩子们起了很多名字：苹果果汁店、西瓜果汁店、朵拉果汁店、大班果汁店、佩奇果汁店……最后投票决定命名为佩奇果汁店。

一旦萌生了想法，就要立即去做。听说了我们要开果汁店的想法，孩子们欢呼雀跃。

"老师，我家里有苹果。"

"我家里有香蕉。"

"我家里有酸奶。"

鉴于孩子们的想法，我们决定果汁店的原材料全部由孩子们从家里带。于是，班里的孩子们分成了五组——酸奶组、水果组、榨汁机组、杯子组、吸管组，每个小组领到的任务都不同。

交易不一定是百分百成功的，在这次的活动中，孩子们也体验到了这一点。我们在卖果汁的时候，孩子们具有很高的热情和激情，见到校园里的老师，就喊："卖果汁啦，鲜榨的果汁，走过路过不要错过啊。"遇到的老师有捧场的，当然也会有不买的。孩子们拿着一杯果汁，走到一位老师面前："老师，买杯果汁吧。这是我们鲜榨的果汁。"那位老师笑笑说："宝贝，谢谢！我先不买了。"销售没有成功，孩子们有些沮丧，"那位老师为什么不买我们的果汁啊？"教育的契机就这样来了，我们告诉孩子，交易不是

百分百成功的，顾客有买的权利，也
有不买的自由，我们不能让每个人都
来买果汁，我们能做的就是做好自己
的商品。有人不买也没关系，不要放
弃。有时，被"拒绝"不见得是一
件坏事，刚好可以培养孩子的抗挫折
能力。

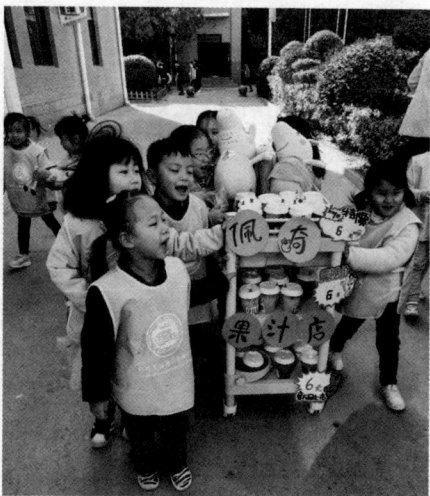

　　开业第一天上午，业绩并不是很
理想。下午利用自习的时间，我们把
果汁销售一空，卖完后，有些家长和
学生慕名而来。"老师，还有果汁吗？"虽然卖完了，但是我们在思考着，
为什么卖得不是很快呢？大家都喜欢喝果汁，为什么有些人会犹豫呢？原
因找到了！

　　因为天气：天太冷，果汁是凉的。于是，开业第二天，调整产品，推
出新品——冰糖雪梨水和奶昔系列。天气虽然是冷的，但是喝着热热的冰
糖雪梨水，心里也是暖暖的。

　　活动是否成功取决于孩子们的收获，两天的活动，我们看到孩子们是
开心的。在买卖的过程中，锻炼了孩子们的语言表达能力、语言组织能力、
自信心、团结合作能力等。孩子们看到手机上的到账信息，不禁大喊道：
"耶，我们成功了！"

（九）网络购物初体验

随着时代的发展，网络购物这一新兴的购物方式进入各家各户。当我们了解了批发市场，走到我们的生活中去寻找不同的买卖场所，网购这一新型购物方式也引发了孩子们强烈的好奇心。于是，在老师的带领下，我们一起走进了网购的主题课堂，让孩子们亲身参与，了解网络购物的全过程，获得多种能力的发展。

老师问："当我们需要坐高铁旅游，要去哪里买票呢？"

可欣说：要到高铁站去买。"

Coco 说：可以在网上买票。"

老师问："当我们需要送别人玩具，我们需要去哪里买？"

唯瑄说："在网上也能买到。"

馨玉说："要去超市买。"

菁菁说："还有批发市场。"

"今天老师带了一个神奇的包裹，你们猜猜它从哪里来？"

喔喔说："我知道，是网上的快递。"

原来是网购的快递包裹啊。那我们一起来学习一下如何进行网购吧！首先我们要在手机或者是电脑上找到我们的购物软件，然后选择我们需要购买的产品，确认我们的地址、姓名、联系方式，接着进行网上支付。如果让你来购物，你会选择什么产品呢？

菲儿说："化妆品，想送给妈妈。"

欢欢说："衣服。"

子铭说："奥特曼。"

馨玉说："玩具。"

一宸说："图书。"

接着，在孩子们的答案中，我们选择了好吃的牛轧糖。在老师的带领下，我们一起找到了购物软件淘宝，在淘宝上购买了牛轧糖。

"那小朋友们知道我们的快递包裹要到哪里取吗？"

喔喔说："菜鸟驿站。"

盼盼说："快递箱。"

赫赫说："学校门口的柜子。"

浩浩说："我们小区门口也有快递柜，一格一格的，格子有大有小。"

"小朋友们了解如何取快递吗？"

弟弟说："在快递柜那儿的屏幕上输入密码。"

赫赫说："拿手机照一下。"

在我们的快递包裹到达后，大（1）班的小朋友一起走出校园，到校门口的丰巢柜中体验取快递。一场丰富的网购体验在品尝分享美味的牛轧糖中结束了，接下来还有更多丰富有趣的体验在路上。

（十）萌娃当老板，买卖乐趣多

盼望着盼望着，今年冬天的第一场雪终于如约而至，雪花如调皮的小精灵似的在空中飞舞，孩子们也在期待着银装素裹的大地，好让我们可以堆雪人，打雪仗。伴随着这样的美景，我们也迎来了大班组主题课程的结课仪式。上周我们去永辉超市体验当店员，介绍产品、规整物品。今天我们的跳蚤市场开业了，开业现场有哪些精彩呢？一起来看看吧。

为了庆祝跳蚤市场的开业，由8位商铺小老板组成的舞蹈队成立了。她们身穿大红色衣服，手持红

灯笼，在喜庆的音乐《开门红》中开心地舞蹈着，同时也预祝我们的跳蚤市场开业大吉。

每一次精彩的活动，园长阿姨都是有力的支持者，默默地陪伴着我们。今天我们也邀请到园长阿姨前来参加我们跳蚤市场的开业活动。在具有仪式感的揭牌剪彩环节后，围观的小客人们也早已迫不及待，随着主持人的一声"跳蚤市场开市啦！"，小客人们手拿零钱来到各个摊位前，开始选购自己喜欢的商品。

快来看，跳蚤市场的商铺可真不少啊！有"弟弟的小铺""贴匠铺""河兔杂货铺"等，数不胜数。商铺的名称以及海报都是周末孩子和爸爸妈妈共同商讨绘制的。各个商铺的小老板迎来了开业后的第一批客人，他们对客人纷纷热情招待，大方地介绍自己的商品。"这个是酸奶，只卖一块钱一袋。""这个娃娃很干净哦！""买我的东西可以送你一个小贴画。""买我的商品可以参与抽奖，一等奖神秘礼物，二等奖神秘玩具……"小朋友们都在以自己的方式招揽客人，售卖自己的商品。如果客人没带现金怎么办？这可难不倒我们的小老板们，在每个店铺海报的一角都张贴着二维码，这是家里爸爸或妈妈的收款码，直接扫码支付就可以。在家中的爸爸妈妈收到转账信息，都欣慰地表示这可是第一次收到孩子挣的钱啊，而买到自己心仪商品的客人也表示今天的收获很丰富。

在热闹的买卖声中，不时传来"恭喜某某小朋友获得二等奖"的声音。原来，在今天跳蚤市场上还贴心设置了服务台。为了答谢今天的客人，购买到商品的顾客可以前往抽奖台进行抽奖，这样意外的收获也增加了小客人的消费欲望。

随着各个摊位上的商品越来越少，小老板们收银盒里的钱也越来越多，今天的活动也慢慢地接近尾声。在送走了最后一批小客人后，我们关闭了跳蚤市场的大门，等待着小老板们的是评选环节。根据店铺的售卖情况，我们设置了"最佳销售冠军""最具创意店铺""最佳人气店铺"的奖项，看一看小老板们都获得了哪项荣誉称号吧。

本次跳蚤市场活动是大班组主题课程"买卖小高手"的一个缩影。在活动中，孩子们亲自制作海报、为店铺取名、感受开业流程，组织语言大胆售卖商品，加深对钱币换算的了解，与时俱进地使用二维码。孩子们的各项能力在润物细无声中发展起来，这就是主题课程的魅力，同时也期待在下学期主题课程中孩子们的进一步成长。

三、主题总结

大班组的幼儿用一个学期的时间来进行"买卖小高手"主题活动的探究，我们围绕不同的线索陆续展开了实践与体验。在实践和体验的过程中，孩子们从园内走向园外，从情景游戏到真正的买与卖，尝试了从消费者到经营者的角色互换。在这个历程中，幼儿通过多种方式了解了超市的基本结构及物品的摆放。"鹅妈妈买鞋""10元购买计划"等活动也让幼儿意识到理性、合理消费的重要性，幼儿还学习了钱币间的简单换算。幼儿和家人共同制作班级小超市、跳蚤市场店铺海报、为店铺取名，借此给店铺增加吸引力。在为每一次买卖活动付出的背后，都加深了幼儿对买卖的兴趣。售卖时，幼儿的语言沟通能力也随着买卖的深入进行而变得越来越丰富。找零钱环节加深对钱币换算的了解，部分幼儿能够与时俱进地使用二维码收付款，感受新时代的快捷与方便。幼儿在丰富多彩的主题活动中，在不断地突破和尝试中，得到锻炼和提升。

在本学期主题活动开展的过程中，我们也结合现代社会的发展和幼儿提出的想法，进行了很多突破。幼儿在活动中的想法常常会影响主题的走向，我们围绕着幼儿一个又一个的兴趣点来开展主题的时候，孩子们也会给我们带来更多的惊喜，本学期主题开展中的许多精彩活动也由此诞生。

充当买的角色时，幼儿提前在家做了一份调查：爸爸、妈妈喜欢吃什么菜。带着这份调查，我们走进菜市场，问价——选菜——装袋——付款，"老师你看，你看，这是我买给妈妈的！"老师看到的，除了他们的笑脸，还有被塑料袋勒得发红的小手。充当卖的角色时，我们一起筹备开果汁店，每一杯果汁，都贴有幼儿自行设计的条形码。上午的售卖活动不太顺利，我们会聚在一起总结卖不出去的原因，一一说我们要介绍果汁，就说很甜，大家都喜欢吃甜的；柏沅说放学人多，会有人买的……趁着放学，我们再一次开始售卖果汁。看着果汁一杯杯卖出去，听到手机到账的声音，幼儿间奔走相告："耶！我们成功啦！"

课程也许暂时告一段落，但每每回忆起孩子们成长的瞬间，都能令人回味良久，感动满满。本次"买卖小高手"主题课程的背后，凝聚着我们师生共同的努力，共同探索的体验，共同成长的喜悦！

走自然生长教育之路，办有温度有故事学校。在这个幼儿园中，让孩子们在"自然生长教育"中获得成长与绽放，在探索主题课程的过程中感受温暖与喜悦，是我们的最终目标。为此，我们将在以后的课程中保持儿童立场，汲取有益经验，拓宽思维，向更好的课程方向出发！

豫见——美丽的家乡

一方水土

养一方人

我们来自四面八方

却在河南遇见

"豫"见美丽的家乡

一、主题概述

（一）主题说明

1. "豫见——美丽的家乡"主题课程来源

"老师，我们的家乡来自哪里啊？"

"老师，黄河水为什么那么黄？"

"为什么我们叫炎黄子孙？"

"爸爸妈妈早上最爱喝胡辣汤，它是怎么做成的？"

在我们小的时候，更多的是对大自然的探索、朋友之间的嬉戏玩闹，和亲人之间的人情往来，听长辈们讲述家乡的故事。这些都是我们最初的情感滋养，对自我、对周围的认识。家乡，对孩子的成长有着特别的意义。在家乡，有孩子熟悉的亲人、朋友、同学，还有孩子们熟悉的风俗文化、人文地理。

《3—6岁儿童学习与发展指南》中的社会领域部分提出，幼儿"能感受到家乡的发展变化并为此感到高兴"，在教育建议中提出"运用幼儿喜闻乐见和能够理解的方式激发幼儿爱家乡、爱祖国的情感"。结合《指南》中提出的目标与教育建议，以及"建设美好家乡，我们都是主角"的社会价值观，本学期的探究式活动由此找到了落脚点。

为了帮助孩子们深入地了解自己的家乡，热爱自己的家乡，本学期大班的探究式活动名称定为"豫见——美丽的家乡"。通过这样的主题活动，增强孩子们对家乡的热爱之情和民族归属感，这对孩子们以后的成长都是一笔宝贵的精神财富。它教会孩子们无论是大城市还是小地方，都有属于自己的文化底蕴和独特价值，只要热爱自己的家乡，就能发现它美丽的不同。

2."豫见——美丽的家乡"主题课程介绍

我们的探究式活动"豫见——美丽的家乡"从认识河南历史、科学、文化开启，更加深入与系统地挖掘河南的独特文化资源。分为食在河南、言在河南、游在河南、乐在河南四大板块教育活动。开展以来，老师和孩子们一起走进了新郑"好想你"红枣小镇品尝红枣，踏上了到黄帝故里的寻根拜祖之旅，到黄河风景游览区观黄河，登"二七"纪念塔了解那一段悲壮的历史，了解河南传统美食胡辣汤和烩面的制作过程和历史文化背景，参观博物馆，开展了一系列的外出活动。在学期结束前，开展了以"河南一日游"为主题的"豫见——美丽的家乡"结课仪式活动，这是本次主题活动的简介与缩影。

（二）"豫见——美丽的家乡"探究计划

主题名称： 豫见——美丽的家乡

探究的中心思想： 立足于河南省丰富的文化教育资源，尝试着挖掘本土文化的内涵，从深层次分析文化教育资源自身的能动性以及对儿童的身心发展的塑造，有效地促进儿童主动探索精神，增强了儿童热爱家乡的情感。

孩子可以获得什么？

了解家乡河南的历史文化，增加幼儿对家乡的热爱。通过亲身体验，感受家乡的变化，为自己的家乡感到骄傲、自豪。

·**核心概念：** 印象、特色、爱家乡

·**态度：** 好奇心、探索欲、想象力、合作互动

·技能：发现与探索、思考与表达、合作与分享

探究线索：

·什么是家乡？你心中对家乡的印象？

·家乡的特色建筑和历史有哪些？

·家乡的特色饮食文化有哪些？

·家乡的特色文化——河南方言豫剧文化。

·如何展示和表达家乡的历史文化？

·怎样更好地为家乡代言？

可以利用的教育资源：

幼儿园资源：300亩田园校区、厨房操作间、往届经验

家长资源：胡辣汤店、厨师、导游、豫剧爱好者

社会资源：河南博物馆、黄河游览区、黄帝故里、红枣小镇等

环境创设：

班级大环境：河南地图、家乡绘本漂流活动

区　　角　　美工区——家乡绘本、华豫之门、美食一条街

　　　　　　表演区——豫剧小剧场、每日十分钟家乡话

　　　　　　建构区——拼搭"二七"塔、"大玉米"等特色建筑

　　　　　　自然角——种植大蒜、黄河水沉淀

（三）"豫见——美丽的家乡"主题网络图

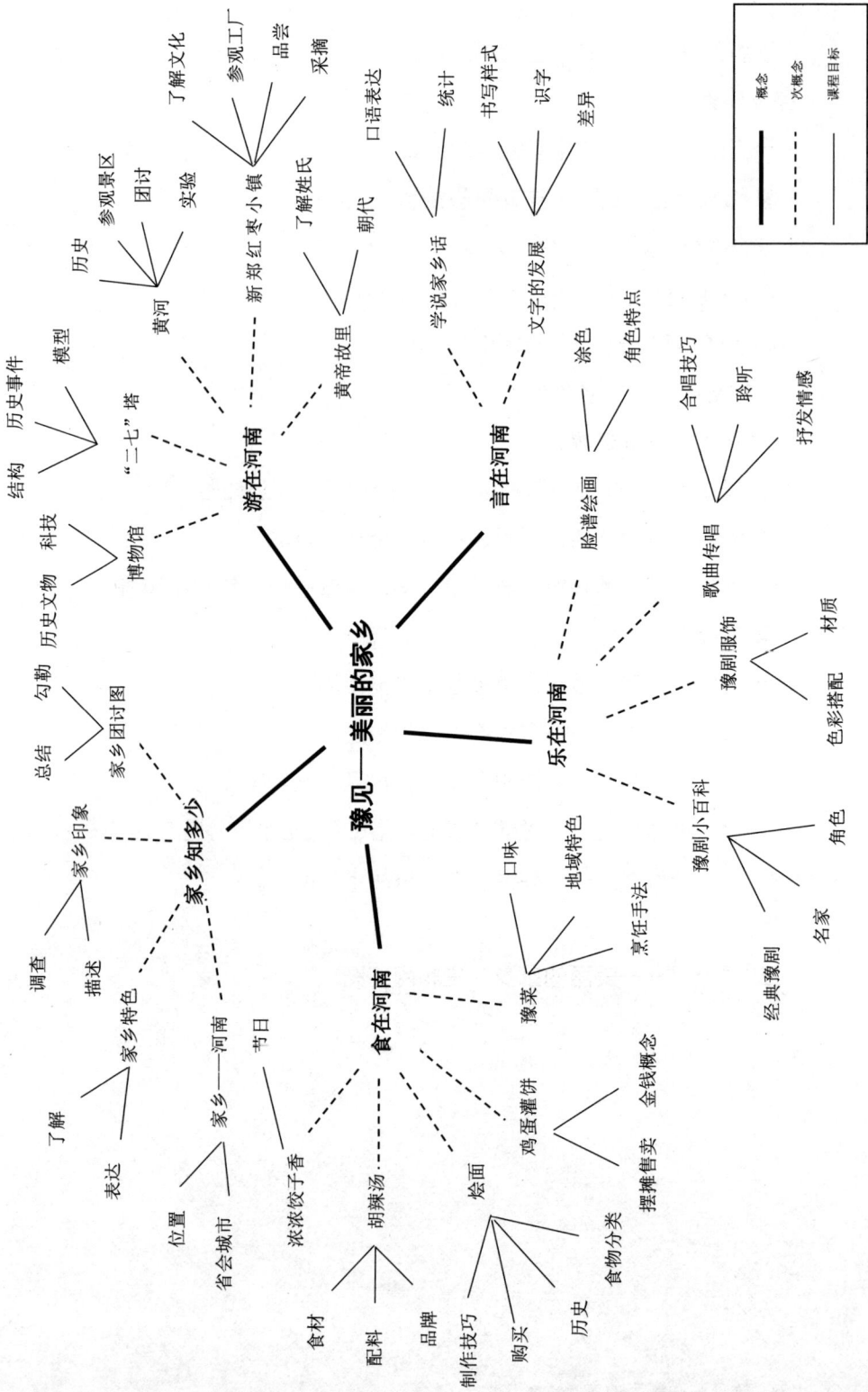

豫见——美丽的家乡

游在河南
- 历史
- 参观景区
- 模型
- 团讨
- 实验
- "二七"塔
- 了解文化
- 参观工厂
- 品尝
- 采摘
- 黄河
  - 朝代
- 新郑红枣小镇
- 黄帝故里
- 了解姓氏
- 结构
- 历史事件
- 历史文物
- 科技
- 勾勒
- 博物馆

言在河南
- 口语表达
- 统计
- 书写样式
- 识字
- 差异
- 学说家乡话
- 文字的发展

乐在河南
- 脸谱绘画
- 涂色
- 角色特点
- 合唱技巧
- 聆听
- 抒发情感
- 歌曲传唱
- 豫剧服饰
  - 色彩搭配
  - 材质
- 豫剧小百科
  - 名家
  - 角色
- 经典豫剧

家乡知多少
- 总结
- 家乡印象
- 家乡团讨图
- 调查
- 描述
- 家乡特色
- 了解
- 表达
- 位置
- 省会城市
- 家乡——河南
- 节日

食在河南
- 口味
- 地域特色
- 烹饪手法
- 豫菜
- 浓浓饺子香
- 胡辣汤
- 绘画
- 食物分类
- 摆摊售卖
- 金钱概念
- 画面
- 鸡蛋灌饼
- 购买
- 历史
- 食材
- 配料
- 品牌
- 制作技巧

- 概念
- 次概念
- 课程目标

二、主题探究线索

（一）家乡知多少

1. 家乡印象

俗话说，一方水土养育一方人，在中国这个文化大家庭中，任何一个地区的人的成长，都离不开家乡根深蒂固的滋养。

结合本年龄段幼儿年龄与认知特点，以及积累的生活经验——孩子们对自己的家乡有了初步的印象。基于孩子的已有经验，今天我们开启"豫见"主题活动第一篇章——家乡知多少。

活动开始，我出示了一张河南地图，孩子们一下子被它的外形吸引住了，有的说像狗，有的说像鸡……被告知这是我们河南省的地图时，孩子们安静了，更有火眼金睛的孩子立马发现了我们郑州的坐标，真不愧是河南人啊！

提到河南，大部分孩子印象最深的要数自己的家乡啦，那就一起来玩邮递员送信的游戏吧。

Teacher 问："哪里来的信啊？"

Kids 答："商丘来的信。"

Daisy 问："哪里来的信啊？"

Amy 答："汤阴来的信。"

Daisy 问："哪里来的信啊？"

Amy 答："开封来的信。"

……

孩子们互动着，一一念出了自己的家乡。好开心能收到这么多地方来的信，那就让我们一起开启信封，让孩子们自己介绍一下自己的家乡印象吧。

Claire 说："我的家乡很冷！"

Lisa 说："上街有好多好吃的，我的新家在上街！"

Sunny 说："我的家乡是开封，有好多好吃的！"

Tina 说："我的家乡在建设路。"

提到家乡印象，好多孩子还不能很清晰地表达出来，那就让我们以我们所在的郑州来打个 Demo 吧！

众所周知，我们郑州 2019 年 9 月正在举办"少数民族运动会"，从此大郑州又多了一张文化名片——那就是我们酷似鸟巢的奥体中心！

这样的名片不止一张，让我们通过河南特色风景剪辑来一窥家乡河南的印象吧！

"二七"塔、德华步行街、大玉米、如意湖、少林寺、黄帝故里、云台山……

视频结束后，那就让我们一起在地图上找一下我们自己的家乡的位置吧，红色的板块、橘色的板块……

在孩子们的踊跃参与下，我们也给大家留了一个任务：回家和爸爸妈妈一起探讨一下自己家乡的特色。

2. 家乡特色

主题活动开展以来，收到了孩子们热烈的反馈：

"老师，我爸爸老家是安阳，可是我妈妈的老家是开封。"

"老师，我去过中原福塔还有黄河边，可壮观啦！"

"老师，我爷爷说河南烩面最好吃！"

"你们大家知道'中'是什么意思吗？"

目前开展的"家乡知多少"环节，在前几次活动中，孩子们已经认识了河南地图，找到了郑州，并对"家乡"产生了浓厚的兴趣。在了解家乡的概念后，孩子们回到家和爸爸妈妈聊自己家乡的特色。孩子们从不知道自己的家乡是哪里，到现在知道了自己的家乡在哪里，并且知道家乡的特产是什么，还能头头是道地跟其他小朋友介绍自己家乡的特产以及特色建筑等知识。

小博说："我的家乡在安阳汤阴羑里城，那里有扁鹊庙、岳飞庙，还有好吃的扁粉菜，我爱我的家乡安阳，小朋友们有机会一定要去看一看，我和妈妈可以做导游哦！"

莯莯说："我的家乡在河南安阳邓州，我的家门口有一条护城河，还有丹江水库哦！"

志远说："我的家乡在河南省三门峡卢氏县，家乡的特产有核桃、柿子、板栗、木耳。"

鹏杰说："我的家乡是上街，我家乡的美食有雪花酪、冰奶。还有后羿射日的传说哦。"

家乐说："我的家乡在开封，那里有很有名的灌汤包，还有我们以前去过的清明上河园，还有很好吃的兴盛德花生米。"

亦远说："我的家乡在洛阳，我的洛阳有水席、牡丹花，还有龙门石窟，还有很好吃的牛肉丸子。"

安桐说："我的家乡在东北，家乡有非常有名的绥中大白梨、水豆腐、东北黏豆包，还有小朋友最爱吃的面条鱼！"

思秦说："我的家乡也在东北，每到晚上有很多星星，有山有水，还有苍耳，它粘到身上都弄不掉的，很神奇。对了，还有很多蛇。"

Micky 和 Luffy 说："我们的家乡在荥阳，那里有很好吃的河阴软籽石榴，还有柿子、晏曲烩面和我们的母亲河黄河。"

天宇说："我的家乡在郑州，有烩面、胡辣汤、'大玉米'楼，还有'二七'塔。"

魁元说："我和小博和润润的老家一样，是安阳汤阴。它有 5000 多年的历史，是一座古城，很漂亮。"

轩轩说："我的家乡在美丽的兰考县，焦裕禄爷爷的老家也在兰考。那里还有泡桐树，可以做小提琴。我爱我的家乡。"

孩子们满腔热情地向大家介绍自己的家乡，脸上充满了荣誉感和自豪感。通过本次活动，孩子们对自己的家乡有了更深刻的理解和认识，相信这颗小小的爱家乡的种子已经悄悄地种在了他们的心中，并将慢慢地发芽、长大、开花……

3.美丽的家乡——河南

前几节教育活动，孩子们通过地图，对大家日常居住的郑州有了初步的了解。那么，今天我们一起聊一聊我们的家乡名称——河南。

说起家乡的名字，为什么叫河南呢？这第一个问题就让孩子们陷入了沉思。大家你一句我一句地猜测："因为在南边""因为有人给它起的名字""因为起名字的人喜欢水"。最终我们一起寻找到了正确的答案——是因为在黄河的南边，所以最后命名为河南。

接下来，我们展现出河南的地图，一起来观察我们美丽的家乡。

智浩说："地图像一只乌龟。"

小小说："地图像一座山。"

浩轩说："地图像一条张嘴巴的鱼。"

经了解，最终我们确认河南的地图像一只正在走路的象，河南的简称"豫"也由此而来，河南简称豫，解释为一个人牵着大象。

随着活动的一步步推进，我们知道了河南是中国的第 7 大省，有 17 个省辖市。河南省的四大古都是洛阳、开封、安阳、郑州。河南省的省树是桂花树，省花是蜡梅。河南的菜系叫豫菜。

接下来，我们通过回忆，罗列了自己知道的河南的好吃的、好玩的，还了解了河南的饮食文化、历史文化，作为农业大省的农耕文化、汉字文化、姓氏文化。

一节课的学习让孩子们惊叹，河南省的很多知识原来自己还不知道！了解家乡就是走进家乡，触摸家乡的一景一物。相信借此能激发出孩子们认识自己家乡的一些兴趣。

4．制作家乡网络图

家乡对孩子的成长有着特别的意义。一个儿童的身体与心理的发展，与他们所处的家乡环境有重大关系。

根据上几次活动的已有经验，孩子们已经知道自己的家乡在哪里，家乡的特色美食以及家乡的特色建筑都有哪些，再经过进行分类整理，孩子们亲手绘制了自己家乡的网络图。在网络图中，饱含着孩子们对家乡的那份真挚的热爱，来看一看孩子们绘制的成果吧。

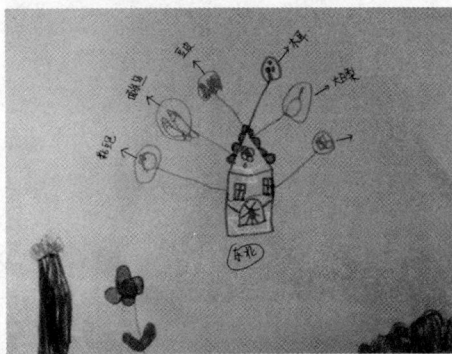

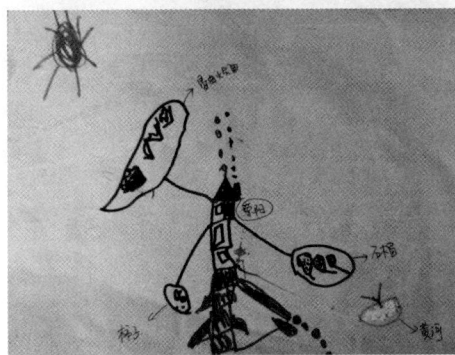

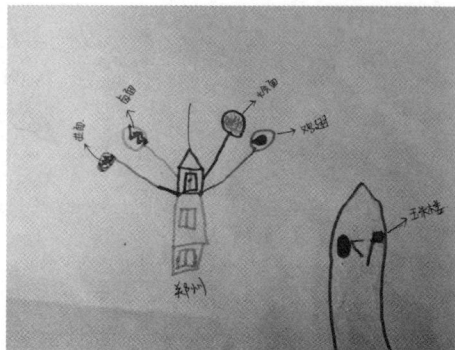

在孩子们稚嫩的画笔下，藏着一颗探究美丽家乡的好奇心。家乡不再是遥不可及的称谓。接下来的课程，我们将带着孩子们体验游在河南、食在河南、乐在河南、言在河南，将我们的生活融入课程中，让孩子们在生活中学习，在学习中拓展自己的境界和格局。

（二）游在河南

1. 黄河

（1）"母亲河"黄河

"遥远的东方有一条江，它的名字就叫长江。遥远的东方有一条河，它的名字就叫黄河……"

这首好听的《龙的传人》歌曲里唱到了两条河，它们分别是长江和黄河。长江是我们的第一长河，黄河是我们的第二长河。今天我们来了解一下离我们最近的黄河，看看到底会有什么惊喜的发现。

黄河是中华文明的重要发源地，被中国人称为"母亲河"，是中国的第二长河。那么，为什么黄河被叫作黄河呢？这个问题瞬间让孩子陷入了沉思。原来黄河发源的地方是青藏高原，刚开始水是非常清澈的，在经过黄土高原时，水土流失使大量的泥土冲入黄河河道，水变黄了。黄河总长度是 5464 千米，黄河开始的地方是青藏高原巴颜喀拉山，最终注入的地方是渤海。我们还知道了黄河流经的几个省市。

接下来，我们一起通过视频来了解动态的黄河吧！

看到黄色的河流奔腾不息，曲曲折折流向大海，令人震撼。活动虽然结束了，孩子们的探讨没有结束，大家相伴而行，还在讨论着：

石头说："不能在黄河的岸边放东西。"

若瑜说："黄河的水是变黄的。"

宸赫说："黄河还有一个名字叫作'母亲河'。"

佳颖说："黄河的水刚开始是清澈的，流着流着就变黄了。"

若嫣说："第一长河是长江，第二长河是黄河。"

和融说："黄河流动的水里有漩涡，如果人一不小心掉进漩涡中就出不来了，会被卷走。

阿燊说："不能在黄河里扔鱼刺和可乐瓶。"

芷嫣说："不能乱丢垃圾。"

一晨说："黄河的水刚开始是清的。"

可可说："黄河流经的地方有青海、四川、甘肃、宁夏、内蒙古、陕西、山西、河南、山东。"

可馨说："黄河的水以前是清澈的。"

宸源说："黄河有一个传说，有一条龙在那里经过，然后留下的足迹便成了我们的母亲河——黄河。"

明明说："黄河是从青藏高原流下来的。"

子琪说："要保护黄河。"

只有保护好我们的"母亲河"黄河，我们才可以在这片黄土地上肆意地奔跑嬉戏。关于黄河，幼儿的联想与想象力非常灵动，触类旁通到相关的传说、黄河水出现的其他现象，这种思考与关联能力需要我们多多鼓励，"母亲河"黄河和我们自己的母亲一样伟大，让我们在爱的包围下茁壮成长。

（2）黄河水为什么这么黄（环境保护）

作为一名土生土长的河南人，我们对黄河一定有所耳闻。这一周我们围绕着"走进母亲河——黄河"展开了系列主题活动，孩子们一个个化身黄河小导游，学习了很多关于黄河的人文地理知识。

令我惊讶的是，六岁的璇姐竟然能把黄河流经的九个城市一字不错地说出来，还有鼎鼎能把关于黄河的诗词《将进酒》背得滚瓜烂熟，真不愧为炎黄子孙！

黄河为什么被称作母亲河呢？今天我抛出了这个问题——

沐沐说："黄河给我带来了水资源！"很有见识！

奕璇说："黄河水可以种出粮食，让我们食用！"

然后，孩子们陷入了沉默。

我再提示一下吧——有哪些东西是需要水的呢？

梓墨说："动物需要喝水！"

浩轩说："植物需要水！"

可见，黄河对于人类很重要，就像花朵需要阳光，奶牛需要吃草，黄河像妈妈一样养育我们，给我们提供一切需要的！

这时，田宝问了一个问题："黄河水那么黄，动物能喝吗？我们人类能喝吗？"

这个问题问得好，泥沙俱下，一泻千里的黄河水能喝吗？我还不

太确定，那就一起去网上找一找答案吧！

这一搜可有大发现，我们知道了黄河水经过过滤之后是可以喝的，但是植被稀少、泥沙太多的水域的水不可以饮用，而且如果水域受到了污染，就变成污水，会危害人类和动植物的健康和生命。这么一说，孩子们开始唏嘘起来，一场环保话题开启：

鼎鼎说："黄河经过的好多地方都是光秃秃的，没有树木。"（是啊，土地沙漠化、水土流失，沙尘暴就是这么形成的！）

田宝说："如果我们不保护环境，地球就会变暖，海平面就会上升，会淹没一些城市！"

小小说："我们不能向黄河里面扔垃圾，要保护它！"

接下来观看PPT，波澜壮阔的黄河，曲曲折折的黄河，还有黄河大决堤、黄河水污染，一幅幅触动人心的图片，孩子们看得聚精会神，感慨不已。大家纷纷发言——必须要保护我们的母亲河！

保护母亲河行动，下周的社会实践活动就看你们啦！

（3）我当黄河小导游

"豫见"之走近黄河主题课程，本周终于要踏出课堂，走近黄河，去一睹黄河波澜壮阔的真容貌。那么，关于黄河的知识你了解了多少呢？今天上午，孩子们变身黄河小导游，手拿麦克风进行"黄河，让我来介绍你"的分享活动。瞧瞧我们的宝贝们，是不是很像模像样呢？

那么，明天我们就要走近黄河，一探究竟啦。关于黄河，还有什么你想要了解的问题呢？我们可以带着问题去实地找到答案！

说到提问题，小家伙可真来劲，光看我收集来的问题，像不像一本《十万个为什么》？

　　欣羽问："黄河的波浪有多大？"

　　梓墨问："想了解黄河里有多少贝壳？"

　　开逸问："想了解怎么样走到黄河边不湿鞋子？"

　　悦琳问："了解黄河水怎么把沙子带到河南？"

　　自恒问："为什么垃圾会堆积在黄河边的土里？水流的速度？"

　　奕璇问："想了解山上的水怎么流进黄河？"

　　一格问："想了解黄河的浪能冲破房子吗？"

　　唯伊问："黄河边儿的房子是什么样子的？"

从生活中来，再到生活中去，孩子们收获了知识，收获了分享的成就感，这难道不是基于关系的相遇与对话，基于理解的分享与表达的自然生长课堂吗？期待明天的黄河之行！

(4) 遇见黄河，遇见美好

"遥远的东方有一条龙，它的名字……"继《我和我的祖国》之后，最近这首《龙的传人》在教室里单曲循环，成了孩子们嘴里唱的、心里念的热门歌曲。爱黄河、唱黄河已是孩子们的共同心声。

随着主题探究课程"豫见——走近黄河"的层层深入开展，孩子们了解了许多关于黄河的小知识。本周我们终于要踏出课堂，走近黄河，去一睹黄河波澜壮阔的真容！

为了这次美好的"遇见"，我们的黄河之行可是做足了功课：选黄河小导游，把黄河的知识过一遍，再用画笔把对黄河的憧憬和好奇勾勒在海报上。带着"十万个为什么"，我们来到了位于郑州北郊的黄河旅游风景区。

一下车，一股清冽的山风向我们扑来，让人顿时神清气爽，一同映入眼帘的是两

○ 美丽的不同：幼儿园主题课程案例集 ●

尊巍峨壮观的巨石像——炎黄二帝，这可是黄河旅游风景区的地标建筑，当然要第一时间留下我们的足迹啦！

走近黄河第一站——游览黄河地质博物馆。

这里珍藏着关于黄河的好多秘密，要想揭秘黄河和它的形成，就一定不能错过这个地方。看看孩子好奇的眼神，你就知道大自然的鬼斧神工给人类带来的震撼有多强烈。星球馆、黄土厅、恐龙化石、地貌景观、民窑，每一步丈量的脚步，都让我们对黄河多一份了解和敬畏。在沙尘暴、地震等灾害面前，我们人类的力量又是多么的渺小！

从博物馆一路游览出来，咕咕响起的小肚子也开始提醒我们——午餐时间到啦！那就一起享受美味的午餐吧！

　　分享完美味的食物，小家伙开始问我："老师，老师，黄河在哪里啊？""老师，我们想去看黄河！"那就趁阳光正好，微风不燥，一起去黄河边吹吹风吧！

　　"我看到黄河啦！你看！它就在那里！"孩子们激动地喊着，是的！这就是我们朝思暮想的黄河。

　　"它看起来好宽啊！"

　　"它的颜色怎么这么黄？"

　　"黄河的水流得一点都不快！"

　　"黄河的水都看不到边！"

　　"黄河里面怎么这么多沙子？"

　　"老师，你看！河里面还有一截树枝！"

　　　　　　　　　　　○　美丽的不同：幼儿园主题课程案例集　●

"老师，我们带一瓶黄河的水回学校做实验吧！"

站在一望无际的黄河边，孩子们不停地感慨着，惊讶着，黄河不再是书里的图片，不再是老师口中的故事，也不再是歌曲里悠扬的旋律，它就如此真实地出现在这里，和孩子进行时空的相遇与对话！

引天地入课堂，让山水入胸膛。这就是我们美妙的黄河之行，一段美好而充实的高素质、高品质的旅程。孩子们亲身体验，亲身感受，向前的每一步都是努力探索和发现之旅！接下来，我们的探索和体验会越走越远，越走越丰富。让我们一起期待遇见河南，遇见美好！

（5）黄河水小实验

"黄河水这么黄！"黄河岸边，Bobby 举起用瓶子灌到的黄河水，激动到不行。

这样的感叹，这样的兴奋状态，让见过黄河水觉得很平常的我，一下子被触动到了。我再次看向这瓶在我看来再普通不过的"黄河水"，孩子们惊叹的声音、夸张的表情，像幻灯片一样回映在我脑子里，这么好的条件，一定要好好利用起来，打开思路和认知，是孩子们激发我一直要思考的问题。

就这样，孩子们像捧着宝贝一样捧着装满黄河水的瓶子返回了校园，Michael 更是一路盯紧了瓶子，水洒了的时候还心疼得不得了。

这样的好奇，一直没有消退，到了班里，我们的黄河水一字排开，孩子们又问：

"老师，我们喝的就是这水吗？"

"这怎么能喝啊？"

"可是，我们喝的水是白的啊？"

一到课间时间，大家都会围观黄河水。

变化发生在第二天，"水变清了！"Luffy兴奋地告诉每个刚进教室的人。这一变化又在孩子们中间掀起不小的躁动，围观者越来越多。看到变清的黄河水和下面沉着的沙子，孩子们纷纷拿起瓶子使劲晃着。水又变黄了，然后，又一点点变清了。

看到一点点变清的水和下面的沙子，这时给孩子们讲解黄河水原来是清的，为什么变黄了，什么是河床，就更好理解了。

"可是，摇晃过后，黄河水的沙子去哪了？"

我想，最能直观告诉他们答案的就是——实验！这也是我一直思考的正确启发方式。

实验材料准备好了，首先我们来聊一聊"溶解"。

为了更加客观地记录实验结果，当然少不了操作记录单，这是我们第一次尝试自己绘制操作记录单，了解一下步骤吧。

①先猜测。

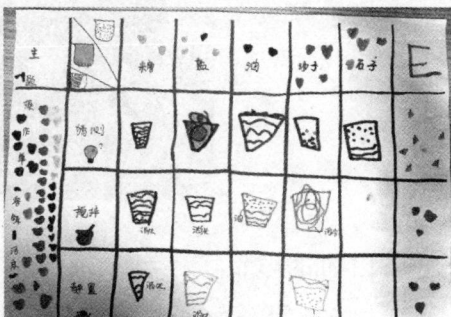

②搅拌后观察，并画下来。（消失？浮水上？沉底？悬浮？）

③静置后，把状态画出来。这次的实验对象分别是：糖、盐、油、沙、石子，为的是让孩子对"溶解"有个初步理解。那就开始吧。我出示了糖，孩子们纷纷猜测：有的说糖会消失，有的说糖会浮水上。到了实验验证环

节，大家都齐刷刷地搅拌着，盯着。

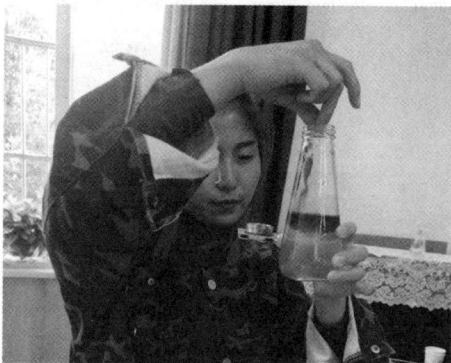

到了油的环节，大家猜的那是五花八门，直到油倒进水的那一刻，都惊叹了。有的不相信实验结果，拼命地搅拌，一静置，又浮上来，这才罢休。

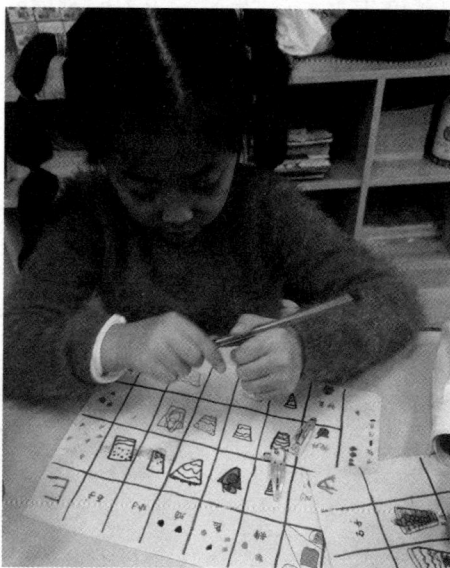

沙子是变化最多的，放进去，沉了；一搅拌，混合了，水变成沙子的颜色；静置一会儿后，又沉了。我想，为什么黄河水变黄了，这么浑浊怎么喝的问题，他们已经从自我探究中找到了答案。

2. 新郑红枣小镇

（1）关于红枣

"灵宝苹果潼关梨，新郑红枣甜似蜜。"大班的主题课程"豫见——美丽的家乡"已经进展到让孩子们了解家乡的特产——新郑红枣。关于红枣，孩子们可能都经常吃到，但是，位于河南新郑的"好想你"红枣，我想，孩子们可能了解得不是特别多。为此我们开展了"关于红枣"的主题课程。

活动一开始，老师先讲了一个谜语让孩子们猜一猜：

谜语 1：红灯笼，挂高楼，刮刮风，点点头。

孩子们一听，思考了一会儿：

宗阳说："我猜是红豆！"

Kitty 说："是灯笼吧！"

Bobby 说："是炮仗！"

小杰说："是灯笼。"

看来这个谜面对孩子们来说貌似有点难度，那就换一个吧：

谜语 2：红红干巴果，皮薄皱褶褶，核硬两头尖，果肉味甘甜。

听到这个谜面，兴许孩子们找到了一点点思路：

Bobby 说："是苹果。"

Lisa 说："是桃子。"

钵钵说："是柿子！"

Micky 和 Harry 说："老师，我知道啦，是红枣！"

孩子们听到红枣，恍然大悟："哦，原来是红枣啊！"

接下来，老师问："那么，在我们河南，有一个地方的枣特别有名，你们知道这个地方是哪里吗？"

小杰说："老师，是新疆！"

"对，新疆的灰枣特别有名气，但是新疆不属于河南哦！"

"汤阴石榴砀山梨，新郑小枣甜似蜜。"

孩子们听到这句话，立马反应了过来："新郑的红枣最有名气。"可是，新郑这个地方在河南地图的哪个位置呢？我们一起来找一找吧！紧接着，我们一起在河南地图上首先找到了郑州的具体位置，然后找到了新郑具体在哪里。孩子们发现了新郑位于河南的最边上，也就是靠南一点的方向。

（2）新郑红枣文化

"那么，为什么河南那么多的城市，只有新郑的红枣举世闻名呢？"

接下来，讲述新郑红枣的故事就顺理成章了。

新郑红枣历史悠久，据历史记载，新郑有 3000 多年枣树栽培历史。1978 年，在河南省新郑市裴李岗新石器时代遗址中发掘出 8000 年前的碳化枣核，可见 8000 年前，人们就以枣为食，足以证明新郑红枣有着悠久的历史。

孩子们听完这个故事，瞬间明白为什么新郑的红枣远近闻名。

"新郑的红枣特别有名，其中有一个枣的品牌经常出现在我们的生活中，而且是小朋友们经常吃到的，你们知道是什么品牌吗？"

看着孩子们的表情，虽然经常吃，但应该没有留意枣的品牌吧！接下来，小朋友们一起欣赏了一段关于"好想你"红枣品牌的宣传片，视频结束，我问小朋友："你们知道新郑最有名的红枣品牌是什么了吗？"孩子们异口同声地回答："好想你红枣！"

Harry 说："我吃过'好想你'的枣片。"

Micky 说："老师，我也吃过枣夹核桃！"

Andy 说："我也吃过这个牌子的红枣。"

对，红枣可以加工制作成各种各样的种类，并且很美味，经常吃枣还有助于身体的健康，可以美容养颜。红枣作为一种美食，给我们的家乡饮食文化带来了很重要的影响。古人常说："一日三枣，容颜不老！"我们河南的新郑红枣已经畅销国内外，它的名字叫——"好想你红枣"。

既然孩子们对新郑的"好想你红枣"有了一定的了解了，那就请大家品尝一下通过加工制作成的各种枣产品吧！

首先，我请了几个小朋友做代表，试吃一下各种各样的枣产品，并说出它的口感！

Micky说："老师，这个枣片酸酸的，像是山楂片的感觉。而且我最爱吃枣片。"

景惠说："老师，这个脆冬枣很脆，咬一下嘎嘣嘎嘣地响！"

文博说："老师，这个枣好像没有核，可以直接嚼。"

Tiger说："我吃的这个是酸枣糕，很酸，还有点粘牙呢！"

Lisa说："我吃的这个枣上还有很多芝麻呢——冻干芝麻枣。"

试吃的孩子们吃得很香，坐在位置上的其他小朋友口水都已经流出来了，接下来，就一起大快朵颐，品尝红枣带来的幸福味道吧！

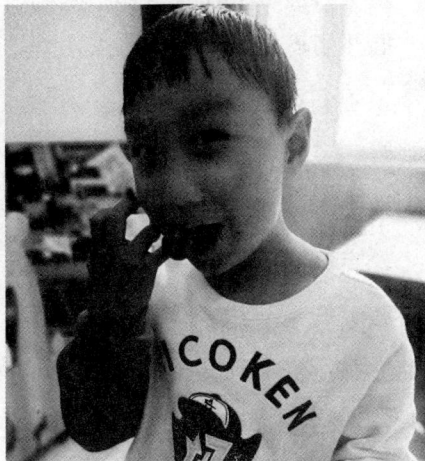

（3）遇见家乡特色之新郑红枣（参观工厂）

"一日三枣，容颜不老"，对红枣，孩子们或许并不陌生，超市里随处可见、粥里的常见品、家中备用的零食……可是，对红枣的生长、加工、形态以及文化还不是特别了解。为了让孩子们有更深刻而具象的认知，我们来到了新郑的"好想你"基地（红枣博物馆）以及红枣小镇，开启了红枣的探索之旅。

"老师，我看到房子、路边到处都是'好想你'！"乘坐着大鼻子校车，即将到达的时候，细心的小朋友便兴奋地向老师说道。前往的路上，几个小家伙不由得哼唱起了："好想你，好想你，真的真的好想你……"哈哈，喜悦与激动的心情显露无遗。一起跟随我们的脚步，看看今日的所见所闻吧！

百闻不如一见，孩子们第一站到达了"好想你"的智能加工车间，在导游姐姐的引导下，参观了红枣的"清洗、烘干、分拣、筛选、包装"等环节，穿梭于车间里，孩子们观察并思考着：刚进到车间，Coco 说闻到了一股浓浓的枣味；看到分拣筛选的机器，Cola 说像拖拉机，Amy 说像挖掘机；Jenny 说传送红枣的机器好像滑滑梯；看到包装车间工人们忙碌的身影，孩子们一个个好奇不已，凝视良久……

揭开了枣制品的神秘加工过程。观察、体会、思考、感悟，行走的过程中孩子们巩固着以往所知，开阔着视野，突破着局限，实现着走出来的意义。

紧接着，我们来到了红枣博物馆，红枣的生长过程 3D 模拟很是吸睛，孩子们聚精会神地观看着，生怕遗漏了哪个过程。"葫芦枣、辣椒枣、野酸枣、牛角枣、鸡心枣……"望着形态各异的枣，孩子们更是激动不已，拉着老师好奇地询问着。

孩子们的好奇心、发现欲被激发着，变成了一个个主动而热烈

的探知者，有所思，有所获。在博物馆中，我们还前往了一个非常震撼的根雕馆，那里面有许多由枣树制成的雕像，置身其中，敬畏之心油然而生。孩子们十分安静，老师告诉大家可以许一个愿望时，他们虔诚而认真的神态，让老师感触很深：此时此刻，或许已经在孩子们的心里埋下了一颗心怀敬畏的种子。成长的路上，小小的孩子们需要这样的震撼与触动。

最后一站，我们来到了红枣小镇，虽然树上没有了枣，可是细心的孩子们发现了散落在地上的枣，捡得不亦乐乎，捡到后如视珍宝地握着，这样的收获或许比在超市里买的意义更大。

最后，在欢快的游乐场时光中，孩子们结束了此次红枣的探索之行。虽然我们此次旅程结束了，可是，孩子们的学习与思考还会延续。遇见红枣，遇见未知，遇见欢乐，在体验的过程中，孩子们更新着对家乡特色的认识，期待着更多有趣而充满意义的"豫见"。

（4）魅力红枣树

结束了红枣探索之行，我们的讨论还在继续——

芷嫣说："我觉得阿姨给我们分享的枣夹核桃最好吃。"

小鱼儿说："红枣博物馆中的枣种类可真多，好多我都没见过。"

宸源说："红枣博物馆中的那颗大枣树很大，让我印象很深刻。"

小七说："红枣好处很多，我回家就买红枣吃。"

子健说："本来带着钱想买点枣，可是时间没来得及，要是有机会我想再去一次，然后买很多好吃的枣。"

果果说："我觉得红枣小镇里的车间很酷。"

孩子各自分享着自己的观点，满满的回忆记在心间。那就让我们一起动手，把你印象最深刻的画面或者关于红枣树的内容画出来吧！

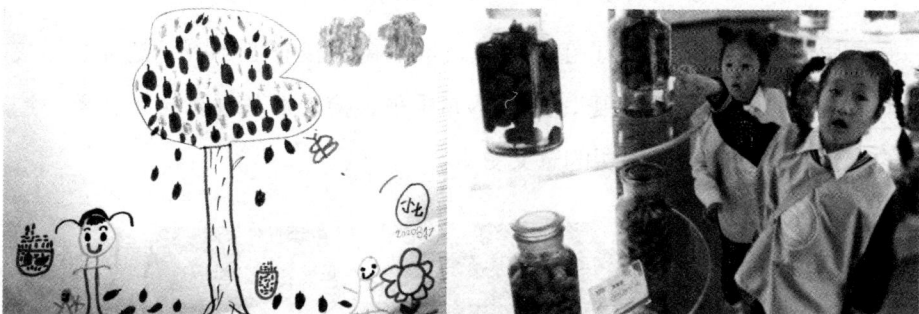

回到家中，孩子们还不忘和爸爸妈妈分享。妞妞画了一棵红枣树，一一说参观了工厂，还看到许多红枣片，在红枣小镇有许多小动物还有游乐场，把自己的所见所闻都分享给了爸爸和妈妈。小七和子琪也把枣树画得栩栩如生。让我们把美好都留在一起外出的美好中，留在他们的绘画中。

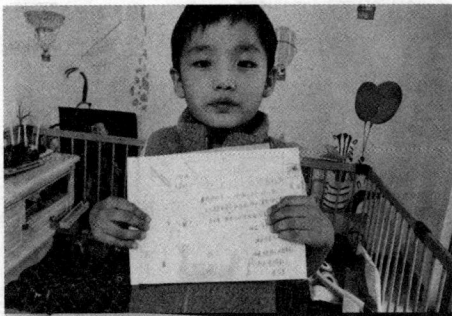

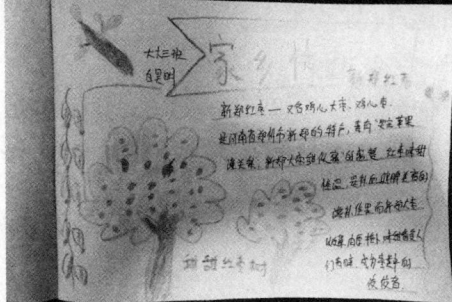

孩子们画的风格虽然不一，但都在表达着对红枣的喜爱，相信本次出行带给了孩子们更多的体验，并在体验中总结记忆中的美好。这些都来源于真实的生活，孩子们在真实的体验和探索中感受到了大自然的无穷魅力，更是感受到了我们家乡文化的博大精深，从而更加热爱我们美丽的家乡。

（5）品枣茶

从新郑"好想你"基地回来后，孩子们对枣的热情度只增不减，每天都在讨论着枣的各种事情。一天，一个小朋友偶然看到我在喝红枣茶，很羡慕地说："老师，我都没有尝过红枣茶的味道，好想尝一尝啊。"后来，我又问了全班的小朋友，小朋友们纷纷说没有喝过枣泡过的茶，想尝一尝。于是，我买来红枣干，今天就请大家喝茶。

首先，我们一起回忆了关于枣的知识，又讨论了之前我们知道的枣的用处，还一起了解了喝枣茶的好处，孩子们已经迫不及待地想要尝一尝枣茶了。

先观察了枣干的形状和包装袋的形状。

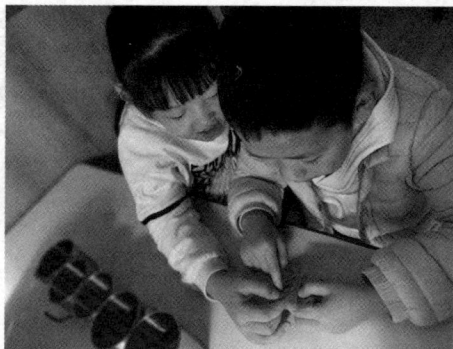

在孩子们的注视下，我把包装袋撕开，加入了热水开始浸泡。

5分钟过后，将泡好的红枣茶一杯一杯地放在桌子上，让孩子们闻一闻，孩子们说闻到了甜甜的味道。

接下来，我们要一起尝一尝红枣茶啦！

"老师，红枣茶真好喝！"

"老师，泡过枣的茶变颜色了！"

"老师，我看到枣干泡过后变大了……"

品着枣茶，孩子们叽叽喳喳讨论着自己味蕾的感受，茶香语浓，家乡味就在这亲切的讨论中弥漫开来。

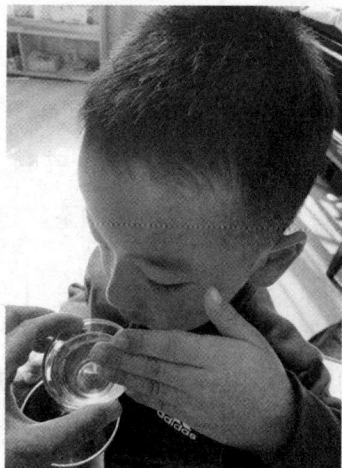

○ 美丽的不同：幼儿园主题课程案例集 ●

3．寻根问祖，触摸文明——参观黄帝故里之行

"为什么我的眼里常含泪水？因为我对这土地爱得深沉……"诗人艾青的这首爱国诗脍炙人口，也让刚刚过完国庆节的我们再次想起爱国之情。对幼儿园的孩子来说，他们或许还不能充分感受爱国情怀，但能从爱家乡出发，在心中播下一颗爱国的种子。生活在中原大地的我们有幸亲临黄帝故里追根溯源，恭拜始祖，这也是一件神圣的事情！

盼望着，盼望着，终于到了出发的日子，孩子们兴奋极了，早早就来到学校，前往位于新郑的黄帝故里。路上，大家欢声笑语，王老师采访大家："亲爱的孩子们，我们即将去拜见我们的先祖轩辕黄帝，你此时是什么心情呢？"

小渔说："我很激动，很兴奋！"

Andy 说："我很开心。"

Victor 说："我有点害怕！我怕我们不遵守规则，黄帝会打我们，哈哈！"

拢拢说："我也很期待，希望路上不要堵车，我们就可以早点到达黄帝故里了！"

下了车，大家就被一排排的古风建筑吸引了，孩子们纷纷感慨："哇！原来这就是以前的人住的房子。"这时候，王老师翻开书，请大家一起寻找书中的黄帝宝鼎，还给孩子们布置了一个小任务：寻找轩辕黄帝的雕像。随着两排亮黄色旗帜往前走，很快我们看到了黄帝故里的标志性建筑之一——黄帝宝鼎坛。鼎坛周围广场地板上刻满中华 4600 多个姓氏，鼎足为熊足，取意轩辕黄帝系有熊氏；鼎腹饰九龙，首顶艳阳火球，口倾水纹，祈风调雨顺，象征祖国统一安定。鼎的造型庄严、凝重、大气，被誉为"天下第一鼎"。孩子们围着鼎认真观察，有的抱抱"熊"，有的敲

敲"熊"，有的坐坐"熊"，还有的指着鼎胸背上的文字，自编黄帝的故事："从前有一个人，非常厉害……后来他慢慢长大了……"认真的样子，好像认识这些文字一样。

往正门的方向走，途经"认祖扇"，扇上一棵姓氏树，写着百家姓。孩子们跑过去找自己的姓，兴奋地指给小伙伴看。六六边找边说："我叫六六，我姓六。"哈哈，惹得老师和其他游客忍俊不禁。于是，赶忙给他解释："姓氏是一个人或一个家族的标志和符号，通常是孩子随父姓，是姓名的第一个字。"孩子们在密密麻麻的姓氏中寻找着，也知道了中国的人口众多，姓氏繁多。姓氏树旁边有一幅地图，小朋友一找郑州在哪里？嘉顺很快找到了，并且指给老师看。那我们现在的位置在哪里呢？"我们现在在那个五角星的位置（黄帝故里）。"

进入正门，导游姐姐也来了，小雨忍不住问："为什么都是皇帝的孩子又当皇帝啊，而且为什么皇帝都是男的，没有女的啊？"导游姐姐笑着说："皇帝也有女的啊，只是比较少，比如武则天，就是一个女皇帝啊。"走着看着，说着听着，这样的一群小精灵也吸引了来来往往的游客们，几位叔叔阿姨冲孩子们竖起拇指："你们都是祖国的希望啊。"又对老师们说："你们可得教好孩子们。"毛园长连忙说："会的会的。"幸运的涵涵还得到了一位阿姨送的"黄帝丝巾"，真是今天的幸运儿！

　　再往前走，是纪念黄帝的两位夫人的配殿。这两位夫人一个是发现蚕丝的嫘祖，一个是发明织布机的嫫母。孩子们联想到自己平时穿的衣服，不禁听得津津有味。继续走就是祭拜黄帝的正殿了。这里的氛围很肃静，看着身披黄袍、高高在上的黄帝和一排黄色的拜垫，有的小朋友自觉地跪下行礼了。不过别着急，先听听黄帝的故事吧。原来，黄帝诞生于 5000 年前的有熊部落，是中华文明的奠基者和创始人，他平蚩尤，播百谷，制衣冠，建舟车，制音律，创医学。

　　怀着美好愿望的人们到这里，通常还会为家人许愿祈福，孩子们也不例外。面对 300 多岁的枣树，他们好奇又敬畏；面对高大茂密的祈福树，他们认真又虔诚。坐在树下的石头上，双手合十，闭上双眼，单纯的他们会许下什么愿望呢？豪豪说："我希望和我的爸爸妈妈永远在一起。"小钰说："我长大后要向黄帝一样，因为黄帝很厉害。"远远说："保佑保佑，一定要实现愿望啊！"

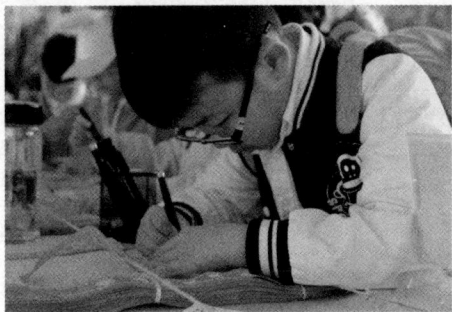

最后，我们终于来到广场的中心。汉白玉的黄帝雕像台前燃烧着长明火，为什么火不会灭呢？导游姐姐告诉我们，那是因为下面通着天然气，同时也预示着我们中华民族的生活生生不息，薪火相传。

寻根问祖，华夏同源。探访黄帝故里让我们有机会面对千年的中华文明，触摸深厚的历史底蕴。教育立场，人在中央，当下教育应站在儿童立场，以儿童的视角向过去发问，以儿童的视角畅想未来。在面对面的观察中丰富自我的经验，在真实的触摸中感受心灵的震撼。期待接下来更加精彩的文化发现之旅！

4. 郑州"二七"纪念塔

(1) 团讨："二七"塔，我知道

在郑州市中心，默然耸立着一座地标性建筑，经过岁月变迁仍熠熠生辉，它就是我们的"二七"纪念塔。

说起"二七"塔，相信每一个郑州市民对它都不陌生。老辈人家里的相框中，总会有一张关于"二七"塔的游客照。

因此，在今天的主题活动开始时，图片一出示，孩子们的答案都默契地统一。

那么，问题来了："观察'二七'塔组图，找出'二七'塔和其他建筑物的不同之处！"

豆豆说："'二七'塔顶的位置有一颗五角星，用柱子支撑起来。"

欣羽说："'二七'塔的层数很高很高。"

梓墨说："别的建筑物都只有一个钟表，'二七'塔有两个钟表！"

佳怡说："'二七'塔不是方方正正的，有的地方凹进去，有的地方凸出来。"

晨溪说："颜色不一样，上面有红色，下面有绿色和白色！"

悦琳说："我发现了塔的入口处有红色的牌匾，门上还有一些装饰。"

kitty 说："我发现它晚上会发光，还会放漂亮的烟花！"

沐沐说："'二七'塔下面有一个广场，还有一些喷泉会喷水！"

看来，孩子们观察得很仔细，连细微之处都不放过，一个个真是火眼金睛！

关于"二七"塔的由来和历史意义，大家都知道吗？

"二七"纪念塔全称郑州"二七"大罢工纪念塔，位于河南郑州"二七"广场，建于 1971 年，钢筋混凝土结构，是中国建筑独特的仿古联体双塔，它是为了纪念京汉铁路工人大罢工（1923 年 2 月 7 日）而修建的纪念性建筑物。

好啦，今天的"二七"塔就讲到这里，

看了这么多关于"二七"塔的图，相信你一定不会忘记郑州这么有特色的建筑，用你的小手画一画你认识的"二七"塔吧！

（2）参观"二七"塔

了解完"二七"塔的建筑特色、历史故事，孩子们对这座地标性建筑的兴趣也越来越浓。"老师，我想去"二七"塔上看看郑州的风景！"

为了圆孩子们的心愿，这次"二七"塔之行，大班组的老师从对接外出场地、安排工作人员、到出行路线、出行交通方式、出行时间、通知信息、返程时间、幼儿午餐，逐一进行规划和执行。当天的外出场景不知在脑海里模拟了多少遍，反复地开会、提出、推翻，再重新规划，为的就是高质量出行，零安全隐患。

天气似乎和我们提前约定好了，阳光明媚，温度回升，空气指数良好。早饭后，大班组的孩子们身着显眼的绿马甲，挎着水杯，拿着地铁卡或者两张五元钱，聚集在了工大地铁口。这次的我们轻装上阵，卸掉了书包和零食。经过多次的外出，明显感受到孩子们的安全意识和自理能力有了明显的提升。

购票、安检、候车，一切都在有序地开展着。

有了昨天的"地铁安全出行"培训的相关铺垫，比如，演练刷卡进出站、黄线外候车、排队踩脚印、先下后上、车厢内不打闹等，孩子们熟稔了坐地铁的流程，在实际执行时让老师很是省心，瞬间觉得这次地铁高出行体验的决定是对的。不怕大家笑话，昨天我们还给孩子们设想了各种状况应变演习。

场景一：被人群挤散了或者大部队走散了，应该怎么办？

场景二：大家都上车了，自己被落在站台上，应该怎么办？

场景三：大家都下车了，自己没下去怎么办？

现在想想，虽然希望他们永远不要遇到这些情况，但防患于未然还是必要的。

把孩子们安顿好后，大家都纷纷讨论着地铁上的信息元素。孩子们对上下车时的双色指示灯很感兴趣，讨论的声音把正在想着昨天提前做的准备的我拉了回来。

有的孩子说这个门关的时候黄灯会亮，有的说红灯会亮，讨论分为了两派。这么好的教学机会，怎能错过？那就现场教学吧。"我们一起注意观察一下，地铁门关闭时，哪个灯亮？"我提议道。孩子们齐刷刷地注视着门头指示灯，好安静。最后，还是大家自己找到了答案，这一讨论也就自然而然终止了。还有孩子补充说，只有紧急情况才会亮！

关于显示为红色的站点大家也发现了答案，那是走过的站。

老师告诉大家我们的目的站时，孩子们纷纷开始点站数了，得知要去"二七"广场，我们算出一共要乘坐 16 站。

一路上，大家讨论的还有地铁上的橘色座位、地铁涵洞里的动态广告，还有地铁各条路线分布图等。他们对窗户上自己的镜像特别感兴趣。

十几站的地铁旅程，孩子们眼里充斥着好奇与发现。很快，我们刷卡出站了。一出地铁口，"二七"纪念塔就占据了我们的视线。关于"二七"塔，我们之前对相关历史做过讲解，但看到真实"二七"塔的双塔结构、飞檐挑角的设计、最上方的钟和红星，依然挡不住我们的激动，来张合照吧。

踏上三层花岗岩台阶，我们来到了序厅，这里有纪念币和纪念品展示。围着塔体盘旋而上的爬梯引起了孩子们的好奇。我们首先来到了一个展厅，是关于京汉铁路的修建和早期工人运动的。墙上生动地刻画出当时工人的状态。

再往上一共八个展厅，外加塔顶平台，我们一鼓作气参观到了最后一个展厅。

对六岁的孩子来说，全程信息容量较大，信息时间跨度也有点大，离他们的生活有点距离，但他们依然全程听得津津有味。我想是因为有种革命的精神磁场包围了我们，这种不屈服、为正义勇于抗争的精神感染了孩子们。这种精神在每一幅图、每一塑雕像上被刻画得淋漓尽致，它超越了时间、空间的跨度，串联起在场的每个孩子。

孩子们不停地问我：什么是欺压？什么是反抗？什么是奴隶？

老师的解释，不知孩子们能理解几分，但我能肯定的是，为什么叫"二七"（14 层的建筑，是 2×7），为什么塔顶的钟整点会响起《东方红》，以及"二七"塔背后的革命事件（京汉铁路大罢工），这些都会在幼小的心灵中播撒下种子，让他们永记心间！因为这里的每一处景点，不光是外观这些显性的意义，还有它们所蕴含的隐性文化内涵。读懂了历史，就是读懂了文化。瞧，"二七"塔已经在孩子们的画纸上留下了美好的印迹！

5. 追寻历史足迹——走进河南博物馆

根据本学期大班开展的主题课程"豫见——美丽的家乡"，我们已经和孩子们牵手走过了美丽的黄帝故里，看过了波澜壮阔的"母亲河"黄河，走进了珍宝丰富的河南博物馆，还一起乘坐地铁去感受了"二七"纪念塔的历史呐喊。而今天我们大班组的孩子们整装待发又将去往哪里啊？

今天我们要去的是河南省博物院。河南博物院位于郑州市农业路，是国家级重点博物馆，展馆建筑面积 5.5 万平方米，馆藏文物 17 万余件（套），包括史前文物、商周青铜器、古代金玉器、历代陶瓷器、玉器及石刻等珍贵文物。拥有国家一级文物与国家二级文物 5000 余件，历史文化价值极高。

有人说："这么有深度的地方，里面的东西对小朋友来说会不会太深奥了？"或许吧，但我们何必那么执念于结果？里面的东西孩子到底能看懂多少，了解多少，取决于孩子，我们只要尽可能地给孩子们提供机会把有益的种子放在他们的心中，这就够了。

一起来看看孩子们参观时的点点滴滴吧！

"小朋友，你们猜猜这个人物是谁啊？"博物院解说员问。"和尚！"大家异口同声地回答。"对，他就是我们经常说的《西游记》中去西天取经的唐三藏。"这时晨阳感慨地说："啊？长得真不像。"看来孩子们已经深深记住了《西游记》中的人物形象。接着，讲解员又详细讲了取经路线，其实最先去取经的不是唐三藏，而是猪八戒（法名），八戒比唐三藏早400多年去取经，后来被吴承恩把两个取经的故事串起来，写成了小说《西游记》。孩子们听到这里都问："那孙悟空去哪啦？"具体的故事情节要等小朋友课下去挖掘！

　　到了下一个展区，小雨看到出土彩陶陶钵，便问讲解员阿姨："这些展出的物品都是从哪里找到的？"当听到讲解员阿姨说这些展品都是从古代人的墓地里挖掘出来的，小雨担心地问："那我们是不是不应该把它们挖掘出来啊？"讲解员阿姨解释道："正常情况下我们不会主动去挖，只有当它们由于不同原因自然出现的时候，我们才会取回来。"小雨这才放心地点点头。

　　到了另一个展区，远远好奇地问："叔叔，怎么这么多骨头啊？好害怕。"导游叔叔说："这些是马的骨头。"忆忆接着举手问："他们都死了吗？""对，这是当时天子死的时候，他用过的物件都要陪葬，一起埋在土里。经过了很久很久，他们就会变成这个样子。"

　　"你们知道这是什么吗？"小璇说是鼎，远远有不同答案，她说这是大锅，惹得导游叔叔哈哈大笑，"这是一个大缸，他的作用可大啦！第一作用，就是可以盛水。"任老师接着说："嗯，你们没见过吧，我小时候家里就有比这个还大的缸，我们都用这里面装的水来做饭。"接着，导游叔叔说："第二个作用是可以当镜子，以前没有镜子，他们通过水来照看自己的模样；第三个作用就是可以洗澡，因为够大。小朋友，记得它的三大作用哦。"

　　讲解员讲到器具"禁"的时候，解释这是提醒人们少喝酒，皓皓说："以后我爸爸喝酒，我就要对他说'禁'！"因为有了之前参观黄帝故里和黄河景区的经验，孩子们在这里还看到了许多熟悉的东西，比如鼎、草屋等。看到这些千百年前的文物，孩子们在惊叹的同时也止不住好奇："这些是从哪儿来的啊？它的身体在哪儿？"讲解员回答："这就要等你们长大来发现了。"

在参观玛瑙项链的时候，孩子们纷纷表示比较像自己平时吃的糖果，讲解员阿姨又问："那小朋友知道什么是玛瑙吗？"舒涵说："玛瑙？就是马的脑子吗？"充满童趣的回答让人忍俊不禁。

我们看到了一个精美的装饰品，得知这个作品是用象牙制作的时候，原本围着展柜认真观察的轩轩、昊举等孩子们往后边退边说："太残忍了……"原来，他们是想到了之前老师讲过的不能杀害大象的事情。讲解员阿姨解释道："在古代，人们还没有保护大象的意识，那时候家里能摆上这样的装饰品也说明了家里的财产地位。"为你们在小小年纪都已经有这样的保护动物的意识而点赞！

我们还看到了最具代表的大唐盛世唐三彩、健硕的千里马、威武的守墓兽，一圈展品欣赏下来，孩子们意犹未尽。相信今天的参观能给孩子们留下很多深刻的印象，感受到中原文化乃至中国文化的博大精深。

（三）食在河南

1. 河南美食——胡辣汤

（1）食材篇——配菜

在开学的两个月时间里，大班组"豫见"主题探究活动已经走到了黄河边，走进了新郑"好想你"红枣小镇和博物馆。游在河南，让我们大饱眼福，领略了河南的文化历史。接下来的"食在河南"，让我们的味蕾也调动起来，跟随舌尖上的味道继续探秘美丽的家乡、美丽的河南。

河南美食多到不胜枚举，但美食烹饪离不开配菜和恰到好处的提味。因此，食在河南，我们先从配菜讲起。

比如，我们常提到这个词——时令蔬菜，"时令蔬菜"是什么意思呢？

孩子们被这个词问住了。

"是蔬菜的名字？"

"时令蔬菜"的最大特点是采收时间与春、夏、秋、冬四季密切相关，因而被称为时令蔬菜。它们在适宜的季节、环境条件下长得最健壮，营养最丰富，口味最佳。

一年有四季，每个季节我们吃的蔬菜（时令蔬菜）都是不一样的。为了让孩子们对当季时令蔬菜有更深刻的认识，我们决定明天前往农场种时蔬。既然外出，我们可是要有备而去，比如，这个季节种什么能活？需要什么样子？怎么种？这都是我们要提前做的功课。这么一想，时间紧，任务重，那就赶紧凑在一起讨论一下吧！

1月2月：青菜、卷心菜、芹菜、菠菜。

3月4月：韭菜、花菜。

5月6月：黄瓜、南瓜、土豆、茄子。

7月8月：冬瓜、空心菜、南瓜、毛豆。

9月10月：茼蒿、菠菜、卷心菜。

11月12月：青菜、生菜、香菜。

古人说过"不时不食"，意思是吃东西要按季节、按时令，什么季节吃什么东西，这样有益于健康。根据老师收集的资料，我们这个月到11月还是有时蔬适合我们耕种的，比如：菠菜、香菜、大蒜、黄心菜、青菜。

第一个"种什么菜能活"的问题解决了，可是这些菜的种子长什么样子呢？一起来看看大蒜！"大蒜的种子在大蒜的中间柱子里。"好几个观察了大蒜的孩子很认真地说道。

"我觉得在柱子底部。"另外几个孩子回答道。

"种子在蒜里面。"Lisa回答道。

为了更直观地让孩子们看到蒜的芽苗儿，我把大蒜一剖为二，横切面里面的胚芽，很直观地让孩子们感叹不已！"原来是这样的啊！"孩子们边围观边感叹。

"那香菜、上海青、菠菜和黄心菜的种子呢？"在大家惊叹于大蒜的时候，被我这么一问，瞬间安静了几秒。

聪明的孩子瞬间将大蒜的推理思维平移到这个上面。

"在菜心儿里面。"

接下来，我们一起看了这些蔬菜的种子，有圆的，有皱的，有红的，有黑的，有扁的！

说得再多都是纸上谈兵，那就期待明天我们真操实练吧！明早带上铲子和菜种子，一起到田园校区种菜！

（2）食材篇——田园校区种蒜

众所周知，河南省不仅有着悠久的文化历史、丰富的文物古迹，还有着许多灿烂的文化财富，其中的一大代表就是河南美食。说到河南美食，你可能第一时间想到的就是烩面、胡辣汤这两道全国出名的代表小吃。在微凉的早晨，一碗胡辣汤热乎乎下肚，酣畅淋漓；抑或是下了班风尘仆仆赶到家，桌上一碗烩面香味扑面而来，烟火味顺着味蕾蔓延开来，家的味道已进驻心里。

俗话说："民以食为天，食以菜为先"，想要把豫菜做得地道，除了了解当地风俗特色和饮食习惯，还要知道菜品所需的食材有哪些。而在这两道豫菜中，大蒜和香菜是必不可少的。

趁着冬日里微风不燥，阳光正好，我们一起来到艾瑞德田园校区，开启大蒜和香菜的种植体验活动。为的是让孩子们能和食材零距离接触，用今后收获的蔬菜制作出美味的豫菜。听听，是不是很有田园诗意呢？

出发之前，我们可是做足了功课：买蒜、菜种子；剥蒜，收集蒜种子，还一起研究种植的方法呢！

怀着期待一路小跑，终于到了田园校区一亩田种植区。发工具，拔杂草，在老师的指导下，孩子们做得有板有眼，俨然一个个种植小能手的感觉。

种菠菜，先松土，撒一片种子，再覆上土就可以了。种香菜、黄心菜，挖成小沟撒上种子，再撒一点土就可以了。种大蒜则需要先刨出畦，一颗颗有间隔地放进蒜头，然后覆上土。虽然比较费时，但孩子们干劲十足，两人分工合作，不一会儿，一亩田里就布满了充满希望的种子。

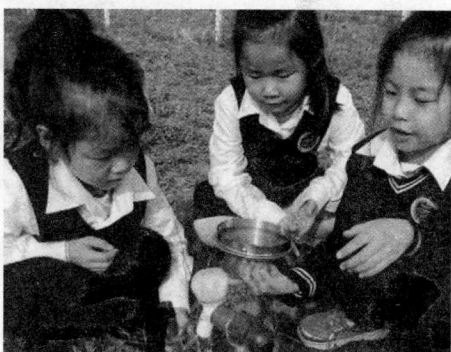

食在河南，这一次食材篇我们以种植蔬菜实践活动为开头，让孩子从视觉上爱上家乡的味道，记住家乡的味道。接下来，我们的"舌尖上的河南"之旅将会带领孩子从味觉上零距离感受家乡的味道。

(3) 团讨：**胡辣汤知多少**

对河南人来说，一碗胡辣汤，是开启一天的钥匙，也是一整天的动力来源。在初步了解过胡辣汤的相关知识后，对胡辣汤味道依然念念不忘，当然，我们的探索也还没有结束。看！孩子们认为胡辣汤还有很多秘密呢！那我们一起来看看孩子们针对胡辣汤这一河南特色美食还有什么样的问题吧。

孩子们分组探讨，然后把自己的问题绘画出来，想要一探究竟。

孩子们认真探索，纷纷提出了疑问。

Q1：胡辣汤是怎么做的？

Q2：胡辣汤名字的由来是什么，是姓胡的人发明的吗？

Q3：胡辣汤的制作有几个步骤呢？

Q4：胡辣汤里面怎么那么多菜，都有哪些作用呢？

Q5：胡辣汤都是辣的吗？有不辣的胡辣汤吗？

Q6：感冒生病的小朋友能喝胡辣汤吗？

Q7：制作胡辣汤需要多长时间？

Q8：胡辣汤都放什么食材？

Q9：胡辣汤为什么要放胡椒粉？

Q10：胡辣汤用大火做还是小火做？

Q11：为什么河南人喜欢喝胡辣汤？

　　一个个问题是孩子们思考的呈现。为了揭秘这些疑惑与好奇，孩子们即将跟随老师前往有名的方一坤野山菌胡辣汤店，进一步探索与体验。

（4）社会实践——探秘方一坤野山菌胡辣汤店

　　陶行知先生说过，"生活即教育"。换言之，教育来源于生活。本周的主题活动围绕"食在河南——特色美食"开展。说到富有特色的早餐美食，那胡辣汤一定是不得不提的。

依照孩子们的认知规律，我们从胡辣汤的来源、文化、成分及代表品牌的思路来进行探究，当然故事加美食一定是最好的切入点。为了能让孩子们更加深入地了解，老师们通过收集各类相关资源，联系到胡辣汤连锁品牌——"方一坤野山菌胡辣汤"店。

孩子们得知方一坤的总厨要亲自接待大家的消息，瞬间沸腾了，想出好多的问题。那就让我们将这些小问号收集起来，来一次"问号汇总"吧。有提问题让老师帮忙记录的，有自己将问题画出来的。看看我们汇集的内容，真是五花八门呢，期待当天现场解答的环节！

带着充足的知识储备，带着我们的"问号汇总"，我们大班组坐上了校车，前往我们的第二课堂——方一坤野山菌胡辣汤店进行实地探究。都说"要做个有准备的人"，看看我们的"准备"够足吧！

拍完"全家福"以后，就来一起开启河南美味之旅吧！

"这里是收银处和售卡处。"这就是购买胡辣汤的第一步。

　　"这里是刷卡取餐处。"有了以上这两步，就可以来窗口挑选可口的美食了。

　　迅速落座的孩子们纷纷讨论着：

　　"总厨应该是男的吧？"

　　"不，一定胖胖的，我见过的大厨都是那样的。"

　　这时，一位身材苗条的年轻阿姨出场了，在介绍了自己的身份就是这里的总厨后，收获了一片惊呼声和一个个目瞪口呆的小表情。

大厨出场，自然少不了对胡辣汤的介绍了。这可是官方版的，孩子们都坐直了身子，仔细看，认真听。看看我们专注的样子吧！

牛肉汤、枸杞、粉条、手洗面筋等三十多种食材，按照比例配制，中火熬制。特点是香、辣、鲜（主要是里面添加了胡椒粉和辣椒）。有滋有味的胡辣汤，原来需要那么多道程序啊！

大厨讲解得绘声绘色，我们听得格外专注。这种专注的场景与空气中夹杂着油条、胡辣汤的气味裹挟在一起，形成了视觉、听觉与嗅觉"三合一"的全立体感受。

最后，实在按捺不住的"小问号们"开启了轮番提问的环节。

比如："孕妇能不能喝胡辣汤？"

"方一坤的胡辣汤跟其他家有什么区别？"

"感冒的人能喝胡辣汤吗？"

"为什么喝的时候加了豆腐脑和油条就感觉不那么辣了呢？"

哈哈哈，小脑瓜里的问题五花八门，唯有开吃才可以结束这记者见面会式的现场问答环节。那就开动吧，开动前我们要感恩身边的人，让我们可以品尝到这么美味的特色美食。

原来小小一碗胡辣汤里面蕴含了这么多的文化，承载了那么久的历史。带着对这些文化的理解，我们把面前的胡辣汤一饮而尽，直喊：好过瘾啊！

美食是家乡文化背景、风俗习惯的集合体，相信孩子们带着这些认知，再次品尝胡辣汤时，会品出别样的滋味：历史的味道、时间的味道，或是每一味配料的味道……

2. 河南美食——烩面

（1）烩面印象

烩面是河南的特色美食，有着 1300 多年的历史，是荤、素、汤、菜、饭兼有之的一种特色美食，经济又实惠，享誉河南，遍及全国。对家乡的

○ 美丽的不同：幼儿园主题课程案例集 ●

这道美食，孩子们一点都不陌生，关于烩面的加工制作及配料，说得头头是道，来一起听听大家印象中的烩面吧！

烩面片怎么制作？

和融说："用面粉做成像包饺子的面团一样。"

小鱼儿说："再揉一揉，擀一擀，变成像手掌大的条条。"

子琪说："烩面是用面做的。"

果果说："从中间撕开，下到锅里。"

你认为什么情况下可以下烩面呢？

和融说："等水开了才能下烩面。"

那怎么判断水是开了呢？

玥桐说："咕嘟咕嘟冒泡泡时，就说明水开了！"

你觉得如何让烩面更有味儿呢？

宸赫说："需要枸杞，我吃的烩面中有枸杞。"

马可说："我最喜欢吃加香菜的烩面，那样就更香了。"

婉彤说："我吃的烩面都加豆腐皮。"

若嫣说："我喜欢加牛肉和鹌鹑蛋的烩面，味道很好。"

小鱼儿说："我喜欢吃加香菇的烩面，味道鲜美。"

果果说："我喜欢加海带的烩面。"

阿燊说："熬烩面汤的时候需要加七八种中药材，这样更有滋味。"

明明说："我喜欢用羊肉和羊骨头熬成浓汤煮的烩面，味道好极啦！"

孩子们基于生活的认知生动而丰富，说到激动处眉飞色舞，兴趣甚浓。紧接着，老师又带领孩子们了解了烩面的传承故事及历史文化，孩子们聚精会神地听着。老师倡议在学校做烩面时，孩子们更是乐开了花，积极踊跃地报名，准备食材。

美食是舌尖上的艺术，我们的责任不仅是愉悦舌头，最要紧的是对我们的灿烂文化之根予以传扬和发展，这也是最难的事。

出几个问题来考考你吧？

①烩面距今有多少年的历史？

②排名前三的是哪几家烩面？

③烩面最早是在哪个朝代出现的？

④烩面 2010 年被授予了什么称号？

（2）与烩面碰撞出别样的家乡味

河南美食甲天下，河南美食的探索也在艾瑞德国际幼儿园大班如火如荼地进行着。美食可以让我们的味蕾得到满足和享受，这种满足也能够悄悄转化成一种前行的动力，让我们为之努力。在揭秘胡辣汤的制作过程和历史文化背景后，我们展开了对美食——烩面的探索，与河南美食烩面碰撞，让味蕾绽放别样的滋味。

"这个味道好极啦！"看图片就想去品尝呢！但是，图片背后的课程与活动的意义更加深刻。我们的主题课程"豫见——美丽的家乡",从"游在河南"到现在的"食在河南",更多的是让孩子们亲自去体验,去操作,去感知,去成长。本次活动,小小厨师们要自己挑选和购买食材。

我们迈着整齐的步伐走向学校附近的超市,去购买我们所需要的食材。基于合作的体验与互动,我们两两分组,每组合作购买同一种食材。

到达超市,孩子们开始了逛超市之旅。他们认真观察着,看看自己负责购买的食材在什么位置,找到之后分工合作。

"我来打开袋子,你来挑选。"就这样,孩子们很快完成了采购挑选的任务。

接着,富有挑战性的任务来了。每个小朋友带了5元钱,一起开动脑筋,算一算采购物品要多少钱,能找回多少。哇,这可难不倒我们,孩子们看着标签开始运算。生活即教育,我们要善于从不同的活动和课程细节中捕捉可以利用的教育资源,让孩子在活动中用心去触摸、去感悟生活。

采购之旅圆满结束,孩子们迫不及待地要大显身手啦!

首先,我们把菜品分类,哪些需要洗一洗,哪些需要切一切,哪些需要煮一煮。分好之后,我们开始付诸行动,合作共赢。择菜小组把菜择好,然后交接给洗菜小组,洗菜小组洗好后交接给切菜小组,分工明确。不一会儿,一切准备就绪,孩子们兴奋得不行。

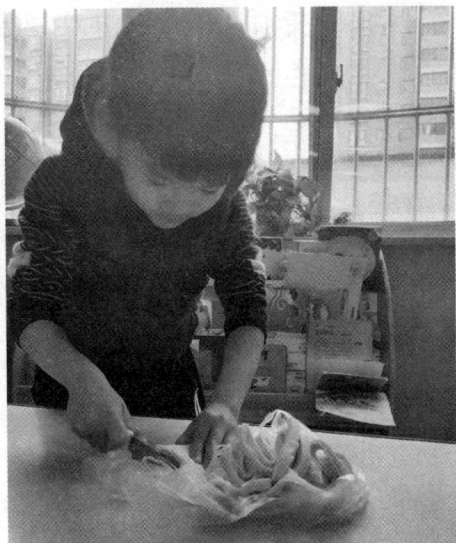

接下来，到了高难度的扯烩面环节。"两手并用，上下摇晃，左右开弓，均匀有度，中间撕开。"我们边说边做，一个个有模有样，小小厨师本领大。当然，我们的高汤就是用自己购买的浓汤宝熬出来的。听到咕嘟咕嘟的响声，看到翻滚的小泡泡，是时候下烩面了。下完烩面下粉条，接着，黄花菜、木耳、香菇、青菜、香菜、小葱、熟牛肉、鹌鹑蛋等也纷纷下锅。此时此刻，香气扑鼻，我们等待着美味的到来。

出锅啦！

"老师，快给我盛饭吧，口水快流下来了。"

"老师，我忍不住想要吃一口了。"

享受美食的时间是快乐的，等待美食出炉的时间也同样是快乐的。好的美食不是贵的美食，也不是更具有多重美食含义的食物，而是我们自己动手做的美食。今天，我们的河南美食探索之旅与烩面相碰撞，绽放出了快乐的滋味、鲜美的滋味，这不仅仅是味蕾的享受，更是一段美好的回忆。

3. 河南美味－鸡蛋灌饼

鸡蛋灌饼，顾名思义是用鸡蛋、面粉制作的一道小吃。它源于河南信阳，是属于河南人的一道经典传统的特色美食。

和好面，摊进锅，再把鸡蛋液灌进烙至半熟的饼内，继续煎烙后烤制而成。饼皮酥脆，蛋味鲜香。这样的一道早餐，有蛋有面有青菜，既营养又方便，很受大家欢迎，几乎大街小巷的早点摊上都能看见。更有美食爱好者，会把火腿肠、黄瓜丝、豆芽、胡萝卜丝、土豆丝、豆皮等小菜清炒后一起卷进饼里，味道更加丰富多样，被称为"爱马仕牌"鸡蛋灌饼。

就是这道人人爱的鸡蛋灌饼，今天正式走进我们的课堂，和可爱的孩子们共赴一场味道的奇妙相遇。

要想做好饼，可不能仅靠想象，我们先是咨询了厨师做饼的经验，把食材准备好。接下来就开始分工安排。

看看孩子们带来的食材，是不是很齐全？连最爱的番茄酱也不能放过！

保育员付老师对做饼很有经验，她告诉我们：制作饼的面粉需要提前和面，不然面团不会乖乖听话，吃起来硬邦邦的。现在制作台上的面团可是保育老师们清早 4 点起床和的，这样的用心，一定不能辜负。

先给孩子们打打气，简单地介绍了鸡蛋灌饼的文化历史和做法，大家立马信心十足，跃跃欲试。那就开始吧！

分组、和面、捏长条、加油酥，再用擀面杖把面饼擀圆，整个过程中，同桌之间两两合作，配合得相当默契，一个个俨然厨师的模样！

小心翼翼地把饼摊进锅里，接下来另一个搭档负责打鸡蛋！

时间一分分过去，美味的饼在煎锅里散发出诱人的香气。

"好香啊！""好想吃一口啊！""老师，可以让我看一下我的饼吗？"看他们望眼欲穿、垂涎三尺的模样，真是可爱极了！

装盘时间到！涂上甜面酱，撒上咸菜丁、火腿肠，铺上生菜，然后卷一卷，美味出炉喽！

看看，是不是卖相很棒？

"孩子们！别着急，要等稍微凉一下，以防烫嘴巴！"此刻，孩子们的眼神已经全部聚焦在自己亲手制作的鸡蛋灌饼上，小鼻子闻了 N 遍不止。哈哈，别闻了，可以吃啦！

　　一顿狼吞虎咽，桌子上的盘子已然光亮如新。哈哈，这就是美食的魅力。

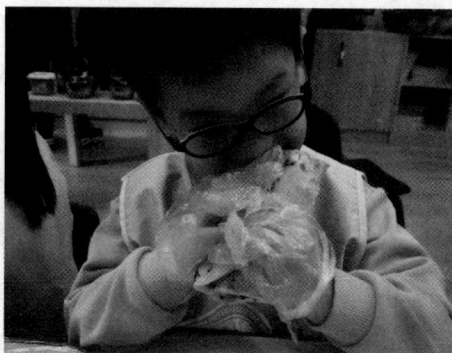

教室外，北风凛冽；教室内，温暖如春。这就是美食带给我们的幸福的味道！食在河南，通过品尝舌尖上的河南名吃，孩子们对家乡河南又多了一份热爱。带着这份热爱，我们继续美好的遇见！

4.河南美食——饺子　浓浓饺子香（节日活动）

进入 12 月，日子呼啦啦像翻书一样掠过，新年的脚步声越走越近，而冬至的到来，更是迎接新年的前奏曲。

冬至，是中国农历二十四节气中一个重要的节气，也是我们中华民族的传统节日，兼具自然与人文两大内涵。俗话说："冬至大如年""冬至不端饺子碗，冻掉耳朵没人管"，每年农历冬至的这天，无论贫富，饺子都是不可缺少的年夜饭。

我们河南人就有在冬至吃饺子的风俗，称为"捏冻耳朵"，说是冬至吃了饺子不冻人。

弘扬传统节日习俗，感受冬至包饺子的热闹氛围。孩子们和老师们今天欢聚一堂，开展"浓浓饺子香，温暖过冬至"的体验活动。

光说不练假把式，我们通过捏彩泥、剪饺子贴纸来把饺子宝宝跃然纸上！

早餐过后，包饺子也正式拉开序幕！各班教

室里，小手用力擀，再跟着老师的教导轻轻捏。很多孩子对包饺子这件事鲜少有经验，刚刚把饺子捏好口，馅又流出来了，看着老师包的饺子有圆鼓鼓的肚子，不禁着急了起来，看来，包饺子没有想象中那么容易啊！

有的孩子因为之前有了一些包饺子的经验，操作起来似乎也容易得多了，绿色的菠菜面、红色的火龙果面、粉色的胡萝卜面，最终也凑成了一桌子的七彩饺子，好一幅绚丽的画面！

孩子们体验过后，包饺子很拿手的保育员老师们开始紧张地忙碌起来。热热闹闹的一群人，欢欢乐乐的一件事，大家在一起开心地说着，笑着，包着饺子！

中午时分，一个个饺子被孩子们吞下肚。有孩子说："今天感觉像过年一样！"也有孩子说："今天的饺子是我吃过的最好吃的饺子！"还有孩子说："我今天学会了包饺子，我要回家包给爸爸妈妈吃！"

一碗饺子似乎不足以被如此期盼，重要的是大家在一起的这种难得的幸福感。

"儿童立场，人在中央"，让孩子们在聆听、唱诵、观察、体验、品尝等亲身体验中了解了不同地区冬至的习俗，更体验到劳动的快乐、自己动手的喜悦，在活动中获得成长与发展。相信通过组织这样的传统文化节日活动，有助于使孩子们了解先辈们的"时间智慧"，树立家乡文化自信，继而更好地传承和发扬中华传统文化！

5. 豫菜

河南菜，中！

中国有很多菜系，我们的豫菜也独树一帜，名列其中。那么，豫菜都有哪些呢？

本节课就以豫菜视频开场。看完了视频，一个小问题引发了孩子们的思考——视频中刚刚说的豫菜是哪里的？你对视频上的什么最感兴趣？

通过讨论，我们得出了答案：豫菜，又名豫宴，即河南菜。

接下来，我们还了解到豫菜的特色是中扒（扒菜）、西水（水席）、南锅（锅鸡、锅鱼）、北面（面食、馅饭）。

烹饪方法有 50 余种，其中扒、烧、炸、熘、炖、炒、蒸别有特色。

知道了"烹饪鼻祖""中华厨祖"——伊尹。豫菜发源于开封，南宋以后成为中国烹饪的地方菜系。

最后，通过连线游戏的方式巩固了今天我们学习的内容。课虽然结束了，然而孩子们的讨论没有结束，大家开始了热烈的讨论：

奕璇说："原来豫菜是河南菜。"

涵元说："豫菜有道口的烧鸡。"

梓墨说："开封的灌汤包。"

侯颂说："我们做的鸡蛋灌饼也是。"

开逸说："地锅烧鸡运用的手法是炖。"

智浩说："豫菜的手法有炒、炸、炖。"

宇丞说："排骨用的方法是炖。"

唯伊说："小笼包用的方法是蒸。"

艺菲说："灌汤包用的方法是蒸。"

自恒说："烩面是用的煮的方法。"

浩宇说："鱼和烧鸡用的是烧的方法。"

浩轩说："鸡蛋灌饼用的是煎炸的方法。"

佳怡说："烧鸡用的是扒的方法。"

是不是瞬间变身大厨的感觉？接下来，爸爸妈妈可以和孩子们一起探讨一下河南菜，一起烹饪河南菜，在烟火气息里感受家乡味，拉近家乡情。

（四）言在河南

1. 家乡趣话

乡音又叫方言或家乡话。它是故乡的土语，也可以说是人们真正的母语。小时候，母亲用它来为我们唱摇篮曲，教我们牙牙学语，我们无一不是在乡音中启蒙，伴着乡音长大。

关于家乡话的印象，在普通话较为流行的当下，对孩子们来说会相对弱些，家乡趣语也许在逢年过节回去的探望、电话里的联络、假期里亲人的短暂相聚中会听到。虽然不太熟悉，可是也意义非凡。语言是文化的传承，多一分了解就多一分与长辈、与家乡之间的链接。

这不，今天大班的孩子们分享了关于父母的家乡话，趣味多多，一起来听一听吧！

"你吃饭唪？""娃儿，你吃饭不吃，饿不饿？""中！""你弄啥嘞？""你不老盖（膝盖）疼不疼啊？""这娃子你咋不适闲（爱动）啊？""光肚儿（没穿衣服）你羞不羞？""往边气（边上）姑堆姑堆（蹲）！""真木牛（没有）搋（真没骗）你！""可害怕长虫（蛇）！"

孩子们畅所欲言，你一言我一语，浓浓的家乡味儿笼罩着整个教室，平时不怎么说这样的家乡话，今天一张嘴逗得孩子们笑声连连。小伙伴之间欢乐地猜着模仿着，体味着家乡话带来的亲切、温暖和快乐。

2. 学说家乡话

周末，我们在联络本上布置了一个小任务：听一段豫剧，学一句经典的河南方言。

周一，小小就拉着我问："嫩家在哪儿住啊？"一口河南话说得又萌又可爱，让人忍俊不禁。看来是在家有完成练习。再一问大家，都点头表示也学了，听了。择日不如撞日，那就趁热打铁来一节河南方言的学习课吧！

一说起河南方言，作为一名河南人一定脱口而出。但是，由于时代的发展和普通话的推广，河南方言已经成为老一辈的记忆，这一群孩子日常接触得比较少，但不说不代表没有听过。说一说听河南方言的感觉吧！

佳怡说："感觉好搞笑，好好玩。"

悦琳说："河南话很清楚，唱戏时非常好听。"

○ 美丽的不同：幼儿园主题课程案例集 ●

一格说："超级搞笑，看电视剧时总是令人大笑。"

智浩说："听到大人说河南话，感觉很吵。"

奕璇说："在外地旅游时，听河南话感觉很好奇。"

河南方言有很多经典的语句。其中代表词是"中"和"得劲"。我们这些河南娃都知道哪些经典河南方言呢？来听一听吧。

小小说："嫩家在哪嘞？嫩就是你的意思。"

禹丞说："俺是河南人！俺就是我的意思！"

欣羽说："在弄啥嘞？就是在干什么的意思？"

沐沐说："往那边咕力咕力！咕力咕力就是挪一挪的意思！"

哈哈，听孩子说河南话，真的很有趣！

作为河南的文化名片，河南方言占有不可磨灭的一笔。做河南人，说河南话。"言在河南"篇我们已经欢乐开启，这个月我们每天都会在教室里开放一个时段进行河南话交流，在说一说、听一听中感受河南文化的独特魅力。

（五）乐在河南

1. 豫剧小百科

学做河南人，学说河南话。要想成为一名地道的河南人，我们还得会唱河南话，会表演河南话。既然如此，那就不得不提一下我们的豫剧艺术了。豫剧是我国最大的地方剧种之一，它以其独特而卓越的表现力，在百家争鸣的戏曲艺术舞台上独树一帜，闪烁着骄人的光芒。

怎么样让小娃娃们爱上豫剧，传承和弘扬这项博大的文化艺术形式呢？

我们找到了一些豫剧表演的服饰和角色图片。

一看到颜色艳丽、做工精美的服饰和独特的脸谱，孩子们的目光纷纷被吸引过来，由此我们打开了了解豫剧的大门。

豫剧是在河南梆子的基础上，不断进行继承、改革和创新发展起来的。

新中国成立以后，因河南简称"豫"，所以称其为豫剧。2006年5月20日，经国务院批准，豫剧被列入第一批国家级非物质文化遗产名录。

接下来，我们开始了解豫剧中有名的角色行当。

豫剧中的角色行当由"生旦净丑"组成。生行是扮演男性角色的一种行当，其中包括老生、小生、武生、娃娃生等。

旦行是扮演各种不同年龄、不同性格、不同身份的女性角色。旦行分为闺门旦、花旦、刀马旦等。

净行俗称花脸，又叫花面。一般都是扮演男性角色。净行可分为正净（大花脸）、副净（二花脸）、武净（武花脸）。正净地位较高，扮演的是举止稳重的忠臣良将；副净俗称架子花脸，大多扮演性格粗豪莽撞的人物；武净是以武打为主的角色。

丑行又叫小花脸、三花脸。包括文丑（伶俐风趣或阴险狡黠的角色）和武丑（精明干练、风趣幽默的豪杰义士）。

接下来，我们学习了豫剧中的四种表现形式"唱念做打"。

唱、念、做、打是戏曲表演中的四种艺术手段。同时也是戏曲演员表演的四种基本功。通常被称为"四功"。

台上一分钟，台下十年功。这些本领可是需要日复一日地练习才能做到的。

一起欣赏河南特色豫剧《花木兰》的选段——《刘大哥讲话理太偏》，来感受豫剧的魅力。

听完豫剧，我给孩子们解释这段豫剧的意思，还有花木兰代父从军的故事。接下来的豫剧探究，我们继续揭秘各种服饰和脸谱背后的意义。

2.绘画脸谱

最近班级里刮起了一阵学唱豫剧的风潮。为此，我们组织了《说唱脸谱》节目的彩排和表演，激发了孩子们对戏剧的好奇和兴趣。戏曲也是我们的国粹之一，里面的文化内涵更是丰富，每一位戏曲工作者都是说唱念打样样精通的全才。了解我们的家乡，怎能少得了对我们家乡的这一名片——豫剧的了解呢。趁热打铁，我们班学会了一段戏曲，并且学会了戏曲的经典动作，比如，绕腕儿、小碎步、推掌等，还学会了黑脸、红脸、白脸、蓝脸的性格特点以及代表人物，印象最深的要数花旦，小丑这些角色。

那我们就以戏曲脸谱为切入点展开活动吧！

这也是最吸引孩子们的一点。

在了解了脸谱的对称性、常用线条、色块后，孩子们开始动手绘制自己的脸谱。

孩子们的作品吸引了李校长的驻足，兴致浓厚的孩子们忍不住给李校长唱上了一段豫剧，还博得了他的连连夸赞。

绘制好的脸谱很是壮观，吸引了更多的人来观看。

这瞬间让我们体会到文化遗产的力量与魅力，同时，我们身上也肩负起了一种责任，说不定哪天我们班哪位小朋友将会把豫剧传承下去呢！

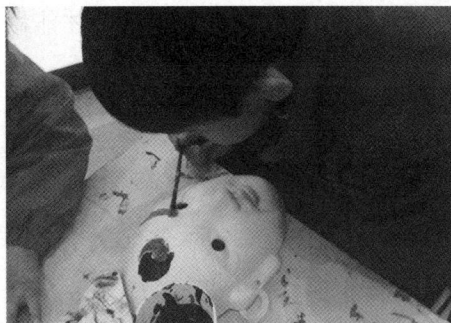

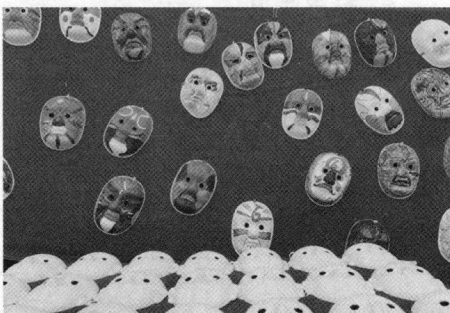

3. 齐聚一堂，传唱经典

周三的课堂上，大班有幸请来了我们的戏剧大咖——董晓老师。

没错！在家乡主题进行了"行"与"食"后，我们要上升一个层面，

　　　　　　　　　　○ 美丽的不同：幼儿园主题课程案例集 ●

那就是"乐在河南"。这一篇章的开启，不得不提一提我们家乡的豫剧，这可是代表着我们河南深厚的文化底蕴，是我们河南的一张含金量十足的名片。

早就听闻董晓老师对戏剧的钻研已经达到了一种如痴如醉的境界，豫剧选段信手拈来。看她的气势、眼神、站姿，着实专业得很。

"大家可以叫我董晓老师，也可以称我为小董老师。"亲切的开场方式与一身改良的戏袍大褂装扮，配上戏剧花脸背景，一下子抓住了孩子们的"胃口"。

提起自己看戏的童年，犹如过年般的场景，董晓老师眼里泛光，超有画面感地描述着自己的戏剧童年。从赶场听戏、学戏，到出示自己唱《女驸马》时的戏服，燃爆了在座的每一个孩子。

《女驸马》的现场演唱和伴舞，让全场沸腾起来。随后，兴趣高昂的孩子们跟随董晓老师，一起走进豫剧的世界。

豫剧著名曲目和经典选段，董老师总会曲段再现。孩子们从中认识了豫剧的经典旋律，了解了豫剧的艺术家们——陈素真、常香玉、崔兰田、马金凤、阎立品……了解了豫剧的角色行当"生旦净丑"。

吸引孩子们的不光是每段戏曲背后的故事，仅仅是一个角色的妆面，就已经让孩子们觉得很新鲜了。唱、念、做、打的艺术表演手段，都引得孩子们无意间模仿、传唱。

《花木兰》《女驸马》《花打朝》《席卷筒》《小苍娃》等，都让孩子们过足了戏剧瘾。

作为中原文化的一个平台和窗口，豫剧中包含着十分丰富的中原文化元素，并且对中原人民的精神起到了有效的承载作用，从古至今一直演绎着河南的故事。

豫剧的魅力突出表现在能把叙述、抒情和描绘等表现手法有机结合运用，具有叙事言情、喜怒哀乐、委婉曲折、入情入理、感染力强的特点。

我们今天齐聚一堂，对戏剧进行解读，不知孩子们能吸收几分，但艺术的魅力不在于一时外显，而在于后续的影响力。看看我们的小戏迷们的舞台表现力，是不是有那么几分神韵呢？

（六）主题课程结课仪式

1. 河南一日"游"

"刘大哥讲话，理太偏……"这一经典豫剧片段响彻音体教室。大班组的孩子们会聚在此，为本学期"豫见"主题的结课仪式忙碌着，热闹非凡。欢声笑语中，我们迎来了一拨又一拨的大朋友与小朋友，人气十足。

本次主题的结课仪式从最初的场景布置到环节设计，孩子们出谋划策、装饰枣树、制作鞭炮、为场景门和摊位涂色，全程参与其中，积极主动。从儿童喜闻乐见的视角出发，活动现场分为红枣体验、鸡蛋灌饼、胡辣汤、豫剧体验、脸谱绘制、方言考验六个场景，这六个场景也正是"行在河南、食在河南、言在河南、乐在河南"的缩影。

今天，大班组的小朋友们一个个化身为迎宾员、摊位负责人、场景引导员，有模有样地参与着，认真而尽责。

小迎宾员们热情地问候道："欢迎、欢迎！"

红枣摊位的负责员微笑地指引说:"想要品尝到美味的红枣,请先为我们的红枣树送上祝福。"

胡辣汤摊位的服务员娴熟地掌勺,为来往的顾客们盛上一碗美味的胡辣汤;鸡蛋灌饼区,在师生的共同配合下,制作着美味的灌饼,顾客们络绎不绝,又井然有序;豫剧脸谱体验区的小小戏迷们腔势十足……师生共振,欢声不断。待老师提醒活动收尾时,孩子们还都意犹未尽。

虽然主题课程在本学期告一段落,但是对孩子们来说,"豫见"的过程,也是一种看见与发现,并在潜移默化中将关于家乡味儿的这颗种子播种在心间。

"豫见"主题课程的开展，在幼儿的成长历程中不仅仅是一种启蒙，更重要的是激发出他们对家乡的热爱与了解的渴望，挖掘出幼儿内在的潜力，以及焕发出无限的可能性。

2. 绘本制作——《我美丽的家乡·幼儿篇》

家乡主题活动临近结束的时候，鼎鼎的妈妈告诉我们，鼎鼎的老家不是在河南，而是在湖北。孩子也想分享一下关于湖北的建筑特色、风俗饮食和历史文化。我随即有了一个想法：让孩子尝试着"画"出自己的家乡，"说"出自己的家乡，给我们的主题活动留下印迹。

这个号召很快得到了各位家长朋友和孩子们的支持和参与。孩子们先请爸爸妈妈描绘家乡的特色，再用画笔画在纸上，然后按顺序装订成册。最后，由爸爸妈妈在每一幅画上进行文字的补充说明。就这样，一本本《我的家乡》绘本做好了。看起来很震撼、很用心。话不多说，我们一起来欣赏鼎鼎带来的《我的老家——湖北》吧。

我的老家——湖北

作者：殷自恒

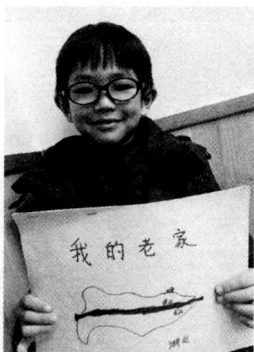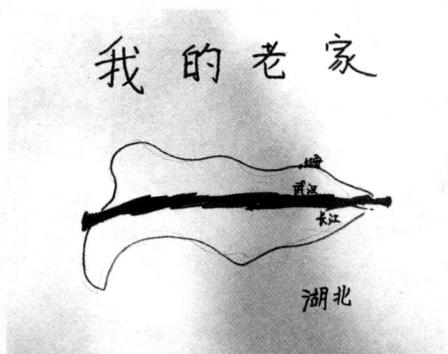

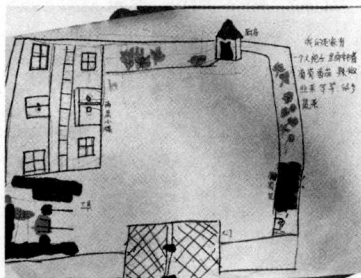

我的老家有一个大院子，里面种着葡萄、番茄、辣椒、韭菜等很多蔬菜。

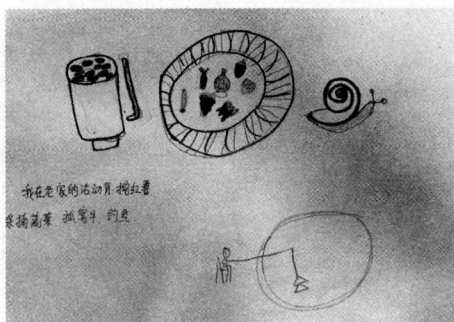

　　我在老家的活动有挖红薯、采摘蔬菜、抓蜗牛、钓鱼。

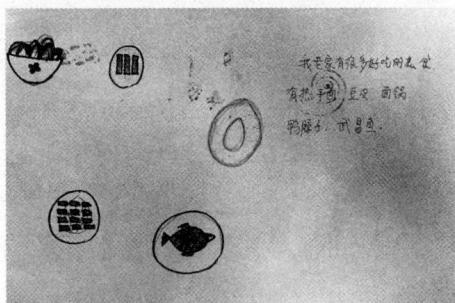

　　我老家有很多好吃的美食，有热干面、豆皮儿、苗锅、鸭脖子、武昌鱼。

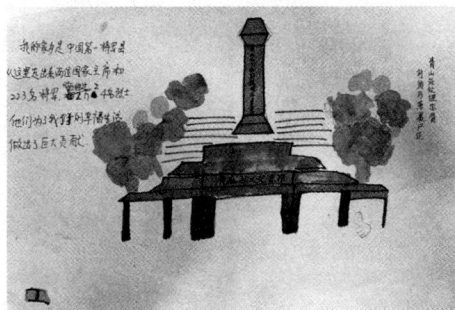

我的家乡是中国第一将军县，从这里走出来两位国家主席和223名将军，牺牲了2千名烈士，他们为了我们的幸福生活做出了巨大贡献。

我的家乡有好几种地方戏，楚剧、花鼓戏和黄梅戏是重大节日必演的。对了，还有划龙船，每到春节，大街上有很多龙船队游行，可壮观了。

欢迎你们到我的老家来旅游！

三、主题总结

这学期"豫见——美丽的家乡"探究式活动，我们不再局限于课本上的知识，而是跳出课本，走出学校，以天地为课堂，引山水入胸膛，把孩子们带到更广阔的天地中去观察、聆听、触摸、感知、冥想，把生活中的一切都变成了教育中有思想、有温度、有生命的东西，用家乡文化滋养孩子的心灵净土。

本学期，在每次的活动中，通过欣赏河南各地的照片、图片以及参与社会实践活动，幼儿领略祖国山河的秀丽，加深对家乡的认知，增强了"我是河南人"的意识。通过了解家乡的历史，领略河南的风土人情、人文、建筑、美食、特色等，让孩子根深蒂固地意识到家乡对自己的重要性，使热爱乡成为孩子自身的一种情感本能。

通过教育教学我们发现，无论是健康、语言、社会、艺术、科学，每

○ 美丽的不同：幼儿园主题课程案例集 ●

个领域的目标都是相通的，是相辅相成、互相联系的。我们也抓住了这次契机，在活动中从五大领域各个渗透，幼儿从不知道"家乡"这个词的概念，到最后能够勾勒自己的家乡，并对自己的家乡充满自豪，这就是我们本学期开展探究式活动"豫见——美丽的家乡"的意义所在。如果说有不满足的地方，那就是我们还想就"言在河南"篇多了解一下殷墟甲骨文的奥秘。活动开展进度上，"食在河南"篇进行的篇幅过长；"言在河南"篇，对豫剧的了解只停留在浅层，还需要再深入一些地欣赏河南豫剧艺术的璀璨文化。

以上就是对"豫见——美丽的家乡"的总结和反思。

珍贵的礼物

七个集结在一起的案例组成了这本《美丽的不同：幼儿园主题课程案例集》。其实，在这本案例集的背后，在案例生发的第一现场——艾瑞德国际幼儿园，有着说也说不完的故事，道也道不尽的温度。

自2015年我们开始尝试将主题课程引入教学之中，经历了最初的迷茫，却也在迷茫中坚持"行是知之始，知是行之成"。老师们打破旧我认知，潜心学习，认真教研，从初尝试进入深探索。师生一起围绕一个主题，以多条脉络、多种活动形式，向多个领域探索。

在主题课程中，孩子们十分享受，享受通过各种方式的探索和发现得出一个或多个结果的过程。在探索中，幼儿的主动性提问越来越多，自发性探索行为也越来越多，积极性反馈也越来越多。孩子们在主题课程中得到的正向发展和快乐无疑给予了老师们莫大的鼓励与信心。继而在一步步地探索中发现新方向，在一个个的主题中寻找新突破。

如果说每一个课程开展之前是一场又一场的头脑风暴，那么每一个课程开展之后的思考更是重中之重。在课程结束后，老师们坐在一起回望整个主题开展的脉络，以全新的角度进行梳理整合，既是记录留存，也是反思。在多个课程的梳理中，老师们发现越靠近儿童，儿童越能创造精彩。正因为如此，我们的课程在园所有了质的突破，从最初的教师主导逐渐过渡到师生共导，再到目前的儿童主导。

迄今为止，我们共开展了二十余个精彩的主题课程，这些主题课程承载着我们园所幼儿最本真的求知和快乐，记录着师生共同探索的故事。它们分别是：

1. 拜访大树

2. 牙齿碰碰碰

3. 我

4. 滴答滴答水来了

5. 有趣的职业

6. 我的动物朋友

7. 好吃的食物

8. 空间形状大碰撞

9. "衣"来"衣"往

10. 交通工具大集合

11. 变幻的季节

12. 房子的秘密

13. 买卖小高手

14. 线与线寻

15. 小符号大世界

16. 牙齿的秘密

17. 时间都去哪儿了

18. 美丽的家乡

19. 走向小学的这一年

20. 你好，小学

......

越是前进，越能领略主题课程之魅力。充分尊重儿童的个体差异，深度发掘每一个孩子的潜能，从而让教师发现每一个孩子的闪光点，并能够教学相长。

教师要想给孩子一杯水，自己必须要有一桶水甚至更多水，孩子的求知欲是无限的，在主题课程中，作为教师需要时刻保持前进，才能够带给孩子多角度看问题的眼界以及诸多解决问题的方式。

回望这些主题课程的开展过程，有一种做母亲的感受。正是因为我们用母亲一样的心思看待幼儿园的每一个孩子，也用母亲一样的心思看待幼儿园的主题课程，所以当看到这些主题课程就这样集在一处，总有一种经历阵痛后和自己孩子相见的欣喜之感。

在此，不得不提一提为主题课程案例集倾心付出过的那些人，她们是可爱可敬的。为此书的出版，园内专门成立了成果专项整理小组，小组成员皆是园内一线教师，她们通过多次小组会议、多场头脑风暴，为案例集的梳理开拓新思路，创设新灵感。对每一个开展过的主题课程案例进行再次追本溯源，精选出较为经典的七个案例，整理成册。她们以此为己任，常常忙碌在孩子午睡的床边，孩子放学后的办公桌上，甚至是深夜的灯光下。

过往之路如镜子一般，照出我们的曾经，也正在点亮我们的未来。

更要感谢艾瑞德教育集团孙银峰董事长、李建华校长、王彦月园长对主题课程探寻之路的支持。

感谢艾瑞德国际幼儿园的全体教师，她们用坚定的步伐走出了主题课程的探寻求知路。

感谢参与其中的每一个孩子，在他们身上，蕴含了无限的可能。

感谢校园内外支持并给予鼓励的朋友，让一路的前行摸索变得很温暖。

感谢王婷玉、能亚楠、张秋英、苗晓洁几位老师对案例的筛选和再整理，熬过的夜、加过的班，也会是成长当中珍贵的礼物。

主题课程前行之路尚漫漫，我们一起努力而为之！

最后，谨以此书，记录可爱，致敬儿童，敬献大家！

朱明慧

2021 年 3 月 7 日

（朱明慧，艾瑞德国际幼儿园班主任，参与主题课程"我"和"房子的秘密"的编写）

走过的路

在艾瑞德，每一位老师都是珍贵的存在。在这本案例集诞生之前，由五位老师成立专项小组来进行整理，而在专项小组成立之前，则是幼儿园内每一位珍贵的老师在用心记录，记录儿童在主题探索中的每一个足迹，也记录我们在主题课程中成长的那一段光阴！

关于这本案例集，她们有感情，有话说！

一个学期结束，总会有这样一个时刻让人印象深刻，百感交集，那就是主题案例的整理。

在主题活动开展的过程中，我们跟随孩子的脚步一起走向他们好奇的每一个点，活动教案的梳理是对当下活动课程的总结，也是拂拭主题活动中的一粒粒珍珠。主题案例整理，是将每一粒珍珠穿起，在穿上最后结课活动的那一粒时，项链就会露出它的全貌。

整理主题案例，是一种回望。回望我们走过的每一个脚步，每一条小径。还是一种收获，收获种子的一朵朵小花，一个个果子。

还能闻到一种味道，是自然生长的味道，是温度与故事的味道。

苗晓洁

（艾瑞德国际幼儿园大班组年级组长、班主任，参与主题课程"线与线寻"和"我的动物朋友"的编写）

也曾挑灯夜读整理到深夜，也曾再一次被书中的教育故事感动。那深深浅浅的文字，记载着我和小朋友们一路走来的美好。读着温暖的故事，看着眼中有光、心中有爱、脚下有力的小小儿童们，在一次次活动中绽放美丽的不同，我心中升腾起作为幼教人的骄傲！这一次的整理，于自己而言也是一次成长。

回首走过的路，

眺望远行的路，

整理、思考、斧正，一路向前，无问西东。

能卫楠

（艾瑞德国际幼儿园班主任，参与主题课程"我""线与线寻""买卖小高手"的编写）

从主题的诞生到网络图的设计，从校园内的探索到走出去的实践，每一次的计划都需要老师们心中有数，纵观全局。更好地连贯、过渡每一节活动。这里的每一篇文章、每一张照片，都记录了我们走过的路、度过的日子、创造的故事、成长的足迹。

情话中说"每一次偶遇都是我精心安排的假装"，孩子们经历的一次次主题探索又何尝不是呢？他们玩的每一个游戏，他们目之所及看到的每一处风景，他们的每一次惊喜，他们的每一份快乐，都来自那些他们看不见的地方。比如老师们从早到晚的工作，比如他们每天午休时老师们开的一场接一场的会议，比如活动前后的准备和总结，比如放学后的加班，比如他们看不到的各项资料。他们虽然看不到，但身处其中，这就是教育的奇妙，也是教育的价值。

王婷玉

（艾瑞德国际幼儿园班主任。曾获第十八届"当代杯"全国幼儿教师职业技能大赛教育随笔类三等奖，参与市级课题《3—6岁幼儿放学后教育情况的调查与评价》，参与主题课程"你好，幼儿园""我""我的动物朋友""买卖小高手""豫见——美丽的家乡"的编写）

从选择幼教专业那刻起，我始终在思索，作为一名幼儿教师，我们能带给孩子什么，又怎样在启蒙之路上更好地帮助孩子们。直到我遇见了主题课程，我心里似乎有了答案。在主题课程里，我看见孩子们四下无其他，入目皆兴趣的可爱模样；我看见他们在主题课程里的每一次探索都像是在寻宝；我看见他们投入其中，也乐在其中。

因为爱，所以爱，孩子因为爱探索，所以在主题课程里，爱听爱看爱思考。

因为爱，所以爱，我们因为爱孩子，所以在主题课程里，尊重他们的每一个兴趣。

在理论上，主题课程是一种以促进幼儿的全面发展为终极目标的课程模式，而在我眼中，主题课程像是一棵枝繁叶茂的大树，每个孩子都是带着不同探索脉络的枝叶。主题案例集更像是一片树林，静默地记录着教师、孩子，以及课程共同向上生长的那段故事。

朱明慧

（艾瑞德国际幼儿园班主任，参与主题课程"我"和"房子的秘密"的编写）

听到过关于戴手表的两种价值观，非常有意思。第一种价值观，是戴着非常昂贵的手表，好显示出自己身价百倍；另一种价值观，是一块不贵的手表，因为我戴过了，所以身价百倍。

现在展现在您眼前的这本主题案例集，就是一份珍贵的存在。它看起来很薄，理论基础也没有那么深厚，文字功底也略显薄弱，但它凝结着三百多名幼儿和几十位幼儿教师智慧的结晶，它见证着每个宝贝在自然生长课堂中，在每一次相遇与对话中、在探究与发现中、在互动与体验中、在分享与表达中的拔节生长和精彩绽放。

在艾瑞德国际幼儿园，我们秉持"走自然生长教育之路，办有温度有故事学校"的核心理念，不把课堂局限在教室里，不把学习停留在书本中。将儿童的生命生长融在大自然的春夏秋冬、鸟语花香、日月星辰、山川河流中。一亩地、一群儿童、一段时光，滴下了汗水，播下了种子，也种下了梦想。

我们期待这份珍贵的存在也能像蒲公英一样吹向彼此，吹向幼儿教育的诗和远方……

张秋英

（艾瑞德国际幼儿园优秀教师，参与主题课程"你好，幼儿园""豫见——美丽的家乡"的编写）

千言万语都道不尽对这本案例集的温情，读到这里，整本案例集也要告一段落了，但主题课程仍未结束。就在您读完整本书后，正有所思有所悟的同时，我们也在进行着未知的主题课程，兴许在不远的将来，会再有七个案例呈现出来，又或者更多。人们对完美的追求从未停下过脚步，我们也是如此，也许呈现在您面前的这本案例集不是最完美的，但它一定是备受期待的，我们园所的每一位老师，每一位小朋友都期待着，期待着它遇见一个欢迎它、欣赏它的读者，也期待着它有更多的"兄弟姐妹"。我们始终相信，只要有儿童的地方，就一定有惊喜！